Hermann Wenning

Versoffene Jugend

Eine Lebensgeschichte

Danksagung

Vielen Dank an Kollegen, Freunde und auch Familie, die mich in den langen Jahren meiner Krise nie fallen gelassen haben. Natürlich bedanke ich mich auch recht herzlich bei meinem Verlag und allen Beteiligten, die bei der Produktion dieses Buches mitgeholfen haben. Ein besonderer Dank gilt meinem langjährigen Freund Helmut Reckers, der mir bei einigen Kapiteln hier im Buch als Gastautor sehr hilfreich war.

Familiengeschichte

In den 20er-Jahren leben vier unverheiratete Geschwister auf dem Hof Heuer im Münsterland. Der Hof in der Bauernschaft Wehr gehört zum Dorf Legden, das zu dieser Zeit an die 5000 Einwohner hat. Bernhard, der Älteste, führt den Hof. Sein Bruder Anton hilft als Öhm mit. Öhm ist der plattdeutsche Fachbegriff für diese Helfertätigkeit auf dem Bauernhof. Anfang des 20. Jahrhunderts ist es üblich, dass unverheiratete Geschwister bis an ihr Lebensende auf dem Hof mitarbeiten. Das geschieht für Kost und Logis sowie für ein kleines Taschengeld. Eine der beiden weiblichen Geschwister unterrichtet als Lehrerin, während die andere Tante den Haushalt führt. Tante, so nennt man die ledige Tochter, die ihr arbeitsreiches Leben auf dem elterlichen Hof verbringt.

Da sich keine Hochzeit und somit auch kein Hofnachfolger abzeichnet, entschließt sich Bernhard, einen jungen Mann auf den Hof zu holen. Es ist ein Bauernsohn ganz aus der Nähe und kommt vom Hof Blömer (später Kuhlenbäumer). Dieser Mann mit dem Namen Hermann ist mein Großvater. Er ist auserkoren, den Hof Heuer später weiterzuführen.

Als Kriegsschuldner drücken Deutschland Anfang der 20er-Jahre die Reparationen, die an die Kriegsgewinner zu zahlen sind. Um diese zahlen zu können, druckt die Reichsbank immer mehr Geld. Dieses verliert rasend schnell an Wert. Es kommt zu der schlimmsten Inflation, die Deutschland je erlebt hat. Die Geldscheine, auf denen Millionen- und Milliardenbeträge und sogar Billionenbeträge aufgedruckt werden, sind weniger wert als Papiertapeten an der Wand.

Eines Tages gibt der Bauer Bernhard meinem Großvater einen Koffer voll Geld, damit soll er sich in der Nachbarstadt Ahaus einen Sonntagsanzug kaufen. Da er an diesem Tag wenig Lust dazu verspürt, fährt er erst am nächsten Tag dorthin. Als er mit der Kutsche das Kleidungsgeschäft erreicht, muss er feststellen, dass der ganze Koffer voller Geld nicht mehr für einen neuen Anzug reicht. Das Geld geht quasi kistenweise kaputt. Auch heute sind noch einige »Blüten« aus dieser Zeit auf unserem Hof vorhanden. Im November 1923 erreicht die Inflation ihren Höhepunkt. Ein US-Dollar hat den Wert von 4,2 Billionen Reichsmark.

Den Bauern geht es aber noch relativ gut, denn sie verfügen über Lebensmittel, die sie selbst ernten. Auch können sie die Gefriertruhe füllen, wenn mal wieder ein Schwein geschlachtet wird. Im Jahre 1925 werden mehrere Schweine geschlachtet, denn es gibt eine Hochzeit auf dem Hof. Hermann heiratet seine auserwählte Johanna, meine Oma, die aus dem Nachbardorf Schöppingen stammt. Die an sich glückliche Ehe wird durch den wahnsinnigen Massenmörder Adolf Hitler und den schlimmsten aller Kriege, den Zweiten Weltkrieg schwer belastet. Dazu kommen private Schicksalsschläge. Johanna erleidet insgesamt vier Fehlgeburten. Zwei Kinder sterben vorzeitig schon im dritten und vierten Lebensjahr. Die zwei Söhne, die übrig bleiben, heißen Bernhard und Anton – mein Vater. Kurz vor Kriegsende wird Bernhard als sechzehnjähriger Knabe eingezogen. Für Bernhard, einen eher schüchternen, ängstlichen Jungen, ist das ein harter Schlag. Er, der noch nie eine Nacht außerhalb des Hofes verbracht hat, soll als Jugendlicher ohne Soldatenausbildung an der Front für Deutschland kämpfen. Im April 1945 stirbt er wenige Wochen vor Kriegsende bei einem Bombenangriff in Passau einen absolut sinnlosen Tod, wie so viele Millionen Menschen in Europa und auch Übersee. Doch die Ehe meiner Großeltern hält allen Schicksalsschlägen stand.

So ergibt es sich, dass Anton als einzig verbliebener Sohn der Familie den Bauernhof als Hofnachfolger übernehmen soll. In dieser Zeit wird der Hofname geändert. Aus dem Hof Heuer wird wieder der Hof Wenning. Der vorherige Hofname ist wieder übernommen worden, da Wenning für die Nachbarn der gängige Rufname ist. Im Jahre 1962 heiratet mein Vater Anton seine Maria, die von dem Bauernhof Voss in Darfeld kommt. Insgesamt hat meine Mutter elf Geschwister, von denen auch heute noch neun leben.

Auch ich wäre eigentlich nicht der älteste Sohn gewesen. Denn mein an sich älterer Bruder kommt als Frühgeburt tot auf die Welt. Ein Jahr später, im Januar 1964, erblicke ich das Tageslicht. Im darauffolgenden Jahr wird mein Bruder Stefan geboren.

Erster Rausch

Wir schreiben den 16. Oktober 1969. Stefan und ich sind sehr gespannt, denn wir sollen ein Brüderchen oder ein Schwesterchen bekommen. Gestern war meine Mutter ins Krankenhaus gebracht worden. Mein Vater ist mittags zu ihr gefahren, und meine Großeltern passen auf uns beide auf. Zusätzlich ist noch Hildegunde, eine erwachsene Nachbarstochter, bei uns auf dem Hof.

Zusammen mit Oma bereitet Hildegunde aus schwarzen Beeren einen Likör zu. »Darf ich auch einmal probieren?«, frage ich. »Nein, das ist nichts für dich, Hermann Josef. Da bist du noch viel zu jung für«, entgegnet mir Oma. Hermann Josef ist mein kompletter und auch mein Rufname, wobei ich auf »Josef« schon als kleines Kind gerne verzichten würde. Aber Stefan und ich betteln solange, bis wir eine Kostprobe des Getränkes trinken dürfen. Da diese Kostprobe sehr ergiebig ausfällt, bleibt die Wirkung natürlich nicht aus. Meine Wahrnehmung verändert sich sehr einschneidend. Ich sehe alles ziemlich verschwommen und kann nicht mehr gerade gehen. Dabei fühle ich mich sehr müde und lege mich einfach auf den Boden, bis meine Großeltern mich schließlich ins Bett bringen. Sofort schlafe ich ein.

Einige Zeit später merke ich, dass meine Oma neben meinem Bett steht und mich schüttelt. Auch Stefan, der im Bett neben mir liegt, weckt sie auf. »Hermann Josef und Stefan, ihr habt einen kleinen Bruder bekommen«, erklärt uns Oma. Da wir beide noch erheblich betrunken sind, fällt unsere Freude eher verhalten aus.

Dass gerade mein erster Vollrausch das Ereignis in meinem Leben ist, an das ich mich am weitesten zurückerinnern kann, habe ich lange Zeit wenig Bedeutung beigemessen. Im Nachhinein kann ich Folgendes für mein Leben sagen: Erfahrungen, die man zum ersten Mal in seinem Leben erlebt, haben eine sehr große Bedeutung für das spätere Leben. Dabei sind das Wann und Wie für einen jungen Menschen sehr prägend.

Unbeschwerte Kindheit

In den 60er-Jahren gibt es noch keinerlei Verpflichtungen, Kindergartenplätze bereitzustellen. Zu dieser Zeit ist es nicht möglich, seine Kinder täglich in Kindertagesstätten zu bringen. So bleibe ich zu Hause auf dem Hof, wo es im Freien und Grünen genug Spielmöglichkeiten gibt. In dieser Zeit der geburtenstarken Jahrgänge gibt es denn auch genügend Spielkameraden in der Nachbarschaft. Unsere direkten Nachbarn – Grothe, Höseler, Hemsing, Löhring oder auch Barenbrügge – haben wie wir mindestens drei Kinder, wobei Nachwuchs von sieben bis acht Nachkömmlingen zu dieser Zeit durchaus normal und üblich ist.

Auch zu den Kindern der Verwandtschaft habe ich viel Kontakt. Von den zehn Geschwistern meiner Mutter sind neun verheiratet. In diesen Ehen entstehen sechsundzwanzig Kinder. Die zehn Cousins und sechzehn Cousinen sehe ich regelmäßig bei Besuchen und Familienfeiern.

Aber auch bei uns auf dem Hof ist immer etwas los. Die Landwirtschaft ist maschinell noch nicht gut ausgerüstet. Viele Arbeiten müssen noch mit der Hand erledigt werden. Deshalb sind auch gelegentlich Leute zum Helfen auf dem Hof. Einer davon ist Jupp, ein Freund meines Vaters. Mein Vater verkauft ihm preisgünstig ein Stück Land, auf dem er und seine Frau Ida sich ein Haus bauen. Die beiden bekommen vier Kinder. Dieser »Onkel Jupp« ist oft bei uns zum Helfen, und nach getaner Arbeit trinkt er gerne noch ein Bier mit meinem Vater. Ich mag ihn sehr, denn er ist ein sehr freundlicher Mensch. Leider bekommt er mit der Zeit schwere Depressionen, an denen er viel zu jung stirbt ...

Aber auch Paul und Agnes finde ich sehr nett. Die beiden Geschwister sind entfernte Verwandte und wohnen regelmäßig bei uns in den Schulferien. Dabei unterstützen die beiden Teenager meine Eltern bei der Arbeit, dies ist besonders in der Erntezeit sehr wichtig. Die Nachbarsjungen Felix und Clemens verdienen sich ebenfalls gelegentlich ein paar Mark auf dem Hof.

In der Erntezeit sind die Arbeitstage besonders lang. Wenn Heu eingefahren wird, muss dieses mit der Forke per Hand auf den Wagen geladen werden. Oben auf dem Wagen kniet dann oft meine Mutter, die das Heu packt, damit es nicht wieder vom offenen Tieflader herunterfällt. Als kleiner Junge habe ich meistens das Glück, auf einem der Traktoren mitfahren zu dürfen. Mein Vater fährt mit einem Trecker über die Wiese, um mit der angekuppelten Pressmaschine das trockene Gras zu Ballen zusammenzupressen. Gleichzeitig steuert mein Opa die andere Zugmaschine, die den schon beschriebenen Tieflader zieht.

Diese Tage im Heu mit der ganzen Familie finde ich immer sehr schön. Vor allem in den Essenspausen machen wir es uns auf der Wiese gemütlich. Meine Mutter hat dann immer einen großen Korb mit Lebensmitteln zusammengestellt. Selbstgebackenes Brot, Mettwürste, Eier, Tri Top – das beliebte Sirupgetränk der 60er- und 70er-Jahre – Kaffee und alles, was man für ein Picknick im Grünen so braucht. Besonders mag ich unsere Eier von frei laufenden Hühnern, die ich als kleines Kind schon denen aus Käfigen vorziehe. Aber auch der kalte Kaffee schmeckt vor allem bei großer Hitze sehr gut.

Den sogenannten koffeinfreien Muckefuck lässt man nach dem Kochen einfach kalt werden, denn dieser löscht sehr gut den Durst, der in der Sommerhitze entsteht.

Aber nicht nur Heu und Getreide, auch die Futterrüben verursachen viel Arbeit. Wir bauen zwar nur ein Hektar dieser Runkelrüben an, doch wenn die kleinen Pflanzen wenige Wochen nach der Saat aus dem Boden sprießen, dann werden diese mit der Hand vereinzelt. Dabei stehen die kleinen Rüben zwar in einer Reihe, doch der Pflanzenabstand passt noch nicht. Die wahllos gesäten Pflanzen müssen auf einen Abstand von circa zehn Zentimetern sortiert werden. Das Ziehen per Hand ist sehr aufwendig. Zusätzlich wird das Unkraut auf dem Acker mithilfe eines Häckers gehackt. Auch mit mehreren Personen werden mindestens zwei Wochen benötigt, um das Rübenfeld der Familie Wenning zu bearbeiten. Danach geht die Hackerei wieder von vorne los. Denn inzwischen ist neues Unkraut aus dem Boden geschossen.

Die Ernte im Herbst ist nicht weniger aufwendig. Die reifen Runkelrüben werden mit der Hand gezogen und gleichmäßig nebeneinandergelegt. Danach wird die Rübe mit einem Spaten vom Grünzeug getrennt und mit der Forke auf den Wagen geladen. Auch die Rübenblätter werden später per Hand aufgeladen, da sie – frisch verfüttert – sehr gerne von den Kühen gefressen werden.

Das Leben auf dem Bauernhof empfinde ich als sehr schön. Überall die grüne Natur und die vielen Tiere, sodass ich nie Langeweile verspüre. Klar, ich sehe auch viel fern. Daktari, Flipper, Lassie oder auch Skippy, diese beliebten Kinderserien mit Tieren sind mir durchaus ein Begriff. Aber das Fernsehen spielt keine große Rolle in meinem Leben, denn das wahre Leben auf dem Bauernhof ist viel spannender und interessanter für mich. Stundenlang bin ich oft alleine auf den Feldern und Wiesen unterwegs und erfreue mich an den verschiedenen Tierarten, wobei mir die Vögel mit ihrer Leichtigkeit am meisten imponieren. Ihr Pfeifen und Zwitschern strahlen eine gewisse Fröhlichkeit aus, an der ich mich oft erfreue. Besonders schön ist es, wenn die Schwalben im Frühjahr aus Afrika zurückkehren und bei uns auf der Tenne ihre Nester bauen.

Sehr gerne spiele ich auch Karten. Opa hat mir und Stefan schon frühzeitig das Doppelkopfspiel beigebracht. Da dieses Kartenspiel in der Regel für vier Personen ausgelegt ist, hilft meine Oma gelegentlich aus, um die Runde aufzufüllen.

Weihnachten bei uns zu Hause ist immer sehr schön. In der Diele baut meine Mutter eine große Krippe auf. Dabei verwendet sie Moos, welches mein Vater vorher aus dem Wald besorgt hat. Auf dieser Moosfläche baut sie eine Art Park, auf dem sämtliche Figuren der Weihnachtsgeschichte aufgestellt werden. Eine sehr aufwendige Sache, von der Besucher aber immer sehr angetan sind. Dann, am Heiligen Abend, gibt es jedes Jahr Hähnchen mit Pommes, wobei wir Kinder die Bescherung natürlich nicht erwarten können. Endlich klingelt es an der Haustür. »Das Christkind war da und hat viele Geschenke gebracht«, berichtet mein Vater, als er durch die Tür kommt. Dass mein Vater natürlich selbst geklingelt hat, kriegen wir Kinder irgendwann im Laufe der Jahre heraus.

Neben den Weihnachtsgeschenken gibt es für uns drei Kinder auch an Neujahr einiges abzugreifen. Beim »Nachbarn-Rumgehen« klingeln wir bei jedem Einzelnen und wünschen auf Plattdeutsch: »Glücksehs ne Joar!« (»Glückseliges neues Jahr!«) Für diesen Neujahrsgruß gibt es für mich und meine zwei Brüder eine Tüte mit allerhand Süßigkeiten. Bei dreizehn Nachbarn kommt da schon einiges zusammen. Als wir noch Kleinkinder waren, fuhr uns mein Vater zu den jeweiligen Höfen. Da er fast bei jedem Nachbarn ein Bier und meistens auch noch einen Schnaps trinken muss, dauert diese Neujahrsaktion oft den ganzen Tag. Natürlich wirkt sich das Trinken auch auf den Zustand meines Vaters aus. Dass er uns dann ziemlich betrunken wieder nach Hause bringt, stört niemanden. Alkohol am Steuer wird in den 60er- und 70er-Jahren durchaus nur als Kavaliersdelikt angesehen.

Das Goggomobil

Als zusätzliches Familienmitglied kommt mein Onkel August zu uns auf den Bauernhof. Der jüngere Bruder meiner Mutter macht eine Ausbildung zum Friseur beim dörflichen Betrieb Epping. Da der tägliche Weg von seinem Elternhaus in Darfeld zum Arbeitsplatz in Legden zu weit ist, wohnt er bei uns. Onkel August ist sehr lustig und kinderlieb und deshalb bei uns Kindern sehr angesagt. Doch für Kost und Logis muss er in seiner Freizeit auf dem Hof mithelfen. Arbeitshandhandschuhe sind zu dieser Zeit verpönt, so arbeitet Onkel August natürlich mit seinen bloßen Händen. Erst als sein Meister meine Eltern darauf hinweist, dass August mit Schwielen an den Händen nicht gut bei den Kunden ankommt, wird der Einsatz von Arbeitshandschuhen genehmigt.

In den ersten Lehrjahren fährt Onkel August am Wochenende immer mit dem Rad zu seinem Elternhaus. Nachdem August den Führerschein Klasse 4 bestanden hat, kauft er sich für wenige 100 DM ein Goggomobil. Dieses kleine, schnuckelige Fahrzeug wird von 1955 bis 1969 von der Hans Glas GmbH in Dingolfing gebaut. Das Fahrzeug sieht zwar aus wie ein Kleinwagen, wird aber als Zweirad geführt. Deshalb darf August, dessen Klasse-4-Führerschein für Zweiräder bis 250 Kubikzentimeter gilt, den »Goggo« fahren.

Nachdem August an einem Samstag noch bis mittags beim Friseur Epping gearbeitet hat, will er anschließend nach Hause fahren. Meine Mutter gibt ihm noch zwei Lagen Eier mit. Unsere Hühner legen gut, und meine Oma und die Familie Voss in Darfeld freuen sich sehr über die frischen Eier. Wir Kinder verabschieden uns noch heftig von Onkel August, der dann mit seinem Goggomobil davonrauscht. So ein Goggo fährt maximal 70 Stundenkilometer und ist damit auch für junge, unerfahrene Fahrer leicht zu führen, sollte man meinen.

Doch wir machen alle große Augen, als ungefähr eine Viertelstunde später mein Onkel als Fußgänger unseren Hof

ansteuert. »Watt häs mackt, August?«, fragt mein Vater auf
Plattdeutsch mit einem Grinsen im Gesicht. Wenn mein Vater
redet, hält er es meistens nicht für nötig, den Zigarillo aus
dem Mund zu nehmen. Mit dem Stumpen im Mund, dem
großen Hut und der Manchesterhose mit Hosenträgern sieht
mein Vater wie ein typischer westfälischer Bauer aus. »Ich bin
aus der Kurve geflogen und im Graben gelandet«, sagt August
mit leiser, trauriger Stimme. Dabei sieht er meinen Vater so
an, als ob es nun so vor Vorwürfen hageln würde. »Dat is nich
schlimm, August! Wichtig is, dat bie di alls in Ordnung is, Jung.
Dat den Goggo, de olle Koor, kapott is, dat meck nix!« Ja, so
ist mein Vater. Ein ruhiger Typ, der sich nicht von kleineren
Vorfällen wie diesem Blechschaden aus der Ruhe bringen lässt.

Dann fahren wir gemeinsam zum Unfallort, der gerade
mal ein Kilometer vom Hof entfernt liegt. Auch ich als kleiner Junge sehe sofort, dass es sich hier nicht nur um einen
Blechschaden handelt. Aus dem schönen, niedlichen Goggo
ist ein Totalschaden geworden. August war wohl zu schnell
in die Kurve gefahren und dann voll in den Straßengraben
gerutscht. Ihm selbst ist dabei zum Glück nichts passiert. Mein
Vater zieht mit dem Traktor die kaputte Karre aus dem Graben
und schleppt das Goggomobil zu unserem Bauernhof. Nach
kurzer Absprache mit August entschließen sich die beiden,
das Fahrzeug in ein zwei Kilometer entferntes Waldgebiet zu
fahren. Ich fahre als Beifahrer auf dem Trecker mit und bin
gespannt, was nun passiert. Dann nimmt mein Vater einen
Kanister und überschüttet das demolierte Fahrzeug mit Ben-
zin. Sofort nach dem Entzünden eines Streichholzes steht das
Fahrzeug voll in Flammen. Diese Aktion interessiert zu dieser
Zeit niemanden. Denn 1970 ist das Wort Umweltschutz noch
gar nicht erfunden. Auch Jahre später steht das übriggebliebene
Fahrzeugwrack noch unbescholten im Wald.

Ohne Fahrzeug bleibt August nichts anderes übrig, als
das Wochenende bei Wennings zu verbringen. Beim Abendessen ist das Malheur schon fast vergessen. Nur meine Mutter

schimpft: »Wenn ich gewusst hätte, August, dass du mit dem Auto so jagst, dann hätte ich dir die vierzig Eier bestimmt nicht mitgegeben!« Denn von den Eiern ist, wie vom Goggomobil, nichts mehr übriggeblieben.

Der erste Schultag

Vor einigen Monaten war ich ärztlich untersucht worden – Größe, Gewicht und andere körperliche Merkmale, ebenfalls Hermann, der Nachbarsjunge, der zurzeit mein bester Spielkamerad ist. Er ist zwar ein halbes Jahr jünger, aber dafür auch einen Kopf größer als ich. Wir heißen zwar beide Hermann, sind aber ansonsten doch sehr verschieden. Dieser Vorname ist in den 60er-Jahren im Münsterland sehr verbreitet, wobei ich ja eigentlich Hermann Josef heiße. Da ich auf diesen Namen nicht unbedingt stolz bin, wird eines Tages ein Hermann daraus.

Da wir alle körperlichen und geistigen Voraussetzungen erfüllen, werden Hermann und ich im August 1970 eingeschult. Meine und seine Eltern, die ich Onkel Hermann und Tante Adele nenne, bringen mich und Hermann zur Grundschule nach Asbeck. Asbeck ist ein kleiner romantischer Ort mit 1000 Einwohnern und gehört zur Gemeinde Legden. Die Grundschüler der Bauernschaft Wehr werden hier eingeschult, während die Schüler der anderen Bauernschaften zur Grundschule nach Legden kommen.

An der Schule herrscht ein buntes Treiben. Viele kleine Kinder, man sagt auch i-Männchen, sind mit ihren Eltern angekommen. Kaum einer weiß so genau, wo er wirklich hinmuss. Schließlich landen wir im richtigen Klassenraum und werden sehr schnell wieder von der Lehrerin entlassen. Zur Belohnung bekommen wir eine riesige Schultüte mit allen möglichen Süßigkeiten. Viele ältere Nachbarskinder hatten mich vor der Schule gewarnt. Aber am Nachmittag beim Genuss der Süßigkeiten denke ich mir, dass die Schule doch gar nicht so schlimm sein kann.

Am nächsten Tag bringt mich meine Mutter zur Bushaltestelle, die nur einige Hundert Meter von unserem Hof entfernt
liegt. Der mit Kindern vollbesetzte Bus bringt uns zur Schule.
Wir sind insgesamt vierundvierzig i-Männchen in unserer
Klasse, wobei einige eine Ehrenrunde drehen und das Jahr
wiederholen. Unsere Klassenlehrerin Frau Hege geht streng
mit uns um, aber als ich nach dem Sport nicht in der Lage bin,
meine Schuhe zuzubinden, hilft sie mir dabei. Aber da bin ich
nicht der Einzige. Mehrere Jungen schaffen es nicht alleine.
Wir werden von Frau Hege ermahnt, zu Hause zu üben. Sofort
nachmittags übe ich mit meiner Mutter und den Großeltern,
eine Schleife zu knüpfen, denn so eine peinliche Situation
möchte ich auf keinen Fall wieder erleben.

Ordnung und Disziplin sind für Frau Hege sehr wichtig.
Wenn wir nach der Pause in die Klasse gehen, müssen wir uns
in Zweierreihen aufstellen und laufen dann Hand in Hand mit
dem Nebenmann. Einmal habe ich mit meinem Vordermann
Robert einen belanglosen Streit. Als dieser sich nach vorne
dreht, trete ich ihn in den Po. Frau Hege sieht das, und ich bekomme eine schallende Ohrfeige. Die Ohrfeige war berechtigt,
aber nicht unbedingt nötig. Denn wenn mir Erwachsene etwas
ordentlich erklären, dann befolge ich das in der Regel auch.

Einmal machen wir einen Klassenausflug zum Longinus-
turm nach Nottuln. Dort finden für uns Schüler die üblichen
Kinderspiele wie Sackhüpfen und Eierlaufen statt. Als einem
Mitschüler das gerade auf den Löffel gelegte Ei herunterfällt,
bekommt er ebenfalls eine kräftige schallende Ohrfeige. Diese
Ohrfeige ist absolut unberechtigt, denn er hat das Ei ja nicht
absichtlich fallen lassen. Der geschlagene Mitschüler heißt
Helmut und sitzt ab der dritten Klasse neben mir. Außer Ohrfei-
gen werden wir in den nächsten Jahren noch viel gemeinsam
erleben …

Ich bin weder ein schlechter noch ein guter Schüler. Ruhig
und angepasst versuche ich, die Schulzeit zu bewältigen. Wobei
ich auf keinen Fall auffallen möchte, denn ich schäme mich

für meine abstehenden Ohren. Meine Haare trage ich immer
so lang, dass die Ohren bedeckt sind. Durch diesen Haarschnitt
möchte ich meine um die neunzig Grad abstehenden Ohren
verstecken.

Mein Lieblingsfach ist Sport, wobei ich besonders die
Ballspiele wie Brennball, Völkerball und Fußball sehr gut finde.
Aber auch nachmittags und abends treffen wir Jungen uns zum
Fußballspielen in der Nachbarschaft. Meistens bei Grothe oder
bei Höseler, die jeweils mit vier Jungen schon einen großen
Anteil in der Gruppe haben. Wir spielen in den Weiden, wo
das Gras am kürzesten und die Kuhfladen am wenigsten sind.
Zwei Mistgabeln werden in einem Abstand von ungefähr vier
bis fünf Metern in den Boden gestochen und als Tor deklariert.
Meistens wählen zwei von den älteren Nachbarsjungen dann
die Mannschaften. Nicht jeder hat Fußballschuhe. Normale
alte, abgetragene Straßenschuhe oder auch unten abgeschnit-
tene Gummistiefel dienen beim Treten gegen den Ball. Das
Niveau ist nicht immer hoch, aber der Ehrgeiz umso mehr.
Oft gibt es kleinere Streitigkeiten, da ja kein Schiedsrichter
anwesend ist. Aber am Ende gehen wir immer friedlich und
zufrieden nach Hause.

Das Kreuzzeichen

Das Rumtoben und der Sport tun uns Kindern sehr gut. Wir
haben es einfacher als die Kids, die in der Computergeneration
aufwachsen. Wir Kinder der 70er-Jahre haben zwar weniger
technische Möglichkeiten und sind auch nicht jederzeit mit
modernen Kommunikationsmitteln erreichbar, doch unser
Spielangebot in der Bauernschaft ist viel vielfältiger als jede
Playstation oder jedes Computerspiel der Neuzeit.

Erreichbar sind wir nur über ein Haustelefon, dessen
Anschluss wir uns mit unserem Nachbarn Grothe auch noch
teilen. Das heißt, wenn Grothe Dauergespräche führt, dann

können wir nicht telefonieren. Umgekehrt funktioniert das natürlich genauso. Das Telefon spielt keine große Rolle, zumal Handys noch gar nicht erfunden sind. Mit sieben Personen kommen wir mit einer Telefonrechnung von 20 DM aus. Wenn diese Rechnung mal höher ist, dann fragt mein Vater schon mal: »Wer hat da so viel telefoniert?«

Durch das tägliche Spielen und Kicken bin ich sportlich sehr fit. Beim Sportunterricht in der Schule kommt mir das zugute. Bei einem Laufspiel im dritten Schuljahr bin ich mit Ludger im Finale. Ludger kommt aus einer sportlichen Familie. Die Familie Wolter ist oft in der Zeitung, da alle vier Kinder regelmäßig bei regionalen Laufwettkämpfen sehr erfolgreich sind. Mit dem ältesten Sohn Ludger geht es in diesem Finale darum, einen Ball aus dem Mittelkreis zu holen. Wir sind beide in einer Ecke der Turnhalle und bereiten uns auf den Start vor. Direkt vor dem Start bekreuzige ich mich. Am Vortag hatte ich im Fernsehen gesehen, wie sich ein Sprinter bei einer internationalen Leichtathletikveranstaltung mit der Bekreuzigung Mut für sein Rennen machte. Als ich mich nach dem Kreuzzeichen in die Startposition bringen will, ruft mein Sportlehrer und Schuldirektor Herr Scheidken laut zu mir rüber: »Was soll denn der Mist? Das hast du sicher im Fernsehen gesehen, Hermann Josef, und jetzt machst du es hier nach, um damit groß anzugeben!« Diese Worte sitzen, denn mein Sportlehrer hat vollkommen recht. Aber am Ende kann ich dann doch den Sieg erringen. Ich gewinne den Laufwettkampf gegen den favorisierten Ludger, und Herr Scheidken schafft es, meine ersten »Starallüren« zu beseitigen.

WM-Fieber

Fußball interessiert mich auch im Fernsehen sehr, besonders Länderspiele. Und jetzt findet 1974 die Fußball-Weltmeisterschaft auch noch im eigenen Land statt. An 1970 kann ich mich gut erinnern. Da die Spiele in Mexiko sehr spät übertragen wurden, konnte ich sie nicht sehen. Aber meine Mutter sagte mir morgens immer sofort, wie es ausgegangen war. Die bittere 3:4-Niederlage im Halbfinale nach Verlängerung gegen Italien hatte mich auch als Sechsjähriger schon sehr geärgert. Doch dann, zwei Jahre später, konnte mich der überzeugende Europameistertitel von Brüssel mit dem 3:0-Sieg gegen die UdSSR sehr positiv auf die WM im eigenen Land einstimmen.

Kurz vor der WM wird noch in einem Entscheidungsspiel zwischen Jugoslawien und Spanien der letzte WM-Teilnehmer ausgespielt. An diesem Abend ist viel los bei uns auf dem Hof. An jedem zweiten Dienstagabend trifft mein Opa sich mit mehreren Großonkeln und meinem angeheirateten Onkel Werner zum Doppelkopfspielen. Der Austragungsort wechselt ständig, und dieses Mal findet der Doppelkopfabend bei uns zu Hause statt. Auch mit achtzig Jahren lässt Opa sich das Kartenspielen nicht nehmen. Zwischendurch wird der knappe Sieg der Jugoslawen gesehen. Doch alle hier sind sich heute Abend einig, dass der Titel nur über das deutsche Team mit Trainer Helmut Schön gehen wird.

Obwohl erst zehn Jahre alt, bin ich ein absoluter Fachmann in Sachen Fußball. Ich kenne alle Ergebnisse deutscher Nationalmannschaften bei Welt- und Europameisterschaften. Auch von den Qualifikationsspielen zur Weltmeisterschaft bei uns in Deutschland ist mir jedes Spielergebnis bekannt. Diese grenzenlose Begeisterung, mich in eine Sache hineinzusteigern, wird mich mein Leben lang positiv, aber auch negativ begleiten.

Endlich im Juni beginnt die Fußballweltmeisterschaft in Deutschland, auf die ich mich schon seit zwei Jahren freue. Die tolle Euphorie der deutschen Fußballfans wird durch die 0:1-Niederlage gegen den vermeintlichen Außenseiter DDR gedämpft. Zu dieser Zeit ist die DDR für mich noch ein ganz normaler Staat wie jeder andere auch. Denn in Sachen Geschichte kenne ich mich noch gar nicht aus. Mit viel Kampf und natürlich auch Glück schafft unsere Mannschaft dann doch den Einzug ins Finale.

Wir besitzen zu dieser Zeit nur einen normalen Schwarz-Weiß-Fernseher. Die Einladung von Onkel Otto, bei ihm das Endspiel sehen zu können, nehmen wir dankend an, denn er besitzt einen Farbfernseher. Mit der ganzen Familie fahren wir ins Nachbardorf Darfeld. Auch andere Verwandte sind gekommen, um gemeinsam das Endspiel gegen Holland zu sehen. Der schnelle 0:1-Rückstand kann durch Tore von Breitner und Müller bis zur Halbzeit in eine Führung umgewandelt werden. Doch in der zweiten Halbzeit spielt nur noch das von Johann Cruyff angeführte Oranje-Team. Wir zittern, wir bangen, wir hoffen. Die Holländer haben eine Großchance nach der anderen. Torhüter Sepp Maier zeigt mehrere Glanzparaden. Der Druck wird immer stärker. Die Zeit geht einfach nicht herum. Dann endlich der Schlusspfiff. Wir sind Weltmeister! Alle jubeln, alle schreien. Meine Tante Mechthild führt einen ausgiebigen Freudentanz auf dem Teppich durch.

Gemeinsam gehen wir dann ins Dorf. In der Ortsmitte treffen sich die Darfelder zu einer großen Feier. Hier spielt die Feuerwehrkapelle groß auf. Die Stimmung ist einfach phänomenal, und alle sind gut drauf.

Hauptschule

Von den vierundvierzig Schülern meiner Grundschulklasse gehen nur sechs zur Realschule oder zum Gymnasium. Der Rest wandert weiter zur Marienhauptschule nach Legden. Die Hauptschule ist zu dieser Zeit eine attraktive und angesehene Schulform. Mit diesem Abschluss stehen einem viele Türen offen. Es ist von Anfang an klar, dass ich auch zur Hauptschule gehe. Unsere Klasse bleibt fast komplett, was natürlich den Schulstart erleichtert. Herr Kleideiter ist unser Klassenlehrer – jung, nett, sportlich. Er unterrichtet uns in Wirtschaftslehre und Sport.

Wie in der Grundschule bin ich auch in der Hauptschule ein ruhiger, unauffälliger Schüler. Meine Noten sind durchschnittlich, wobei mir die Fächer Chemie, Physik und Englisch gar nicht liegen. Aber das Thema Sprachen wird in meinem späteren Leben nie mein Ding werden. Ich bin einfach zu faul, um Vokabeln zu lernen. Aber mir fehlt da auch absolut jedes Talent. Obwohl ich auf dem Land, vor allem bei meinen Eltern und Großeltern fast jeden Tag die plattdeutsche Sprache höre, habe ich sie nie wirklich erlernt.

Mitte des Schuljahres trete ich dann auch dem SUS Legden bei. Jahrelang hatte ich nur mit Nachbarsjungen und Freunden gespielt, jetzt will ich mein Können auch im Fußballverein beweisen. Als Neuling komme ich erst einmal in die zweite D-Jugendmannschaft. Meine Position als Linksaußen gefällt mir nicht und liegt mir auch nicht. Denn der Fußball in den Achtzigern ist ziemlich statisch. Wenn ich Linksaußen spiele, stehe ich fast nur vorne herum. Außerdem bin ich kein guter Stürmer. Meine Torgefährlichkeit hält sich absolut in Grenzen, und erst im letzten Saisonspiel gegen Rot-Weiß Nienborg gelingen mir zwei Tore.

Tod der Großeltern

Meinen Opa mütterlicherseits habe ich nie kennengelernt. Wie viele deutsche Männer, die aus dem Krieg zurückkamen, brachte er eine Krankheit mit. Durch diese Lungenkrankheit starb er schließlich Anfang der 60er-Jahre. Seine Frau Hedwig, also meine Oma, ist gleichzeitig meine Patentante. Von uns Enkeln wird sie liebevoll Oma Darfeld genannt, da sie ja die andere Oma aus dem Ort Darfeld ist.

Aber auch meinem Opa Hermann geht es im Jahr 1974 deutlich schlechter. Jeden zweiten Dienstag hatte meine Mutter ihn jahrelang zu den Treffen des Kartenclubs gefahren. Doch das geht nun nicht mehr. Er ist gesundheitlich ziemlich angeschlagen. Dabei liegt er die meiste Zeit im Bett und bekommt oft Besuch von unserem Hausarzt Dr. Klaas, einem gemütlichen, freundlichen und vollschlanken Mann. Doch Opas Zustand wird immer schlechter.

Eines Nachmittags ruft meine Mutter mich, denn ich soll bitte zu Opa ins Zimmer kommen. Ich merke sofort, dass es Opa schlecht geht. Mit zittrigen Händen drückt er mir 20 DM in die Hand. »Hermann Josef, du bist der Älteste, wenn du einmal groß bist, ist es deine Aufgabe, auf Haus und Hof aufzupassen.« »Ja, Opa, das werde ich tun, das verspreche ich dir«, antworte ich. Ohne groß darüber nachzudenken, verspreche ich es ihm. Mit meinen zehn Lebensjahren ist mir die Tragweite dieses Versprechens in keiner Weise wirklich bewusst. Ich kann dieses große Versprechen in meinem späteren Leben nicht einlösen …

Wenige Tage später bittet meine Mutter, dass mein Bruder Stefan und ich zum Spielen nach Kuhlenbäumer fahren. Den einen Kilometer zu deren Bauernhof fahren wir mit dem Rad. Gerd, der jüngste Sohn, ist ungefähr so alt wie ich, und wir Brüder spielen gerne mit ihm.

Plötzlich ruft Gerds Mutter uns, die wir Tante Enne nennen, ins Haus. Mit ernster Stimme sagt sie: »Ja, Hermann Josef und Stefan, ich muss euch leider sagen, dass euer Opa tot ist. Er ist heute Nachmittag gestorben.« Wir beide sagen kein Wort. Obwohl ich Opa immer sehr mochte, kommen mir keine Tränen. Ich denke, als Kind begreift man noch nicht so richtig, was der Tod wirklich bedeutet. Die Endgültigkeit, meinen Opa niemals wiederzusehen, ist mir in diesem Moment nicht bewusst.

Die Hektik, die durch die Vorbereitung der Beerdigung entsteht, überdeckt in den nächsten Tagen ein wenig die Trauer. Abends kommen immer die Nachbarn zu uns in Haus und beten gemeinsam den Rosenkranz. Ein alter christlicher Brauch, der in Westfalen auf dem Land sehr verbreitet ist. Da mein Opa gesellschaftlich sehr aktiv war, kommen nicht nur Verwandte, Freunde und Kollegen zur Beerdigung. Neben Geschäftsleuten auch Abgesandte vom Schützenverein, vom Jagd- und Reiterverein. Während man in den Großstädten heutzutage immer mehr anonyme Bestattungen ohne jede

Beteiligung von Angehörigen erlebt, sind Beerdigungen auf dem Land auch heute noch ein großer Auflauf mit mehreren Hundert Trauernden.

Wenige Monate später stirbt auch meine Oma Johanna. Die Trauer um ihren Hermann hatte ihr den Lebensmut genommen. Meine Oma war eine liebe Frau, die von allen sehr geschätzt wurde. Fast fünfzig Jahre waren Hermann und Johanna verheiratet. Nur wenige Monate fehlten den beiden bis zur goldenen Hochzeit ...

Zu früh gejubelt

Ende des Schuljahres wird auf der Aschenbahn des Sportplatzes ein Qualifikationswettkampf für die Kreisschulmeisterschaften durchgeführt. In der Ballwurfdisziplin bin ich sehr schwach. Im Sprint und Weitsprung jedoch fühle ich mich stärker, aber für die Teilnahme an den Kreismeisterschaften reicht es trotzdem nicht.

Zum Abschluss wird ein 1000-Meter-Lauf durchgeführt, an dem alle Jungen von der fünften bis zur achten Klasse teilnehmen dürfen. Nach dem Start hänge ich mich sofort an die Spitzengruppe. »Hermann Josef, bleibe zurück! Das ist viel zu schnell für dich!«, fordert mich Andreas, ein Klassenkamerad, auf. Seine Bedenken sind nicht unbegründet, denn ich bin der Einzige aus der fünften Klasse, der bei den Älteren mitmischt. Aber irgendwie kommt mir das Tempo ganz locker und leicht vor. Problemlos halte ich mich in der Spitzengruppe und belege ohne viel Mühe den zweiten Platz. Nur »Butscher«, ein kräftiger, athletischer Junge aus Asbeck, der drei Jahre älter ist als ich, kann mich gerade so eben auf Distanz halten.

»Das war echt super, Hermann Josef. Auf jeden Fall fährst du mit zu den Kreisschulmeisterschaften nach Rhede«, redet unser Sport- und Klassenlehrer, Herr Kleideiter, sehr euphorisch auf mich ein. Ohne zu wissen, was mir dort blüht, sage ich spontan zu.

Bei diesen Kreisleichtathletikmeisterschaften der Schulen stehen für mich die 800 Meter auf dem Programm. Für diesen Laufwettkampf habe ich mich nicht speziell vorbereitet. Fußball spiele ich fast täglich im Verein oder mit Jungen aus der Nachbarschaft, oft auch alleine auf dem Hof. Das muss doch reichen, denn wir laufen ja nur zwei Runden über den Sportplatz, mache ich mir Mut.

Doch als der Startschuss fällt, laufen einige der Jungen wie die Berserker los. Nein, sie laufen nicht, sie sprinten quasi. Ich habe wirklich Probleme, den Anschluss einigermaßen zu halten. Doch schon nach knapp der Hälfte der Strecke werden meine Kontrahenten vermeintlich langsamer. Ich brauche nur mein Tempo zu halten, und schon bin ich auf Platz zwei vorgelaufen. Nur ein Junge im blauen Trikot hat noch über zehn Meter Vorsprung. Auch ich bin jetzt im roten Bereich, bekomme kaum noch Luft und laufe immer schwerer. Herr Kleideiter, der mich und die anderen Sportler unserer Schule heute betreut, feuert mich leidenschaftlich an: »Komm, Hermann Josef, lauf! Gib alles! Lauf! Lauf! Lauf!« Nach 500 absolvierten Metern baut der Junge vor mir dermaßen ab, dass ich schließlich vorbeilaufen muss. Da er praktisch steht, habe ich schnell einen kleinen Vorsprung. Doch es wird immer schwerer für mich. 800 Meter sind eine tödliche Distanz. Überall verspüre ich nun Schmerzen. In den Beinen, den Armen, im Magen und natürlich in der Lunge. Endlich sehe ich die Ziellinie. Mit letzter Kraft rette ich mich über diese Linie und glaube im Ziel zu sein. Wie ein Profiläufer hebe ich zum Jubeln beide Arme hoch.

»Hermann Josef, laufe weiter! Du bist noch gar nicht im Ziel! Laufe weiter! Lauf weiter!« Doch ich bin so erschöpft, dass ich gar nicht verstehe, was Herr Kleideiter von mir will. So spaziere ich die letzten zehn Meter bis zur eigentlichen Ziellinie. Dabei werde ich noch von dem Jungen im blauen Trikot wirklich auf dem letzten Meter überholt. Total kaputt lege ich mich auf den Rasen. Da es noch mehrere Wertungsläufe gibt, belege ich insgesamt den fünften Platz.

Ein wenig enttäuscht hole ich mir bei der Siegerehrung die Urkunde ab. »Macht nichts, Hermann Josef, dieser fünfte Platz heute ist die schlechteste Platzierung, die du jemals bei solch einer Kreisschulmeisterschaft erreichen wirst.« Herr Kleideiter, ein absoluter Sportexperte, wird mit dieser Prognose recht behalten.

Der Mann mit der Pferdelunge

Mit diesem Rennen sorge ich in der Marienschule in Legden für Aufsehen. Erst einmal, weil ich so unerfahren war und viel zu früh das Rennen beendet habe. Aber dass ich ja eigentlich viel weiter vorne gewesen wäre und trotzdem noch fünfter von knapp hundert Kindern geworden bin, sorgt auch für Gesprächsstoff. Auf jeden Fall bekomme ich den Spitznamen: »Der Mann mit der Pferdelunge!« Wer diesen Spitznamen erfunden hat, weiß ich nicht, aber ich bekomme ihn besonders oft von den Lehrern zu hören. Herr Kleideiter gibt mir den Ratschlag, in einen Leichtathletikverein zu gehen, da ich auf jeden Fall Talent habe. Doch in Legden gibt es keinen Leichtathletikverein, und der Fußball macht mir inzwischen so viel Spaß, dass ich diesen Sport keineswegs missen möchte. Aber besonders auf die Schmerzen und die Erschöpfung, die ich bei meinem ersten Laufwettkampf erlitten hatte, möchte ich doch erst einmal verzichten.

In der neuen Fußballsaison erobere ich einen Stammplatz in der ersten D-Jugendmannschaft. Ich besetze die Position des Linksverteidigers, den ich, wie es zu dieser Zeit Standard ist, total defensiv spiele. Meistens gewinnen wir unsere Kreisligaspiele sehr hoch. Nur einmal, in Wessum, bekommen wir eine 1:5-Klatsche. Dass mein Gegenspieler Jochen dabei drei Tore macht, wurmt mich noch mehrere Wochen danach. Verlieren war schon immer ein großes Problem für mich. Denn ich will immer gewinnen. Als dann das Rückspiel in Legden ansteht, fragt mich mein Trainer Lutz Gruhl: »Hermann Josef, du hast alle Gegenspieler souverän beschattet, nur gegen den Rechtsaußen von Union Wessum hattest du Probleme. Willst du noch einmal gegen ihn antreten oder lieber auf einer anderen Position spielen?« »Nein, ich versuche es wieder, und ich möchte meine Fehler vom Hinspiel wiedergutmachen«, ist meine klare Antwort.

Ich tue zwar sehr souverän, aber vor dem Spiel bin ich total nervös. Doch es gelingt mir einigermaßen, diesen Jochen in Schach zu halten. Wenn er mich dann doch hin und wieder ausspielt, steht immer noch Siggi, der körperlich starke Vorstopper, oder Martin, unser souveräner, ballsicherer Libero, hinter mir. Die beiden bereinigen jede Situation, und Jochen bleibt heute ohne Tor. Ohne Gegentor gewinnen wir 4:0. Damit ist die Meisterschaft so gut wie perfekt. Mit nur zwei Minuspunkten (pro Spiel werden immer zwei Plus- und zwei Minuspunkte verteilt, den Dreier für einen Sieg, den gibt es noch nicht) gewinnen wir überzeugend den Titel. Weit über hundert Tore schießen wir, von denen ich, eigentlich als Defensivverteidiger vorgesehen, stolze 13 Treffer selbst erziele.

Bei den Kreisschulmeisterschaften will ich dieses Jahr besser vorbereitet sein. Auf Anraten Herrn Kleideiters trainiere ich drei Wochen für diesen Wettkampf. Das Intervalltraining, das er mir vorschlägt, interpretiere ich auf meine Weise. Dabei nutze ich unseren Bauernhof als Trainingszentrum. Die fünfzehn Meter zwischen Tennen- und Schuppentür spurte ich volles Rohr. Immer hin und her, und so schnell es nur geht. Dabei immer wieder maximal antreten, und das über zwei Minuten. Dann mache ich eine Minute Pause, um dann wieder zwei Minuten voll zu spurten. Diese von mir erfundene Trainingseinheit geht über eine halbe Stunde, und das bei sehr warmen sommerlichen Temperaturen. Nach dem Training bin ich nur noch müde und platt …

Dieses Jahr verfüge ich beim anschließenden Wettkampf um mehr Erfahrung. Ohne zu früh zu jubeln, laufe ich ins Ziel

und gewinne meinen Zeitlauf in 2:33 Minuten. In der Gesamtwertung belege ich Platz zwei und bin damit Vizeschulmeister
über 800 Meter im Kreis Borken.

Die Alkoholvergiftung

Als ich im achten Schuljahr bin, treffen wir uns zu einer
Klassenfete. Es ist keine normale Feier für alle Schüler. Nein,
nur der sogenannte harte Kern will sich treffen. Zu diesem
fünfköpfigen harten Kern gehört auch Helmut, mein engster
Freund, sowie Christian, der im Jahr zuvor von der Realschule
herübergekommen war. Auch Lutz ist dabei. Da er regelmäßig
in einer Fleischerei arbeitet, gilt er als der finanziell stärkste
Schüler unserer Klasse. Lutz zeigt gerne seinen Mitschülern den
Inhalt seiner Geldbörse, in der sich schon mal 200 bis 300 DM
befinden. Arno ist der älteste unserer Runde. Da er zum zweiten
Mal die achte Klasse wiederholt, ist er zwei Jahre älter und
natürlich auch schon reifer als wir. Bei den Mädels der Klasse ist
Arno auf jeden Fall sehr beliebt. Wir haben uns vorgenommen,
wie es sich für harte Jungs halt gehört, dass wir uns richtig die
»Kante geben.« In den 80er-Jahren ist das kein Problem, sich
als Jugendlicher Alkohol zu besorgen. Als 13- oder 14-Jähriger
bekommt man den Alkohol überall, ob beim Discounter, am
Kiosk oder im normalen Lebensmittelgeschäft. Nirgendwo gibt
es Schwierigkeiten. Falls doch, sagen wir einfach, wir müssen
für unsere Eltern »den Stoff« besorgen. So kaufen meine vier
Klassenkameraden reichlich Bier ein. Ich hingegen, clever wie
ich bin, habe den Sprit direkt bei meinen Eltern abgezapft. Hin
und wieder besorgen sie sich einen Kanister mit Korn vom
Großhandel. Die 1,4 Liter Schnaps, den ich in zwei Wasserflaschen umfülle, werden sie nicht vermissen, denke ich mir.

Wir treffen uns bei Lutz zu Hause auf dem Bauernhof.
Auf dem Hof ist auch ein Partyraum, in dem regelmäßig am
Wochenende wilde Feten stattfinden. Heute ist Herrenveranstal-

tung, denken wir uns, denn man kann auch ohne Mädchen Spaß haben. Bei lauter Musik leeren wir eine Bierflasche nach der anderen. Bis ich meine beiden Wasserflaschen auspacke. »Was willst du denn mit dem Mineralwasser?«, fragt mich Christian erstaunt. »Nein, das ist der gute Schnaps, den ich von Papas Kanister abgezapft habe«, rechtfertige ich mich. »Dann lasse die Flaschen doch mal rundgehen«, fordert mich Arno auf. »Gute Idee«, fügt Lutz hinzu, »richtige Kerle wie wir saufen den Korn aus der Pulle!« Die »Wasserflaschen« drehen die Runde, und jeder nimmt einen kräftigen Schluck daraus. Außer Helmut, der mir einige Zeit später erklärt, dass er die Hand vor den Mund hält, um zu vertuschen, dass er keinen Schnaps trinkt. Da ich ein Junge mit wenig Selbstbewusstsein bin, ist das für mich wieder eine Situation, in der ich mich beweisen möchte. Auch will ich den anderen zeigen, wie viel ich vertragen kann. Mindestens einen halben Liter Korn ziehe ich mir rein.

Am späten Nachmittag beschließen wir im Vollrausch, die Party zu beenden. Arno hat ziemliche Ausfallerscheinungen und kann sich kaum mehr auf den Beinen halten. Die anderen drei Mitschüler wirken noch relativ standhaft. Auch ich fühle mich noch gut und will zum Fußballtraining meiner C-Jugendmannschaft nach Legden fahren. »Hermann, fahre nach Hause, du kannst jetzt doch nicht zum Training fahren«, fordert mich Helmut auf. »Nein, ich muss zum Training, denn wir haben Samstag ein wichtiges Meisterschaftsspiel«, erwidere ich und sitze auch schon auf dem Rad. Mein Trainer Lutz Gruhl hatte mich vor Kurzen noch für meine Disziplin und meinen Ehrgeiz gelobt.

Die vier Kilometer mit dem Rad fallen mir ziemlich schwer. Ich fahre Schlangenlinien und habe große Probleme, auf der Straße zu bleiben. Als ich am Sportplatz bin, nehme ich alles nur noch verschwommen wahr. »Was ist denn mit dem los, der hat wohl ein wenig zu tief ins Glas geschaut«, höre ich eine Stimme, ohne zu bemerken, wo sie herkommt. Den Umkleideraum erreiche ich noch, doch danach bekomme

ich gar nichts mehr mit. Später erzählt man mir, dass mich
ein Betreuer besinnungslos auf der Umkleidebank gefunden
hat. Sofort bestellt er einen Krankenwagen, der mich dann mit
Blaulicht ins Ahauser Krankenhaus fährt.

Als ich dort wach werde, kann ich die Situation zuerst
gar nicht einschätzen. Dann erkenne ich drei Menschen mit
Arztkitteln um mich herum. In meinen Mund steckt ein breiter
durchsichtiger Schlauch. Diesen Schlauch schieben sie ganz
tief durch Hals und Speiseröhre in mich hinein. Das Ärzteteam
versucht, mir den Magen auszupumpen. Da ich immer noch
total betrunken bin, spüre ich bei dieser Aktion keinerlei
Schmerzen. Dann bin ich wieder besinnungslos.

Später, als ich wach werde, liege ich in einem Krankenhausbett. Neben mir steht meine Mutter. An meinem rechten
Arm hängt ein Schlauch, denn ich bin an einen Tropf angeschlossen. Meine Mutter weint und schimpft mit mir. Dann
schlafe ich wieder ein.

Am nächsten Morgen schon werde ich aus dem Krankenhaus entlassen. Körperlich geht es mir einigermaßen gut. Aber
die Vorwürfe zu Hause und die Häme und den Spott an der
Schule in den nächsten Tagen werden mir noch einige Zeit zu
schaffen machen.

Kein Bock auf Schule

Obwohl ich jetzt Klassensprecher der Klasse 8a der Marienhauptschule in Legden bin, verhalte ich mich zu keiner Zeit
vorbildlich. Zwar hat mir die Alkoholvergiftung erst einmal
einen Denkzettel verpasst, und ich fasse keine alkoholischen
Getränke mehr an, doch in der Schule lasse ich immer mehr
nach. Als Klassenclown quatsche ich oft dazwischen und störe
die Lehrer beim Unterricht.

Zu Hause mache ich auch nichts mehr für die Schule. Das
fällt gar nicht auf, denn meine Eltern sehe ich nachmittags so

gut wie nie. Mein Vater ist auf dem Acker und im Stall voll ausgelastet, denn er bewirtschaftet fast alleine den Hof. Meine Mutter hingegen fährt täglich nach Münster, denn mein Bruder ist schon länger schwer erkrankt und liegt in der Uniklinik. Er muss mehrere Jahre hart kämpfen, um seine tückische Krankheit zu überwinden. So bin ich mir selbst überlassen und habe nebenbei eine sturmfreie Bude. Oft kommen meine beiden Freunde Helmut und Michael, der Sohn von meinem Fußballtrainer Lutz Gruhl, und wir spielen gemeinsam Fußball oder Tischtennis.

Die Aktivitäten in der Schule hingegen sind nicht so sportlich. Mein Kumpel und Klassenkamerad Lutz kommt auf die geniale Idee, mithilfe eines Kurzschlusssteckers den Unterricht teilweise lahmzulegen. So kaufen wir beide uns jeder einen kabellosen Stecker. Dann schrauben wir die Stecker auf und verbinden die beiden Pole mit einem Metalldraht. Diese unsachgemäße Verbindung von Plus- und Minuspol soll einen Kurzschluss auslösen, wenn man diesen Stecker in eine Steckdose drückt. Der Physikunterricht trifft sich sehr gut, um unseren Sabotagestecker zu testen. Unser Lehrer, Herr Festring, macht hier regelmäßig Versuche, für die er natürlich Strom benötigt. Als er kurz die Klasse verlässt, steckt Lutz den Stecker in die Steckdose. Damit löst er einen Kurzschluss aus. Als Herr Festring danach seinen Versuch mit einem elektronischen Gerät fortführen möchte, geht nichts mehr. Wir haben keinen Saft in der Bude. Lutz und ich schauen uns grinsend an. Auch Helmut und Ewald haben die Aktion mitbekommen und lächeln. Dann verlässt Herr Festring wieder den Raum, um zum Stromkasten zu gehen und den Schutzschalter wieder rein zudrücken. In der Zwischenzeit drücke ich den Kurzschlussstecker rein, und der Strom ist wieder weg. Da der Strom immer wieder ausfällt, wird der Hausmeister zu Hilfe gebeten. Dieser kann aber auch das Rätsel mit der Elektrik nicht lösen.

Auch beim sehr strengen Herrn Tegen wagen wir unsere Stromexperimente. Weder kann Herr Tegen mit dem Tages-

lichtprojektor arbeiten, noch hat er Licht im Unterricht zur
Verfügung. Er wirkt zwar sehr ärgerlich, aber das nützt ihm
auch nichts, denn der Strom fällt immer wieder aus. Schließlich
wird einige Tage später ein Elektriker zu Hilfe geholt, der das
Stromproblem aber auch nicht zu lösen vermag. Da für uns die
Sache nach einigen Wochen langweilig wird, lassen wir unsere
Stromexperimente, und der Unterricht an der Hauptschule
Legden kann wieder ungestört stattfinden.

Da wir den Unterricht zu dieser Zeit nicht wirklich ernst
nehmen, schwänzen wir regelmäßig die Schule. In unterschiedlichen Besetzungen bin ich dabei, mal mit Christian,
mal mit Lutz oder auch mit Helmut. Wenn ich mit Helmut
schwänze, dann fahren wir gelegentlich in die Steinkuhle, ein
kleines Waldgebiet in Legden. Vorher haben wir uns mit einem
Sechserpack Bier, einer Fleischwurst und einigen Brötchen
ausgerüstet. Schnaps trinke ich nach meiner Alkoholvergiftung
nicht mehr. Aber jetzt, ein halbes Jahr später, ist Bier durchaus
wieder angebracht. Im ländlichen Raum gehört es in diesem
Alter einfach zur normalen Entwicklung, hin und wieder Bier
zu trinken. Schuleschwänzen gehört zwar nicht zur akzep-
tierten Normalität, aber wir nutzen diese Zeit sehr sinnvoll,
um gesellschaftliche und politische Themen anzusprechen.
Durch das Flaschenbier lösen sich unsere Zungen, und wir
diskutieren über Gott und die Welt.

Einmal beschließen wir, nach Ahaus zu fahren, um dort
zu bummeln, während unsere Mitschüler sich im Unterricht
langweilen. Doch dummerweise sind an diesem Tag Lutz und
Arno krank. Dass der Unterricht so schwach besucht ist, kommt
Herrn Kleideiter ein wenig suspekt vor. Unser Klassenlehrer ruft
bei unseren Eltern an und erfährt, dass Helmut und ich schwänzen. Zu Hause gibt es natürlich richtig etwas zu hören, während
Helmuts Eltern das Ganze ein wenig lockerer sehen. Oft habe
ich den Eindruck, dass die Eltern von Helmut mehr Verständnis
haben als meine Eltern. Schließlich haben Jugendliche in der
Pubertät doch oft Probleme und machen Schwierigkeiten.

Die Ausreißer

Ende des Schuljahres, wenn die Klassen 9 und 10 entlassen werden, wird in der Schule schon mal der eine oder andere Streich ausgeheckt. Wir als Klasse 8 wollen uns vor den älteren Schülern beweisen und haben uns etwas Besonderes ausgedacht. Auf den Hebeln, mit denen man die Fenster betätigt, sind Kugeln, die nur aufgeschraubt sind. In den Pausen schrauben wir die Kugeln ab, sammeln und verstecken sie. Die Schulleitung bekommt sehr schnell Wind von dieser Aktion und lässt die Hauptbeteiligten im Lehrerzimmer antanzen. Diese Hauptakteure sind wie immer Arno, Christian, Helmut, Lutz und ich. Die Rektorin Frau Wasmer rügt uns und will sich noch eine entsprechende Strafe für uns ausdenken. Zum Abschluss teilt sie uns mit, dass sie auf jeden Fall unsere Eltern verständigen will. Da bekomme ich es mit der Angst zu tun. Schon wieder aufgefallen, und schon wieder bin ich dabei. Wieder ein unangenehmer Anruf zu Hause. Meine Eltern werden sicher sauer sein. Aber wie soll ich ihnen dieses nur erklären? Wie kann ich den zu erwartenden Stress umgehen? Dann habe ich eine Idee: »Jungs, wir hauen ab«, schlage ich meinen vier »Leidensgenossen« vor. »Wie, abhauen?«, fragt mich Helmut. »So viel Ärger wegen ein paar Kugeln, die wir alle ordnungsgemäß zurückgegeben haben. Darauf habe ich absolut keinen Bock. Wenn wir hier verschwinden, haben wir auch kein Theater mit unseren Eltern«, füge ich hinzu. »Ach, so schlimm wird das nicht zu Hause«, versucht Lutz die Situation zu entschärfen. »Also, mein Entschluss steht! Wir treffen uns morgen vor der Schule und hauen dann mit dem Rad ab. Wer ist dabei?«, frage ich abschließend. »Okay«, sagt Arno, »Ich habe ein Zelt, das bringe ich mit, denn darin können wir nachts pennen.« Auch die anderen erklären sich schließlich bereit mitzumachen.

Wir treffen uns am nächsten Morgen am Parkplatz, der an der großen Kreuzung liegt. An dieser Kreuzung steht auch die einzige Ampelanlage hier in Legden. Hier treffen sich auch alle Fußballmannschaften des Sportvereins, wenn sie zu Auswärtsspielen reisen. Der Treffpunkt ist praktisch nicht zu verfehlen.

Tatsächlich sind all meine vier Freunde gekommen. Doch nicht alle wollen mit. »Du, Hermann, ich habe mit meiner Mutter geredet. Die findet das gar nicht so schlimm mit unserer Aktion. Das bringt doch nichts. Ich bleibe hier. Lass doch den Blödsinn«, schaut mich Helmut um Verständnis bittend an. »Was meine Eltern mir erzählen, interessiert mich sowieso nicht«, klinkt Lutz sich ein und erklärt uns weiter: »Ich habe aber meinen Job in der Fleischerei Alfert. Die Firma kann ich nicht hängen lassen, deshalb bleibe ich auch hier.« Als ich Christian und Arno fragend anschaue, stellen die beiden sofort klar, dass sie auf jeden Fall dabei sind. Dann verabschieden wir uns kurz von den beiden »Aussteigern«, die uns aber trotzdem viel Erfolg wünschen.

Mit unseren Rädern kommen wir gut voran. Über Holtwick fahren wir weiter nach Coesfeld. Hier schlage ich meinen Mitausreißern vor, den Weg weiter nach Darup und Nottuln einzuschlagen. In dieser Gegend wohnen mehrere Verwandte von mir, und ich kenne mich deshalb dort sehr gut aus. Als wir Darup gegen Mittag erreichen, beschließen wir, hier unser Quartier aufzuschlagen. Wir schieben unsere Fahrräder in den Wald und schlagen unser Zelt auf. Gut versteckt mitten im Wald wird uns niemand sehen, hoffen wir. Da wir noch minderjährig sind, rechnen wir natürlich damit, dass wir zur Fahndung ausgeschrieben werden.

Nachdem wir unsere Schlafsäcke ausgebreitet haben, bemerken wir, dass wir eigentlich viel zu wenig Proviant dabeihaben. Die Pausenbrote sind fast gegessen, und am Abend werden wir bestimmt nach dieser anstrengenden Fahrt noch Hunger bekommen. Deshalb beschließen wir, dass einer ins Dorf fährt und Lebensmittel besorgt. Da ich mich in Darup bestens auskenne, erkläre ich mich bereit loszufahren. Ich verhalte mich vorsichtig, denn zwei Schwestern von meiner Mutter

haben sich in Darup eingeheiratet. Tante Heti bewirtschaftet
mit Onkel Bernhard einen Bauernhof, während Tante Adelheid
mit Onkel Jupp eine Pension führt. Da beide Paare zusammen
acht Kinder haben, ist die Wahrscheinlichkeit nicht gerade
gering, jemanden von der Verwandtschaft zu treffen.

Als ich gerade mit meinem Fahrrad vor dem einzigen
Lebensmittelladen in Darup parke, kommt doch wirklich im
gleichen Moment meine Cousine Andrea aus dem Laden. »Was
machst du denn hier, Hermann Josef?«, fragt sie mich. »Wir
machen vom Sportverein eine Radtour. Die anderen sind schon
vorgefahren, und ich hole mir kurz noch etwas zu trinken. Ich
muss mich beeilen. Tschüss Andrea«, versuche ich ihr ziemlich
unsicher eine Geschichte aufzutischen. Etwas Besseres fällt mir
in dieser Situation nicht ein. Im Laden besorge ich Würstchen
im Glas, Brot, Schokolade und Cola. Dann fahre ich zurück zu
den anderen beiden. Einer von ihnen hat eine Bravo im Gepäck,
so haben wir etwas zu lesen und uns wird nicht langweilig.
Das Zelt ist groß genug, sodass wir alle drei nebeneinander auf
unseren Schlafsäcken liegen können.

Zum späten Nachmittag hin wird unsere Laune immer
schlechter. Das lange Herumliegen hat uns nachdenklich gemacht. Wir werden immer schweigsamer, bis Arno letztendlich
das Wort ergreift: »Kommt, Hermann und Christian, lasst uns
zurückfahren. Wir haben zusammen noch nicht einmal 100 DM
in der Tasche. Wo wollen wir denn überhaupt hin? Spätestens
ab morgen werden wir polizeilich gesucht, dann kriegen die
Bullen uns sowieso. Kommt, wir bauen das Zelt ab und fahren
nach Hause!« Christian nickt: »Ist okay, Arno, ich komme mit.«
»Ja, aber so schnell schon aufgeben?«, erwidere ich, »aber, na
gut, alleine fahre ich auch nicht weiter.« Innerlich bin ich aber
ganz froh, denn im Prinzip hat unsere Aktion überhaupt keinen
Sinn. Weder haben wir ein Ziel noch einen Grund abzuhauen.

Der Rückweg mit dem Rad ist durchaus beschwerlicher als
der Hinweg. Der Elan ist weg, und wir reden kaum. In Legden
werden wir kurz nach Ortseingang von Alois Deuker, unserem

»Dorfsheriff«, in Empfang genommen. Er weiß von unserer Aktion Bescheid, denn unsere Eltern hatten ihn verständigt, als wir nachmittags nicht nach Hause kamen. Meine Mutter hatte auch bei Helmut angerufen. Doch Helmut hielt dicht und sagte ihr nicht, was wir im Schilde führten.

Alois Deuker nimmt uns mit zur Polizeistation und ruft unsere Eltern an. Als Erster kommt Christians Vater, der das Ganze mit Humor aufnimmt: »Na, hat euch kein Hotel aufgenommen und seid ihr deshalb wieder nach Hause gekommen?«, scherzt er ein wenig. Meinem Vater, der kurz danach kommt, ist nicht nach Scherzen zumute. Ohne ein Wort zu sagen, bekomme ich eine schallende Ohrfeige von ihm. Später zu Hause bekomme ich noch einiges zu hören. Allerdings fragen meine Eltern mich nicht, warum ich abgehauen bin. Es war das erste Mal in meinem Leben, dass ich vor meinen Problemen weggelaufen bin. Aber dies ist erst der Anfang. Fast ein Vierteljahrhundert lang werde ich immer wieder vor meinen Problemen abhauen. Ständig bin ich vor mir und meinen Schwierigkeiten auf der Flucht. Dabei werde ich die unterschiedlichsten Mittel und Wege benutzen ...

Stiefeltrinken

Überzeugend sind wir mit der B-Jugend Meister geworden. Hermann Möllers ist unser Coach. Mit seiner Autorität und seinem fußballerischen Sachverstand hat er uns souverän zum Titel geführt. Nach den Siegen steht oft eine Kiste Bier in der Umkleidekabine. Gerne bringen uns »Sponsoren«, die von unseren Leistungen begeistert sind, Bier in die Umkleidekabine. Ich versuche, das Trinken zu umgehen. Denn eigentlich bin ich Sportler, und als Sportler trinkt man doch keinen Alkohol.

Aber Fußball und Alkohol, das gehört in Deutschland irgendwie zusammen. Kaum ein Fan, der im Stadion kein Bier trinkt. Oft sieht man Fußballfans in der Bahn oder am Bahnhof total betrunken. Da fragt man sich dann, wie sie überhaupt

ins Stadion finden, geschweige denn vom Spiel etwas mitbekommen. Auf jeden Fall reicht die Kraft meistens noch, um
den Zug zu demolieren oder gegnerische Fans zu verprügeln.
Fußballfans ohne Alkohol, das scheint in Deutschland und
vielen europäischen Ländern gar nicht zu gehen.

Auch beim Verfolgen von Fußballspielen im Fernsehen,
heute sagt man Public Viewing, darf das Bier nicht fehlen.
Schließlich muss man in Stimmung sein, um mit anderen Fans
begeistert zusehen zu können. Denn Siege und auch Niederlagen sind mit Alkohol viel besser zu ertragen. Zu keiner Zeit
ist der Umsatz der Bierkonzerne so hoch wie bei Welt- und
Europameisterschaften. Kein Wunder, wenn bei den Braue-
reien so hochkarätige Fußballidole wie Franz Beckenbauer,
Waldemar Hartmann oder Mehmet Scholl als Werbepartner
unter Vertrag standen oder stehen. Da muss man natürlich
dagegenhalten, dass der Deutsche Fußball-Bund jahrelang
den Kampf gegen Drogen unterstützt. In einem Werbespot
fordern die Nationalspieler – angeführt unter anderen von
Rudi Völler – auf: »Keine Macht den Drogen!« Dass direkt
hinterher dann ein Werbespot von Bitburger, Erdinger, König
Pilsener, Krombacher, Warsteiner oder Veltins läuft, gibt den
Anschein, dass Alkohol absolut keine Droge ist.

Irgendwie paradox, der Jugend scheinheilig die These zu
verkaufen: illegale Drogen »Nein«, aber für legale Drogen wie
Alkohol ein klares »Ja«. Die Gesellschaft hat den Anspruch, die
Kinder und die Jugendlichen von der Straße in die Sportvereine
zu holen. Dort werden die Jugendlichen dann vornehmlich in
Fußballvereinen zum Alkoholtrinken motiviert.

Ab der B-Jugend fehlt die Kiste Bier selten in der Umkleidekabine. Aber ich versuche, mich zurückzuhalten. Werde
aber oft von Betreuern, Sponsoren oder Mitspielern angehalten
mitzutrinken. Da mir meine Alkoholvergiftung noch Abschre-
ckung genug ist, trinke ich selten und, wenn doch, immer
höchstens nur ein bis zwei Flaschen Bier nach dem Spiel oder
dem Training.

Zum Saisonende trifft sich unser Team zur Meisterschafts-
feier in einer Kneipe. Ich komme ein wenig später und merke
sofort, dass die Stimmung sehr ausgelassen ist. Einiges an
Alkohol ist schon konsumiert worden. Es wird viel gesungen,
so auch das Mohammedlied: »Mohammed ist ein Prophet,
der von Farben viel versteht. Aber aus aller Farbenpracht hat
er sich die Grünweiße auserdacht!« Grün-Weiß, das sind die
Vereinsfarben des SUS Legden. Fußballlieder haben oft keinen
tieferen Sinn. Wenn die Texte eingängig sind und sich ein
wenig reimen, kann sie sich jeder merken und laut mitgrölen.

Aus besonderem Anlass tragen wir heute das Stiefeltrinken
aus. Dabei wird ein stiefelförmiges Glas mit Bier befüllt. Dieses
drei Liter große Glas wird zum Trinken herumgereicht. Das
Ganze artet zu einem Wettkampf aus, denn wer als Vorletzter
aus dem Stiefel trinkt, der muss diesen dann auch bezahlen.
Der jeweils gerade Trinkende wird laut angefeuert und gefeiert.
Je mehr Alkohol er in sich hineinschlingt, desto mehr Beifall
bekommt er von uns anderen. Zwar habe ich meine Alkoholvergiftung noch immer im Hinterkopf, aber heute saufen wir
ja nur Bier. Keinen Schnaps wie damals, als ich die Besinnung
verlor. Da die anderen genauso viel saufen wie ich, habe ich
durchaus kein schlechtes Gewissen. Einmal gelingt es mir, als
ich an der Reihe bin, den ganzen Stiefel auszutrinken, sodass
mein Vortrinker zahlen muss. Dafür bekomme ich tosenden
Applaus von der ganzen Mannschaft und dem kompletten
Trainer- und Betreuerstab. Die Begeisterung ist so bombastisch,
als hätte ich gerade den entscheidenden Elfmeter in einem
Champions-League-Endspiel verwandelt. Fußball ist nicht
nur ein kämpferischer Mannschaftssport, sondern auch beim
Saufen hält das ganze Team zusammen.

Nach einigen Litern Bier muss ich mehrmals zur Toilette.
Bei meinem letzten Toilettenaufenthalt bin ich so voll, dass
ich einschlafe. Irgendwann werde ich wach, und es geht mir
total schlecht. Ich habe große Angst, wieder im Krankenhaus
zu landen. Aber es reicht noch, um mit dem Rad die vier

Kilometer zu meinem Elternhaus zu fahren. Dort schlafe ich in der Küche ein. In den frühen Morgenstunden bringt mich meine Mutter ins Bett. Da dies eine offizielle Saufveranstaltung vom Fußballverein gewesen ist, brauche ich mir am nächsten Tag keine Kritik anzuhören.

Außenseitererfolge

Ende des fünften Schuljahres hatte mein Klassenlehrer Herr Kleideiter mir empfohlen, in einen Leichtathletikverein zu gehen. Anfang des zehnten Schuljahres trete ich endlich dem VFL Ahaus bei. Mit dem Mofa, das ich von meinen Eltern zu Weihnachten geschenkt bekommen habe, fahre ich zweimal in der Woche abends zum Training nach Ahaus. Josef Voß, ein Sportlehrer, und Willi Reuter, ein Polizist, trainieren die Leichtathleten. Im Winter wird sehr vielseitig in der Halle trainiert, was mir aber nicht so gefällt. Als Langstreckenläufer möchte ich lieber meine Ausdauer schulen, als Gymnastik oder Zirkeltraining auszuüben. Auch zu Hause trainiere ich jetzt jeden Abend. Mit dem Mofa habe ich mir Strecken abgefahren und die einzelnen Kilometerabschnitte mit weißer Farbe markiert. Jeden Abend laufe ich durch die Bauernschaften von Legden und Asbeck. Da es im Winter früh dunkel ist, habe ich immer eine Taschenlampe dabei.

Nachdem ich beim Nikolauslauf in Ahaus meinen ersten Sieg in der Jugendklasse erlaufen konnte, fahre ich Jahresende zum Silvesterlauf nach Vreden. Mit am Start ist Michael Umlauf, der prominenteste Läufer hier in der Gegend. Von seinen Erfolgen habe ich viel in der Zeitung gelesen. Als Sechzehnjähriger ist er nur ein Jahr älter als ich, doch er rennt alles hier in der Region in Grund und Boden. Erstmals starte ich bei den Erwachsenen. 15 Kilometer stehen beim Hauptlauf auf dem Programm. Aus den knapp hundert Läufern entwickelt sich schnell eine dreiköpfige Spitzengruppe. Neben Michael

Umlauf ist auch sein Trainer Wilfried Sauk dabei. Der Dritte im Bunde bin ich. Niemand kennt mich hier. Auch für Umlauf und Sauk bin ich ein unbeschriebenes Blatt.

Bei Kilometer 12 zieht Umlauf plötzlich an. Nur ich kann mithalten. Umlauf ist darüber sehr überrascht und fragt mich: »Wer bist du denn?« »Ich bin Hermann Wenning aus Legden und neu in der Laufszene«, antworte ich trocken. Dann werde ich mutig, oder soll ich sagen übermütig? Ich setze einen Konterangriff und versuche, Umlauf abzuschütteln. Das gelingt mir nicht. Den nächsten Angriff setzt wieder Umlauf, und ich kann nochmals dagegenhalten. Als dann Michael Umlauf seinen dritten Zwischenspurt anzieht, kann ich nicht mehr mithalten. Locker läuft Umlauf davon und rennt zum sicheren Sieg. Total ausgepumpt komme ich als Zweiter ins Ziel. Danach gratulieren mir Sauk und Umlauf zu meinem mutigen Rennen: »Mit dir als Newcomer hat hier keiner gerechnet, mache weiter so, Hermann. Konkurrenz belebt das Geschäft«, lobt mich Sauk. Zufrieden fahre ich mit dem Mofa nach Hause.

Auch mein erstes Bahnrennen für den neuen Verein kann ich sofort siegreich gestalten. Am 1. Mai gewinne ich den 800-Meter-Lauf in Rheine. Mein Bruder Stefan, vor Kurzem ebenfalls in den Verein eingetreten, rundet als Achter und Letzter das Feld ab. Bei den Kreismeisterschaften in Coesfeld gewinne ich als B-Jugendlicher locker die 800 Meter in 2:04 Minuten. Danach bestreite ich noch die 400 Meter, für die ich 55 Sekunden brauche und damit Platz drei belege.

Auch bei den Münsterlandmeisterschaften starte ich zweimal und werde jeweils Sechster über die 3000 Meter und die 400 Meter. Über die 3000 Meter hatte mich mein Trainerteam Voß und Reuter bei den älteren A-Jugendlichen starten lassen. Bei diesem 3000-Meter-Lauf komme ich ab der Hälfte der Strecke in einen absolut wahnsinnigen Bereich. Außer meinen starken Schmerzen nehme ich die Außenwelt gar nicht mehr wahr. Ich bin völlig am Ende und habe das Gefühl, gar nicht voranzukommen. Als ich dann total kaputt ins Ziel komme, liege ich auf dem Rasen, und mir ist ganz schwindelig. Über eine halbe Stunde hänge ich in einer Ecke und muss mich mehrmals übergeben. Einerseits sind es der Einsatz und der Kampf, die mich antreiben, um alles aus mir herausholen zu können. Andererseits sind es die Unvernunft und die Selbstzerstörung in mir, Grenzen auszutesten und diese sogar zu überschreiten. Einen Tag später, am Sonntag, werde ich erstmals Münsterlandmeister über die 1500 Meter, die ich mit 4:21 Minuten locker gewinnen kann.

Sportlich bin ich voll motiviert. Jeden Abend trainiere ich, sonntags sogar zweimal. Meine Leistungen in der Schule sind zwar nicht berauschend, aber es reicht, um durchzukommen. Deutsch, Geschichte, Religion und Sport sind die einzigen Fächer, die mir Spaß machen und mir liegen. Obwohl, einmal bekomme ich für einen Aufsatz von meiner Deutschlehrerin und Schulleiterin Frau Wasmer eine glatte Sechs. Mein Sitznachbar und Freund Ewald hatte wortwörtlich den gleichen Aufsatz abgegeben. Da wir beide nicht telepathisch begabt sind, wird er wohl den kompletten Text von mir abgeschrieben haben. Ohne uns zum Vorfall zu befragen, werden wir beide mit der Note »ungenügend« bewertet. Da mein Abschluss nicht in Gefahr ist, nehme ich die Situation hin, wie sie ist.

Nachdem ich erneut Platz zwei bei den Kreisschulmeisterschaften erreicht habe, darf ich dieses Jahr auch zu den NRW-Meisterschaften. Im Düsseldorfer Rheinstadion fühle ich mich ein wenig unsicher. In einem so großen Stadion bin ich noch nie gelaufen, und die NRW-Konkurrenz ist sehr groß. Bei diesem 1000-Meter-Rennen verstecke ich mich im Feld. Mit einer unauffälligen Leistung, aber einer ordentlichen Zeit von 2:45 Minuten laufe ich Bestzeit und belege Platz zehn.

Kurz danach finden die Westfalenmeisterschaften in Recklinghausen statt. Mein Trainer Josef Voß empfiehlt mir, ein offensives Rennen zu laufen und mich nicht zu verstecken. Als dann die Startpistole knallt, stürme ich sofort nach vorn und setze mich an die Spitze des fünfzehnköpfigen Feldes. Ich gebe

Gas und spüre den Atem der Konkurrenten im Nacken. Die werden mich gleich alle überholen, denke ich mir. Immerhin sind das die besten Mittelstreckler meines Jahrgangs. Zwar gebe ich Gas und versuche ein hohes Tempo zu laufen, doch ich fühle mich gut dabei und meine Muskeln übersäuern nicht. Aber irgendwie kann ich es nicht glauben, denn keiner aus dem Pulk, der mir auf der Pelle hängt, geht an mir vorbei. Wollen die nicht, oder können die nicht? Die bluffen nur, denke ich. In der letzten Runde gehen die alle an mir vorbei, bin ich mir sicher. Doch auch in der letzten Runde bin ich noch vorn, und ich renne, kämpfe und versuche, mein Tempo noch mal zu erhöhen.

Dann endlich, 200 Meter vor dem Ziel, greifen meine Konkurrenten an. Aber ich versuche dagegenzuhalten. Da ich kein guter Sprinter bin, weiß ich, dass es jetzt schwer wird. Doch ich halte tapfer dagegen und versuche, die Kontrahenten in Schach zu halten. Aber auf der Zielgeraden stürmen schließlich drei Läufer an mir vorbei, und ich werde Vierter. Damit hätte ich nie gerechnet, dass ich der viertschnellste B-Jugendmittelstreckler aus Westfalen bin. Nachher beim »Shakehands« bekomme ich viel Lob von meinen Konkurrenten. Einer spricht mich erstaunt an: »Mit dir hat heute hier wirklich keiner gerechnet!« Nachdem ich meine Urkunde bei der Siegerehrung abgeholt habe, fahre ich zufrieden mit Jupp Voß nach Hause.

Am nächsten Tag fährt mich mein anderer Trainer, Willi Reuter, erneut zu den Landesmeisterschaften. Dieses Mal gehe ich über 1500-Meter-Hindernis an den Start. Die Sache hat nur einen Haken. Ein Hindernistraining habe ich in meiner jungen Laufkarriere nie absolviert. Noch nie bin ich über die 91,4 Zentimeter hohen Hindernisse gelaufen. Besonderes Kopfzerbrechen macht mir der 3,66 Meter breite Wassergraben, der bis zu 70 Zentimeter tief ist. Wieder versuche ich vorne mitzulaufen, aber ganz an die Spitze traue ich mich als absolutes Greenhorn bei diesem Wettkampf nicht. Mit meiner miserablen Hürdentechnik stapfe ich mehrmals voll in den

Wassergraben. Schuhe, Shorts und Trikot sind klatschnass. Wie ein begossener Pudel laufe ich auf der Bahn. Doch ich kämpfe. Immerhin belege ich als total unerfahrener Hindernisläufer wieder den vierten Rang. Zweimal diese Platzierung bei meinen ersten Landesmeisterschaften hier in Recklinghausen, damit kann ich zufrieden sein.

Aber das harte Training und die vielen zeitnahen Starts hinterlassen auch Spuren. Schon beim nächsten Bahntraining drei Tage später stelle ich fest, dass ich starke Schmerzen im Oberschenkel habe. Ich muss das Training abbrechen und der Orthopäde, den ich aufsuche, stellt fest, dass ich einen Muskelfaserriss habe. Die nun folgende Trainingspause ist für mich schwer auszuhalten. Zum Glück sind gerade Olympische Spiele. Diese Spiele, 1980 in Moskau, werden zwar vom Westen boykottiert, doch im holländischen Fernsehen kann ich das ganze Wettkampfprogramm verfolgen, wobei für mich die Mittel- und Langstreckenläufe am interessantesten sind.

Nach sechs Wochen Pause kann ich endlich wieder trainieren. Obwohl ich nur zwei Wochen Vorbereitung habe, schickt mich das Trainerduo Reuter und Voß zu den NRW-Meisterschaften nach Gelsenkirchen. Keineswegs in Topform kann ich nach einem beherzten Rennen auf Platz acht einlaufen. Meine erste Wettkampfsaison geht zu Ende, und ich kann zufrieden sein.

Höhere Handelsschule

In meinen zehn Schuljahren machte ich mir wirklich keinerlei Gedanken über meine weitere schulische oder berufliche Karriere. Ende des Schuljahres hat meine Mutter die Idee, über den Weg eines Abschlusses der Höheren Handelsschule später eine Bankkaufmannslehre zu beginnen. Da ich die mittlere Reife gerade so schaffe und mir nichts Besseres einfällt, gehe ich tatsächlich auf die Höhere Handelsschule.

Am ersten Schultag merke ich, dass unsere Klasse ein ziemlich gemischter Haufen ist. Wir kommen von unterschiedlichen Schulformen, und einige haben auch schon Berufsausbildungen hinter sich. Andere Schüler sind mir bereits bekannt. Gaby und Brigitte kommen wie ich von der Hauptschule in Legden. Brigitte lernt Teddy kennen, den lustigsten und auch gewichtigsten Schüler der Klasse. Teddy heißt nicht nur so, sondern er sieht auch so aus. Wenn dieser liebenswürdige Mensch mit seinem massigen Körper in seinen kleinen Mini steigt, dann gibt das ein beeindruckendes Bild ab. Teddy und Brigitte verlieben sich, heiraten später und sind heute noch glücklich. Auch Dieter, mit dem ich jahrelang in meiner Fußballmannschaft zusammen gespielt habe, ist ein neuer Mitschüler von mir. Als Kind mochte ich ihn nicht, denn er wirkte damals auf mich sehr arrogant und eigensinnig. Inzwischen ist er ein absolut netter, feiner Kerl, und ich komme sehr gut mit ihm aus.

Aber auch mit einigen neuen Fächern muss ich mich abgeben. Organisationslehre, Rechnungswesen und auch Französisch. Besonders mit Französisch habe ich so meine Probleme. Unser Französischlehrer, Herr Uciecha, spricht zwar hervorragend diese Sprache, aber die schwächeren Schüler haben bei ihm einige Probleme. Wenn wir etwas falsch machen, dann wird er auch schon mal laut und beleidigend. Herr Stinnesbeck unterrichtet im Mathematikunterricht eher ruhig. Man muss manchmal den Eindruck haben, er pennt gleich ein. Lebhaft, gesprächig und auch freundlich wird unser Mathelehrer erst, wenn wir Schüler ihm von unseren Feierlichkeiten und Alkoholeskapaden erzählen. Dieter erzählt mir einmal, dass er Herrn Stinnesbeck schon gelegentlich angetrunken auf Dorffeierlichkeiten entdeckt hat. Tatsächlich, beim nächsten Schützenfest treffe ich ihn so angeheitert, dass er mich gar nicht erkennt.

Meine Erfolgserlebnisse halten sich in Grenzen. Mit Dreien und Vieren bin ich immer hochzufrieden, denn Fünfen und

Sechsen sind bei mir auch nicht selten. Einerseits bin ich hoffnungslos überfordert, andererseits total faul und unmotiviert.

Meine ganze Energie brauche ich für den Sport. Nach
der Teilnahme an den Westfalenmeisterschaften und den
NRW-Meisterschaften möchte ich 1981 bei den Deutschen
A-Jugendmeisterschaften dabei sein. Der Westfälische
Leichtathletikverband hat mich sogar in den Jugendförderka-
der nominiert. Jeden zweiten Samstag trainiere ich in einem
Trainingszentrum in Dorsten oder in der Helmut-Körnig-Halle
in Dortmund mit den besten Hindernisläufern in Westfalen.
Hier treffe ich Michael Umlauf und seinen Coach Wilfried Sauk
wieder. Mit ihnen bilde ich eine Fahrgemeinschaft. Im Wagen,
der von Sauk gesteuert wird, fahren auch Christoph Niedick
und Heiner Teigelkötter mit, die das Feld der Vredener Jung-
stars komplettieren. Gegen Niedick und Teigelkötter konnte ich
in meiner ersten Saison einige Siege einfahren, gegen Umlauf
war ich immer unterlegen.

Als der Stützpunkttrainer mich beim Hürdenlauf sieht,
sagt er zu Wilfried:»Der muss ja rennen können wie der Teufel,
so katastrophal, wie der über die Hürden springt, kann der
eigentlich keine guten Zeiten laufen.« Solche Sätze motivieren
mich nur.

Anfang Januar bin ich dann in der Helmut-Körnig-Halle
am Start. Es riecht hier förmlich nach Gummi, was ich aber
nicht unangenehm finde. Die Tartanrundbahn in der Halle ist
nur 200 Meter lang. Die Kurven sind sehr eng, und im Kampf
Mann gegen Mann kann man beim Laufen schon mal einen
Ellenbogen abbekommen. Vor zwei Wochen habe ich hier noch
über 1000 Meter in 2:39,5 Minuten erstmals die 2:40 unterbo-
ten. Aber heute bei den Westfalenmeisterschaften sind fünfzehn
Runden zu laufen, bis die 3000 Meter endlich bewältigt sind.
Bereits zur Hälfte der Strecke bin ich total platt. Ich schleppe
mich in 9:07 Minuten auf Platz sechs, um mich anschließend
zu übergeben und mich dann schwindelig in die Ecke zu legen.
Wieder brauche ich über eine halbe Stunde, bis ich mich endlich

erheben kann. Michael Umlauf wird in 8:51 Minuten hervorragender Zweiter, also Vizewestfalenmeister.

Pariser Partynächte

Während ich mich beim Sport total verausgabe, mache ich in der Schule immer weniger. Die Quittung sind drei Fünfen auf dem Zeugnis. Die Versetzung ist sehr stark gefährdet. Deshalb bin ich froh, dass wir im Februar erst einmal unseren Klassenausflug unternehmen. Das Ziel ist Paris, die Stadt der Liebe. Doch für uns ist es die Stadt »des täglichen Besäufnisses.« Tagsüber schauen wir uns einige Sehenswürdigkeiten wie den Eiffelturm an und abends geht's auf die Piste. Da wir alle schon mindestens sechzehn Jahre alt sind, brauchen wir uns nicht einzuschränken. In den Kneipen, Bars und Lokalen kommt es zum allabendlichen Totalbesäufnis. Herr Averberg, unser netter, sympathischer, kompetenter Klassenlehrer, ist immer in unserer Mitte. Er führt quasi die Trinkaufsicht. Wir sind zwar gegen Ende des Abends sternhagelvoll, aber mit den französischen Kneipengästen verstehen wir uns ganz gut. Mit Händen und Füßen versuchen wir, unsere Sprachmängel zu kompensieren, und durch gemeinsames Trinken, die deutsch-französischen Beziehungen zu verbessern.

Nur einmal beschwert sich der Hotelier, weil wir nachts nach einem Saufgelage die Treppen wie die Trampeltiere hochgestiegen sind. Ansonsten ist die Hotelfamilie sehr gastfreundlich zu uns. Abends sitzt die ganze Familie immer gemeinsam beim Essen. Wenn sie um 18 Uhr gemeinsam dinieren, dann sitzen sie oft um 21 Uhr immer noch am reichlich gedeckten Tisch. Die Franzosen sind ein gemütliches, kontaktfreudiges Volk, die ihr Leben mit weniger Stress und Hektik ausfüllen als wir Deutschen. Klar, dass sich um acht Uhr morgens noch gar nichts in der Pariser Innenstadt tut. Wenn ich morgens mal früh unterwegs bin, denke ich, dass ich mich in einer Geisterstadt befinde.

Dafür ist das Pariser Nachtleben umso spannender. Eines Abends sind wir am Montmartre. Auf diesem Künstlerhügel lasse ich mich dann auch von einem Maler porträtieren. Für 30 Franc malt er mir dann auch in kurzer Zeit ein Porträt. Ich finde es gelungen. Doch mein Klassenkamerad Rüdiger lästert: »Da kommt der Urmensch voll zur Geltung!« Rüdiger spottet oft über mein Aussehen. »Leute, dreht euch nicht um, der Urmensch läuft herum!« Diese Sprüche sind ja eigentlich nur Spaß, aber da ich ziemliche Komplexe wegen meines Aussehens habe, treffen sie mich immens. Spaß dagegen hat Rüdiger auch mit Sabine, die eigentlich eine Beziehung hat, sich aber während der Klassenfahrt in eine Affäre mit Rüdiger begibt. An so etwas denke ich gar nicht. Ich fühle mich so hässlich, dass ich vermutlich niemals eine Freundin finde.

Aber beim Feiern und beim Saufen, da bin ich voll dabei. Ich bin jeden Abend so voll, dass ich alleine niemals mein Hotelzimmer wiederfinden würde. Auf jeden Fall bin ich froh, dass wir am späten Samstagabend nach langer Busfahrt wieder im Münsterland ankommen. Dass ich für den darauffolgenden Tag für den Waldlauf in Haltern gemeldet bin, habe ich bei den Pariser Sauforgien verdrängt.

Trotzdem stehe ich am Sonntagmorgen früh auf und fahre mit dem Mofa nach Haltern-Flaesheim. Total schlapp und natürlich noch verkatert biete ich eine außerordentlich mangelhafte Leistung. Ich komme überhaupt nicht in Tritt und fühle mich hundeelend auf der gesamten Laufstrecke. In für mich schwachen 1:15 Stunden komme ich bei diesem 15-Kilometer-Lauf abgeschlagen im Mittelfeld ins Ziel. Ich nehme mir stark vor, weniger zu trinken, denn ich bin doch eigentlich Sportler …

Um das Trinkverhalten von Jugendlichen in den 70er- und 80er-Jahren noch einmal zu verdeutlichen, streue ich hier einen »Trinkbericht« meines Freundes Helmut aus dieser Zeit ein:

»1979 begann ich am 1. August – ich war gerade mal 15 Jahre jung – eine Ausbildung zum Koch. Der Ausbildungsbetrieb lag über 30 Kilometer von zu Hause weg, sodass ich ein kleines Zimmer im Dachgeschoss des Hotels bezog, welches ich mir mit dem Lehrling aus dem zweiten Lehrjahr teilte. Dort oben wohnte ebenfalls der Auszubildende aus dem dritten Lehrjahr, aber er durfte das Einzelzimmer benutzen.

Nach ungefähr einer Woche schlugen mir Willi und Wilhelm (so hießen die beiden älteren Lehrlinge) vor, nach Feierabend »kurz ins Dorf zu gehen«. Wir hatten einen sehr strengen Chef – in diesem Familienbetrieb durften wir Lehrlinge nach Dienstende um 22:00 Uhr höchsten für eine Stunde das Hotel verlassen, und auch nur werktags. Willi, der Auszubildende aus dem dritten Lehrjahr, fragte also gegen 21:45 Uhr beim Chef nach, ob wir drei noch ausgehen dürften. Wir bekamen von ihm die Erlaubnis, mussten uns aber wie üblich um 23:00 Uhr wieder zurückmelden. Also, schnell umziehen, ohne Duschen, zack auf die Straße und in die nächste Kneipe hinein. Der Wirt kannte Willi und Wilhelm. Ich wurde vorgestellt und kurz bedauert, in so einem strengen Umfeld meine Lehre zu absolvieren. Wilhelm bestellte das erste Bier mit dem Satz: »Mach mal drei fertig.« Und kurz nachdem die frisch gezapften Biere vor uns auf dem Deckel gestanden hatten, hat der Erste auch schon sein Bier in Ex ausgetrunken, mit der Bemerkung, das sei für den Durst. Was dann kam, hatte ich so vorher nie erlebt: Immer wenn der Erste von den beiden Kollegen sein Bier ausgetrunken hatte, standen vom Wirt gezapft wieder drei volle Gläser bei uns, ohne irgendeine mündliche Bestellung oder zustimmende Geste. »Boah, heftig«, dachte ich mir, »der Wirt macht das nicht zum ersten Mal.« Ich musste mich sputen und immer wieder schnell ein Glas Bier hinunterkippen. Wer dann drei Gläser vor sich stehen hatte, weil man nicht so schnell trinken konnte, musste »einen ausgeben«. Die anderen hatten ihren Spaß. Ich hatte echt Mühe nachzukommen und musste tatsächlich zwei Runden ausgeben. Man erklärte mir, dass man ja nur eine Stunde Zeit habe und somit »ranklotzen« müsse. Und im Übrigen, Köche sind ja immer in Eile. Gegen 23:00 Uhr meldeten wir uns wieder beim Chef. Ich wurde, leicht gestützt, dabei in den Hintergrund geschoben. Wenn man bedenkt, dass ich als Fünfzehnjähriger in einer Stunde wohl ein Dutzend Glas Bier getrunken hatte, kann man sich vorstellen, wie ich mich anschließend fühlte. Der ersten Heiterkeit folgte ein plötzliches Unwohlsein. Auch das erste Übergeben brachte nur für kurze Zeit Linderung. Immer wieder ging ich zur Toilette und erbrach eine gelbe gallertartige Flüssigkeit. Wer meint, dass das ein einmaliges Erlebnis war, der irrt. Eine Woche später ging man wieder »ins Dorf«. Der Gruppenzwang und die Hoffnung, dass es diesmal hinterher nicht so schlimm sein würde wie beim letzten Mal, ließen mich wieder dabei sein. Im Nachhinein muss ich sagen, dass der Körper sich tatsächlich an so kurze heftige Saufgelage gewöhnt – gerade in jungen Jahren. Nach einiger Zeit hatte ich hinterher kein Übelkeitsgefühl mehr. Und ein Jahr später war ich stolz darauf, dem neuen Lehrling im ersten Lehrjahr zu zeigen, wie man so ein Ritual kerzengerade bestehen kann, ich armgeistiger Idiot.«

Ob die Betreuer in den Fußballvereinen, die Lehrer in den Schulen oder auch die Einzelhändler und Wirte in den Kneipen, kaum jemand in dieser Zeit hält sich an die Sorgfaltspflicht in Sachen Alkoholmissbrauch bei Kindern und Jugendlichen. Da die Geburtenjahrgänge in den 60ern besonders stark waren, werden auch besonders viele Alkoholiker in dieser Zeit von der Gesellschaft »gezüchtet«.

Folgende Zahlen belegen das: Laut Statistischem Landesamt sind die Geburtenjahrgänge 1965 bis 1970 besonders drogengefährdet. Von 2000 bis 2010 kommen die meisten Drogentoten immer aus diesen Jahrgängen. Todesdroge Nummer eins ist nicht überraschend der Alkohol. Im Jahr 2010 sind in NRW 3038 Menschen an Alkoholmissbrauch gestorben (88 Prozent der Drogentoten).

Die Dunkelziffer ist viel höher, da viele organische und psychische Krankheiten Folgeerscheinungen von Alkoholmissbrauch sind. Auch unschuldige Opfer sind oft Folgen von dramatischem Trinkverhalten, denn bei jedem zweiten Verkehrstoten spielt Alkohol eine Rolle. Aber auch bei jeder dritten Vergewaltigung und auch Körperverletzung sind die Täter betrunken. Bei Totschlagsdelikten stehen sogar 40 Prozent der Tatverdächtigen unter Alkoholeinfluss. Die Schäden, die Folgeschäden und natürlich die Leiden der Opfer sind also immens.

Mit Begleitschutz über die holländische Autobahn

Mit meinem weiterhin sehr ausgeprägten sportlichen Ehrgeiz bin ich inzwischen viel unterwegs. Stefan und ich sind nun fast jedes Wochenende auf einem Volks- oder Straßenlauf. Mit dem Mofa fahren wir oft über hundert Kilometer am Wochenende. Dabei starten wir auch regelmäßig in den Niederlanden, manchmal sogar zweimal am Tag. Morgens einen 15-Kilometer-Lauf in Enschede und nachmittags die acht Kilometer in Almelo zum Auslaufen.

Da es noch keine Navigationsgeräte gibt, haben wir Landkarten dabei, um die Austragungsorte zu finden. Oft müssen wir nach dem Weg fragen. Dabei treten uns die Holländer als freundliches Volk entgegen. Mir sind die Holländer schon immer wegen ihrer Toleranz und Weltoffenheit sympathisch gewesen. Erstaunlich, dass fast alle Holländer Deutsch sprechen können, während kaum ein Deutscher das Holländische beherrscht. Eine Legende besagt, dass dieses am holländischen Fernsehprogramm liegt. Da die Holländer deutsche Fernsehfilme nicht synchronisieren und stattdessen mit Untertitel agieren, erlernen sie dabei die deutsche Sprache. Also sind Krimistars wie Horst Tappert oder Siegfried Lowitz dafür verantwortlich, dass viele Holländer der deutschen Sprache mächtig sind.

Einmal, als ich alleine mit dem Mofa in Holland unterwegs bin, werde ich von der Polizei angehalten. Mein Bravo-Mofa ist zwar ein wenig frisiert und fährt deutlich schneller als die erlaubten 25 km/h, doch das ist nicht der Grund meines unfreiwilligen Stopps. »Was maken Sie mit Ihrer bromfiets (Mofa) hier bei uns auf dem autosnelweg (Autobahn)?«, fragt mich einer der beiden holländischen Polizisten in einem originellen Sprachmix. »Keine Ahnung«, antworte ich erstaunt, »das habe ich gar nicht gemerkt, dass das hier eine Autobahn ist, bitte entschuldigen Sie mein Fehlverhalten.« »Gut, dann machen wir heute mal eine Ausnahme und Sie müssen keine rekening betalen (Rechnung bezahlen)«, antwortet er mir freundlich. »Dann vervolgens (folgen) Sie uns bitte jetzt, wir bringen Sie in zekerheid (Sicherheit)«, fordert mich der andere Polizist auf. »Schönen Dank dafür, und demnächst passe ich besser auf«, gebe ich ihnen zu verstehen.

Dann setzt sich der mit bunten Streifen verzierte weiße Dienstwagen, mit der Aufschrift »Politie« direkt vor mein »bromfiets« und gewährt mir mit Warnblink- und Blaulicht Begleitschutz bis zur nächsten Ausfahrt, wo sie mich dann freundlich verabschieden.

Oft belege ich bei den holländischen Laufveranstaltungen sehr gute Platzierungen. Es sammeln sich immer mehr Medaillen, Urkunden und Pokale in meinem Kinderzimmer an. Geld jedoch gibt es im Laufsport nicht zu gewinnen, weder in Holland noch in Deutschland.

Ein Bett im Kornfeld

Während ich weiterhin fast täglich auf der Laufbahn zu finden bin, tauche ich in der Handelsschule immer seltener auf. Mindestens einen Tag in der Woche schwänze ich. Denn ich habe sehr früh dort den Kopf in den Sand gesteckt. In meinen Problemfächern (Französisch, Englisch, Mathe und Rechnungswesen) komme ich absolut nicht mehr mit. Ich bin einfach zu faul und habe keine Lust, nachmittags zu lernen.

Gelegentlich kaufe ich mir nach der Schule einige Flaschen Bier. Nach dem Mittagessen im Elternhaus ziehe ich mich auf mein Zimmer zurück. Meine Eltern denken dann, ich lerne für die Schule. Doch ich trinke dann Bier, lege mich auf mein Bett und höre Reggaemusik. Ich bin großer Fan von Bob Marley. Da ich meine schwarzen Haare zurzeit auch lang und wuschelig trage, werde ich gelegentlich von der Dorfjugend als »Bob Marley« tituliert. Als Bob Marley am 11. Mai 1981 stirbt, bin ich ziemlich geschockt. Zur Erinnerung male ich den Todestag und ein Kreuz an meine Schlafzimmertür. Marley stirbt im Alter von 36 Jahren an Lungenkrebs. Er war zeitlebens immer starker Raucher und Kiffer. An so etwas denke ich noch gar nicht. Ich trinke hin und wieder zwei bis drei Bier nach der Schule, um vom Schulstress abzuschalten.

Auf jeden Fall bin ich abends wieder fit für mein Lauftraining. Oft fahre ich nach Ahaus, um im Stadtpark beim VFL-Vereinstraining meine Tempoläufe durchzuführen. Unter der Aufsicht meiner beiden Trainer Reuter und Voß bolze ich achtmal 300 Meter, sechsmal 400 Meter oder dreimal 1000 Meter in hohem Tempo. Dabei gehe ich trotz meiner jungen Jahre fast stets in Grenzbereiche hinein.

Kurz vor dem Schuljahrsende haben wir eine Klassenfete, die auf dem Bauernhof einer Mitschülerin in Schöppingen stattfindet. Die Familie Schulze-Althoff hat einen sehr schönen großen Hof. Hier lässt es sich gut Party machen. Ich und meine trinkfreudigen Klassenkameraden leeren eine Kiste Bier nach der anderen. Wir haben zwar am Tag darauf, dem Samstag, noch vier Schulstunden, aber die nehmen wir nicht so wichtig. Auch ich lange mal wieder richtig zu und kippe mir acht oder neun Flaschen Bier hinter die Kiemen. Dass ich die fünfzehn Kilometer mit dem Mofa noch nach Legden zu fahren habe, stört mich wenig. Erst als ich auf der Rückfahrt zweimal stürze und unsanft im langen Gras des Seitenstreifens lande, kommen mir erhebliche Bedenken. Kurz entschlossen lege ich mich in ein Kornfeld und lebe Jürgen Drews Sommerhit: »Ein Bett im

Kornfeld.« Da ich sehr betrunken bin, schlafe ich in dieser milden Juninacht sofort ein.

Als ich dann am anderen Morgen wach werde, friere ich doch ein wenig, denn in den Morgenstunden hat es sich ziemlich abgekühlt. Dann setze ich mich schnell auf mein Mofa, denn ich möchte gerade heute nicht zu spät in der Schule erscheinen. Heroisch möchte ich meinen Mitschülern beweisen, dass ich trotz der massiven Sauferei am gestrigen Abend heute Morgen bereits wieder ganz fit bin. Erleichtert stelle ich fest, dass mein Fahrzeug beide Stürze unbeschadet überstanden hat.

Zu Hause in Legden packe ich sofort meine Schultasche und fahre direkt weiter zur Schule nach Ahaus. Dort angekommen prahle ich mit meiner Nacht im Kornfeld. Statt dafür Häme und Spott zu ernten, klopfen mir meine Mitschüler auf die Schulter. Denn in dieser sehr zivilisierten westlichen Welt sind Sauferlebnisse für Jugendliche oft die letzten großen Abenteuer.

Die Nacht im Kornfeld ist auch das letzte Ereignis, mit dem ich in meiner Klasse der Höheren Handelsschule für Aufsehen sorge. Denn schon seit Wochen ist klar, dass ich nicht in die Oberstufe versetzt werde. Einmal »ungenügend« und dreimal »mangelhaft« stehen auf meinem Zeugnis. Jetzt steht es definitiv fest. Ich bleibe sitzen! Über dieses miserable Zeugnis bin ich keineswegs überrascht, aber Angst habe ich trotzdem. Wie werden meine Eltern reagieren? Mit so einer Schmach bin ich noch nie nach Hause gekommen. Hagelt es Vorwürfe und Schuldzuweisungen? Doch meine Eltern sind durchaus ruhig und gefasst, als ich ihnen den Lappen unter die Nase halte. Sehr schnell werden wir uns einig, dass es wenig Zweck hat, die Höhere Handelsschule zu wiederholen. Ich habe einfach keinen Bock mehr auf Schule. Vor allem mit den Fächern Englisch, Französisch und Mathematik kann ich mich nicht anfreunden. Wir denken darüber nach, wie es weitergehen soll, und ziehen in Erwägung, dass ich Bauer werde. Das heißt, ich werde eine Lehre zum Landwirt machen, um später den elterlichen Hof übernehmen zu können.

Flucht nach Norden

Das Scheitern in der Höheren Handelsschule trifft mich sehr intensiv. Eigentlich dürfte ich mich gar nicht ärgern, denn im letzten halben Jahr habe ich nahezu nichts mehr für die Schule getan. Trotzdem fühle ich mich als potenzieller Versager. Obwohl meine Ausbildung erst am 1. August beginnen kann, arbeite ich den ganzen Tag auf dem elterlichen Hof, um abends noch zu trainieren. Aber irgendwie ist die Motivation nicht mehr so wie am Anfang. Häufig lasse ich abends das Training ausfallen und genehmige mir Bier oder Schnaps. Auf unserem Hof sind immer reichlich Alkoholvorräte, so fällt mein gelegentliches abendliches Naschen gar nicht auf. Allein auf meinem Zimmer trinke ich mir die Welt mit Musik von Bob Marley, Peter Maffay oder ACDC schön. Während ich mich nüchtern als Schulversager sehe, träume ich betrunken von großen nationalen Siegen. Doch irgendwie schwachsinnig, denn mit Saufen und Herumgammeln erringt man keine Siege. So bin ich natürlich nicht in Form. Bei einem 3000-Meter-Rennen in Dülmen steige ich motivationslos aus, und bei den Westfalenmeisterschaften trete ich erst gar nicht an.

Der Frust über schulisches Versagen und sportliches Unvermögen wird immer größer und mein abendlicher Alkoholkonsum natürlich nicht geringer. Eines Abends komme ich im betrunkenen Zustand auf eine seltsame Idee. Nachdem ich das Peter-Maffay-Lied »Auf dem Weg zu mir« mehrmals höre, entschließe ich es so zu tun wie mein Vorbild aus der Musikwelt. Einfach mal für eine gewisse Zeit wegzugehen und nachzudenken, um neue Kraft zu sammeln. Allerdings bin ich nicht so konsequent, wie Maffay es in seinen Liedern beschreibt und auch in seinem wirklichen Leben so hält. Während Maffay mit Motorrad oder Wohnmobil in Afrika oder Südamerika unterwegs ist, soll meine Tour mit dem Fahrrad Richtung Nordsee führen. Aber bevor ich aus diesem Leben aussteige, hinterlasse ich meinen Eltern eine Nachricht. In diesem Brief erkläre ich Vater und Mutter, dass ich eine Auszeit benötige, um über mich und mein Leben nachzudenken. Auch dass ich wegen meines hohen Alkoholkonsums Angst habe, Alkoholiker zu werden. Ein persönliches Gespräch mit meinen Eltern wäre in dieser Situation das Beste. Doch ich habe nie gelernt, über mich, meine Gefühle und vor allen Dingen auch über meine Probleme zu reden. So ein Zugang und auch Vertrauensverhältnis zu Papa und Mama hat sich in meiner Jugend nicht entwickelt. Deshalb versuche ich, alles mit mir selbst zu regeln. Meinen Schmerz, meine Trauer und meine Probleme mache ich mit mir selbst aus und fresse alles in mich hinein. Wenn ich das alleine nicht mehr schaffe, muss der Alkohol herhalten. Doch der hilft jetzt auch nicht mehr. Ich muss hier weg, und zwar sofort.

Gegen Mitternacht setze ich mich auf mein altes Holländerfahrrad und rausche rein in die Dunkelheit. Ich bin immer noch betrunken, doch durch das Radfahren und die frische Luft fühle ich mich schnell wieder relativ fit. Über die Dörfer Heek, Metelen, Wettringen und Neuenkirchen erreiche ich Rheine, eine Stadt, die immerhin um die 70 000 Einwohner hat. In wenigen Stunden habe ich mit meinem alten klapprigen Fahrrad schon über 40 Kilometer zurückgelegt.

Als ich Rheine verlasse, verschwindet auch langsam die Dunkelheit. Wir haben Ende Juni und da wird es ab 4:30 Uhr schon hell. Ich fahre weiter nach Ibbenbüren und beschließe, dort Quartier zu machen. Da eine Bäckerei bereits aufhat, kaufe ich mir frische Brötchen. Danach puste ich meine Luftmatratze voll und schlage mein Zelt auf. An diese beiden, nun lebenswichtigen Utensilien habe ich trotz Suff gedacht, denn irgendwie muss ich ja pennen. Viel habe ich sonst nicht dabei. Ein paar Klamotten, ein Handtuch, eine Landkarte und mein Taschenmesser. Inzwischen komplett nüchtern und ein wenig müde von der nächtlichen Ausfahrt, schmecken mir die frischen Brötchen sehr gut. Danach schlafe ich noch einige Stunden. Als ich wach werde, sehe ich mich ein wenig in Ibbenbüren um.

Als Kinder waren wir oft wegen der Sommerrodelbahn und des Märchenwaldes in dieser schönen Kleinstadt.

Doch da ich Richtung Nordsee möchte, fahre ich bereits gegen Mittag weiter, und es dauert nicht lange, bis ich Osnabrück erreiche. Da mir diese Stadt zu groß und zu laut ist, radle ich ohne anzuhalten weiter. Laut meiner Karte sind es um die 40 Kilometer bis zum Dümmer See. Von diesem See habe ich schon einiges gehört, und ich möchte ihn mir gerne mal ansehen. Da ich nur die B 51 Richtung Diepholz fahren muss, ist der Dümmer See leicht zu finden. Als ich abends Dümmer erreiche, schlage ich mein Zelt einfach in der Nähe des Sees auf. Da ich weniger als 100 DM dabeihabe, will ich mir die Kosten für den Campingplatz sparen. Ziemlich müde schlafe ich sofort ein.

Am anderen Morgen sehe ich, dass es hier am See sehr schön ist. Nur das Wetter ist jetzt, Anfang Juli, alles andere als sommerlich. Ein typischer deutscher Sommer mit Wolken, Wind und immer wieder Regen. Als einmal doch die Sonne herauskommt, springe ich schnell ins Wasser und lege mich dann in die Sonne. Aber als kurz danach ein Schauer aufkommt, verkrieche ich mich wieder in mein Zelt. Abends gehe ich zu einem Jugendtreff, der sich in der Nähe des Campingplatzes befindet. Hier komme ich mit einigen Jugendlichen, die dort mit ihren Eltern den Urlaub verbringen, ins Gespräch. Ein paar Jugendliche trinken Flaschenbier. Doch ich verzichte bewusst auf Alkohol, denn ich bin unterwegs, um nachzudenken, und nicht, um mich zu betrinken.

Nach drei Tagen wird es mir hier langweilig, und ich setzte meine Reise fort. Ich fahre die B 51 weiter Richtung Bremen. Abends erreiche ich Weyhe, nur wenige Kilometer von Bremen entfernt. Dort beschließe ich, mein Nachtquartier aufzuschlagen. Gut versteckt tauche ich in einem Wald unter. Am anderen Morgen fällt mir beim Lebensmittelkauf ein Plakat auf. Darauf steht, dass hier am nächsten Tag, an einem Samstag, ein internationaler Volkslauf stattfinden wird. Welch ein Zufall, denke ich mir. Ganz spontan entschließe ich mich, hier in diesem kleinen Dorf zu bleiben und am nächsten Tag beim Volkslauf zu starten. Da ich Laufschuhe und kurze Hose dabeihabe, bin ich gerüstet, hier mitzulaufen.

Nächtliche Heimfahrt

Samstagmittag gehe ich zum Sportplatz des Dorfes, wo die Laufveranstaltung stattfinden wird. Im Meldebüro trage ich mich für den 5-Kilometer-Lauf für Jugendliche ein. Ungefähr fünfzig Jugendliche sind am Start. Dabei fällt mir ein blonder athletischer Junge auf. Er wird von seinen Eltern betreut, und es ist nicht zu überhören, dass er sich sehr große Siegchancen ausrechnet. Dieser Jugendliche ist es auch, der sofort nach dem Start die Führung übernimmt. Nach ungefähr einem Kilometer sind wir beide alleine auf weiter Flur. Ich hänge mich einfach bei ihm dran und gehe in den Windschatten, um Kräfte zu sparen. Das Tempo meines Gegners kann ich mühelos mitgehen. Doch bei Kilometer Vier gehe ich raus aus dem Windschatten und trete plötzlich an. Mein überraschter Konkurrent kann dem nichts entgegensetzen, und schnell habe ich einen beruhigenden Vorsprung herausgelaufen. Locker und mit großem Vorsprung durchlaufe ich als Sieger das Ziel.

Mein geschlagener Konkurrent beklagt sich bei seinen Eltern über meine Laufstrategie. »Nur hinterherlaufen und dann abkochen, das kann jeder«, beschwert er sich über mich. »Was willst du machen, das ist so erlaubt im Sport«, beschwichtigt ihn sein Vater. Für den Sieg gibt es eine Urkunde und eine Medaille.

Als ich später zu meinem Zelt zurückkehre, überkommen mich plötzlich Sehnsucht und Heimweh. Sehnsucht nach meiner sportlichen Laufbahn und Heimweh nach meinem Elternhaus. Dieser Siegeslauf hat einiges in mir ausgelöst, mir klar gemacht, was ich tun möchte und was für mich wichtig ist. Nun weiß ich, wo ich hingehöre, und zwar nach Legden auf unseren Bauernhof.

Sofort beginne ich, zu packen und mein Zelt abzubauen. Noch heute Abend möchte ich zurück nach Legden fahren. Ein irgendwie unmögliches Unterfangen, denn zwischen Weyhe und Legden liegen knapp hundertachtzig Kilometer. Inzwischen haben wir 18 Uhr, und ich weiß, dass ich heute nicht mehr zu Hause ankommen werde. Doch ich bin voll motiviert, setze mich auf mein altes Holländerrad und beginne den Weg nach Hause. Den von Peter Maffay besungenen Weg zu mir habe ich inzwischen gefunden. Jetzt muss ich nur noch den Weg nach Hause finden.

Bei trockenen, milden Temperaturen bin ich nach wenigen Stunden schon in Diepholz. Ich mache richtig Speed mit dem Rad. Die insgesamt gut hundert Kilometer bis Osnabrück habe ich kurz nach Mitternacht geschafft. Da ich mich immer noch topfit fühle, hoffe ich morgen früh wieder in Legden zu sein. In Osnabrück sind viele Kneipen- und Partygänger unterwegs. Aber das interessiert mich wenig, denn ich will zurück nach Hause und nicht Party machen. Doch als ich Osnabrück kurz nach ein Uhr verlasse, liegen noch knapp achtzig Kilometer vor mir. Langsam ermüde ich, und die Beine werden immer schwerer.

Über Lengerich und Greven schlängele ich mich erschöpft durch die Nacht. Endlich bin ich wieder im Münsterland. Ich werde immer müder, aber ich will es unbedingt schaffen, an einem Stück die Tour nach Legden zurückzulegen. Dann fängt es an, hell zu werden, und ich spüre, dass ich meinen toten Punkt überwunden habe. Die ersten Frühaufsteher, die mit dem Hund rausgehen, oder auch Kirchgänger kommen mir entgegen. Dann setze ich meine letzten Kräfte ein und komme Sonntagmorgen um acht Uhr auf dem elterlichen Hof an.

Aber jetzt kommt für mich erst der schwierigste Moment. Ich hatte mich einfach so aus dem Staub gemacht und auch zwischendurch nicht angerufen. Da es 1981 noch kein Handy gab, hatten meine Eltern keine Möglichkeit, mich zu erreichen. Immerhin war ich eine Woche fast verschollen. Und plötzlich rausche ich in die Küche hinein, als meine Eltern gerade beim Frühstück sitzen. Doch das von mir erwartete Donnerwetter bleibt aus. Stattdessen freuen sich Mama und Papa, dass ich unversehrt zurück nach Hause gekommen bin. Der verlorene Sohn ist zurückgekommen. Gut gelaunt frühstücken wir gemeinsam. Nach der langen nächtlichen Radtour fresse ich wie ein Scheunendrescher. Danach lege ich mich erst einmal schlafen.

Fast unter die Räder gekommen

Nach meiner Rückkehr beschließe ich endgültig mit meinen Eltern, dass ich die Ausbildung zum Landwirt beginnen werde. Gemeinsam gehen wir zur Landwirtschaftskammer nach Ahaus und unterzeichnen dort den Lehrvertrag. Obwohl mein Vater keine Meisterausbildung hat, ist es möglich, die Ausbildung auf dem elterlichen Hof zu machen. Mindestens das erste Lehrjahr will ich zu Hause durchführen. Das Leben auf dem Land tut mir dabei sehr gut. Ich komme kaum mehr in die Stadt und trinke auch keinen Alkohol mehr.

Mein Arbeitstag beginnt mit dem Melken der fünfzehn Kühe, anschließend füttere ich sie. Mein Vater kümmert sich um die 30 Zuchtsauen, während meine Mutter die kleinen Kälber füttert. Je nachdem, wer eher fertig ist, mein Vater oder ich, füttert noch die ungefähr fünfzehn Zuchtbullen. Um acht Uhr frühstücken wir zusammen. Während wir Männer nach dem Frühstück die Feldarbeit beginnen, geht meine Mutter in den Garten oder macht Hausarbeit. Da meine Mutter hervorragend kocht, haue ich beim Mittagessen immer ziemlich rein und schlage mir den Bauch voll. Danach lege ich mich auf die Couch und lese Zeitung oder sehe fern, denn bis 14 Uhr ist Mittagspause. Mein Vater schläft meistens sofort ein, nachdem er sich in den Sessel gesetzt hat. Das Ganze nennt man in Westfalen auf dem Land auch »Ünnes maken«.

Später geht es weiter mit der Feldarbeit. Nach einer kurzen Kaffeepause gegen 16 Uhr steht wieder die Stallarbeit an. So gegen 19 Uhr ist dann endlich Feierabend. Ein langer Tag, das kann man wirklich sagen. Doch mein Vater ist ein sehr ruhiger, besonnener Mensch, der niemals Stress aufkommen lässt. Die Arbeit in der Landwirtschaft ist durchaus eine körperliche harte Arbeit, wird aber heute schon maschinell sehr gut unterstützt. Die Kühe werden nicht mehr mit der Hand, sondern mit einer Absauganlage gemolken, sodass ich die fünfzehn Kühe problemlos in einer Stunde melken kann. Auch die Feldarbeit wird komplett mit Schleppern und den dazu passenden Maschinen durchgeführt.

Abends habe ich dann immer noch genug Energie, um täglich zu trainieren. Dieses habe ich geändert. Intervalltraining mache ich zurzeit gar nicht. Ich laufe jeden Abend fünfzehn bis zwanzig Kilometer im lockeren Dauerlauf. Dabei kann ich sehr gut nach der Arbeit entspannen und habe im Gegensatz zu den Tempoläufen weder zeitliche Vorgabe noch Leistungsdruck.

Da ich den ganzen Sommer über viele Kilometer mache, fühle ich mich durchaus fit, um Ende August am 25-Kilometer-Volkslauf in Billerbeck teilnehmen zu können. Auch habe ich in den letzten Wochen keinen Alkohol mehr getrunken. Deshalb gehe ich sehr selbstbewusst in dieses Rennen. Meine Hoffnungen bleiben unerfüllt, denn schon ab der Mitte breche ich ein und werde ab Kilometer 15 nur noch überholt. Weit abgeschlagen komme ich mit schwachen 1:43 Stunden ins Ziel.

Enttäuscht fahre ich mit meinem Mofa nach Hause. Unterwegs grüble ich und denke über die Gründe meines schwachen Abschneidens nach. Gerade will ich nach links abbiegen, da schlägt es wie ein Blitz aus heiterem Himmel bei mir ein. Plötzlich spüre ich einen starken Aufprall, der mir entgegenschlägt. Ich bin total erschrocken und weiß überhaupt nicht, was mit mir passiert. Dann verliere ich die Kontrolle über mein Fahrzeug und gehe zu Boden. Während ich seitlich zu Boden gehe, fährt mein Mofa noch einige Meter und landet schließlich im Straßengraben.

Erst jetzt realisiere ich, was überhaupt passiert ist. Ohne nach hinten zu sehen, hatte ich versucht abzubiegen und gar nicht mitbekommen, wie ein Pkw mich überholen wollte. Der Fahrer hatte versucht auszuweichen, konnte aber einen Zusammenprall nicht mehr vermeiden. Als ich wieder aufstehe, merke ich, dass ich außer ein paar Hautabschürfungen nichts abbekommen habe. Der Fahrer, der sein Auto inzwischen am Seitenstreifen abgestellt hat, kommt auf mich zu und fragt: »Alles in Ordnung, ist dir etwas passiert, bist du verletzt?« »Nein, nein, alles in Ordnung. Ich habe nichts abbekommen. Tut mir leid, da hab ich total gepennt. Sorry, da habe ich gar nicht aufgepasst«, versuche ich mich zu entschuldigen. »Das war knapp, ich konnte gerade noch ausweichen, Hermann Josef.« Wir kennen uns vom Sehen. Es ist Werner Bahrs, ein Läufer aus Gronau, ebenfalls ein Stammgast auf Laufveranstaltungen. Unsere Fahrzeuge haben so wie ich nur Kratzer abbekommen. Wir tauschen unsere Adressen aus, verzichten aber auf die Unfallaufnahme durch die Polizei, denn unter Läufern kann man sich durchaus vertrauen. Dann verabschieden wir uns, und ich bedanke mich bei Werner für seine tolle Reaktion und seiner Hilfsbereitschaft. Im Laufe der Jahre sehen wir uns regelmäßig bei Laufwettkämpfen. Doch irgendwann bricht der Kontakt ab.

Erst 2012 bei einer Vortragsveranstaltung von mir in einer Schule in Gronau-Epe sehen wir uns nach zwanzig Jahren Pause endlich mal wieder. Werner liest in der Zeitung, dass ich als Buchautor regelmäßig Suchtpräventionsveranstaltungen in Schulen mache. Da ist er dann ganz spontan als mein persönlicher Ehrengast zu einem eigentlich internen Vortrag von mir erschienen.

Der Schrecken über diesen glimpflich verlaufenen Crash wirkt nach, doch wie das so ist, man vergisst, und kurze Zeit später wird man wieder leichtsinnig. So fahre ich wenige Wochen später mit dem Mofa nach Ahaus, um mir im Stadtteil Wüllen ein Auswärtsspiel der ersten Seniorenmannschaft des SUS Legden anzusehen. Ein wenig in Gedanken versuche ich, eine Bundesstraße zu überqueren, an die das Sportzentrum des TUS Wüllen grenzt. Als ich mich schon mitten auf der Straße befinde und nach links rübersehe, fährt mir erneut der Schreck in alle Glieder. Ein Pkw kommt mit hoher Geschwindigkeit auf mich zugefahren, und ich habe keine Chance auszuweichen. In diesem gewiss lebensbedrohlichen Moment kann ich die Gefahr, in der ich mich befinde, nicht wirklich realisieren. In diesen Zehntelsekunden, die über mein Leben entscheiden, habe ich keine Zeit, Todesangst zu empfinden, aber auch keine Zeit, mich in Sicherheit zu bringen. Dem Wagen, der bestimmt 150 km/h drauf hat, bin ich schutzlos ausgeliefert. Absolut keine Chance hier noch abzuhauen. Geschockt und mit starrem Blick sehe ich der Gefahr ins Auge und habe keine Möglichkeit, jetzt noch wegzukommen, denn das Fahrzeug ist nur noch wenige Meter von mir entfernt. Bei 150 km/h hätte er einen Bremsweg von über siebzig Metern. Doch der Fahrer bremst nicht. Sondern fährt einfach weiter, reißt das Steuer rum und verlässt die Straße. Über den Grünstreifen knallt er auf den Acker direkt in ein Maisfeld hinein. Erst nach gut fünfzig Metern stoppt das Fahrzeug.

Inzwischen in Sicherheit stehe ich total geschockt am Straßenrand neben meinem Mofa, das ich zur Seite geworfen habe. Der Fahrer, ein knapp 30 Jahre junger Mann, läuft aus dem Maisfeld heraus, und ich frage ihn, ob alles bei ihm in Ordnung ist. Der Mann, selbst total fertig, bekommt kaum einen Ton heraus. Danach fährt er seinen Wagen rückwärts aus dem Maisfeld raus. Bis auf kleinere Kratzer und einer angebrochenen Antenne ist der Wagen nicht beschädigt und auch fahrbereit. Als ich dem Fahrer meine Personalien und Versicherungsdaten hinsichtlich Schadensregulierung geben möchte, lehnt er ab. Mehrmals bedanke ich mich noch bei ihm, dass er mir das Leben gerettet hat. Immer noch geschockt fährt er fast wortlos davon. Diesem Mann, den ich nie wieder sehe, bin ich auch heute noch sehr dankbar. Denn hätte er nicht reaktionsschnell das Steuer herumgerissen, dann hätte mich meine Unachtsamkeit wahrscheinlich das Leben gekostet.

Alkoholsucht auf dem Lande

Nach diesen glimpflich ausgegangenen Schockmomenten bin ich in den nächsten Monaten dann wirklich sehr achtsam mit meinem Mofa unterwegs. Weiterhin fahre ich oft zu Laufveranstaltungen, denn von meinem schwachen 25-Kilometer-Rennen in Billerbeck lasse ich mich nicht entmutigen. Eisern trainiere ich weiter und belege beim 20-Kilometer-Lauf in Heek in 1:18 Stunden immerhin den zweiten Platz. Diese gute Leistung gibt mir wieder Auftrieb.

Inzwischen hat auch die Berufsschule begonnen. Am Schloss in Ahaus direkt neben dem Amtsgericht befinden sich auch Schulräume. In einem dieser Räume haben wir einmal pro Woche Schulunterricht. Tierproduktion, Pflanzenproduktion, zum Beispiel, und natürlich auch Fächer wie Deutsch und Mathematik werden hier gelehrt. Im Gegensatz zur Höheren Handelsschule habe ich hier keinerlei Probleme und komme beim Lernen gut mit. Dass ich allerdings sechzehn Jahre später, wenige Meter weiter, im Schlosskeller eingesperrt bin, um als Strafgefangener auf eine Gerichtsverhandlung zu warten, auf solch eine Idee wäre ich niemals im Leben gekommen. Wenn ich ein Fazit aus meinem Leben ziehen kann, dann dieses: »Es kommt immer anders, als man denkt!«

Mit einem Mitschüler freunde ich mich besonders an. Rudi kenne ich schon flüchtig von der Hauptschule. Er ist eigentlich das Gegenteil von mir. Er wirkt nicht sportlich, trinkt keinen Alkohol und interessiert sich nicht für Mädchen. Diese drei Eigenschaften werden sich in seinem Leben auch nicht viel ändern. Wenn ich bei ihm zu Besuch bin, dann kann ich seine Verhaltensweisen zum Teil verstehen. Denn da Vater und Bruder Alkoholiker sind, ist seine Abneigung zu Alkohol durchaus nachvollziehbar. Der Vater hat wegen seiner Trunksucht schon etliche Hektar Land verkaufen müssen.

Leider ist Alkoholismus oft ein Grund, wenn Ländereien oder auch ganze Bauernhöfe unter den Hammer kommen. Deshalb ist es natürlich gut, dass Rudi und nicht sein älterer Bruder Heini den Hof übernimmt. Beide sind sehr liebe Kerle. Doch Heini hat sich nach seiner Ausbildung zum Einzelhandelskaufmann komplett vom Leben zurückgezogen. Er geht nicht mehr zur Arbeit oder zum Sport und hat kaum Freunde. Heini hat keine Krankenversicherung und ist jahrelang nicht mehr zum Zahnarzt gegangen.

Ja, der Alkohol kann ein Leben komplett verändern und ruinieren. Auch der Spruch »Auf dem Land ist das Leben noch in Ordnung« ist völliger Schwachsinn. Hier gibt es ähnliche Probleme wie in der Stadt. Stress, Leistungsdruck, wirtschaftliche Probleme, besonders bei Landwirten, setzen dem eigentlich gesunden Landleben zu. Aber auch Eheprobleme, Einsamkeit und psychische Probleme sind hier Alltag. Mein Heimatort Legden bekommt den unrühmlichen Beinamen »Hängedorf«. Die hohe Selbstmordrate führte zu diesem wenig schmeichelhaften Namen. Leider ist der nicht ganz aus der Luft gegriffen, denn alleine in der Bauernschaft Wehr haben sich in wenigen Jahren mehr als ein halbes Dutzend Menschen das Leben genommen.

Der Vater von Rudi stirbt einige Jahre später an den Folgen seines Alkoholkonsums. Rudi hat es auch sonst oft schwer, denn seine Mutter mischt sich sehr in sein Leben ein. Wenn ich bei Rudi auf dem Hof Gast bin, dann redet ungefähr fünfundneunzig Prozent dieser Zeit seine Mutter. Zwischen mir und Rudi kann es zu keinerlei Gespräch kommen. Deshalb kann ich Rudi gut verstehen, dass er sich für Frauen nicht interessiert und Single bleibt.

Kampf gegen die Giganten

Mit Freude lese ich in der Zeitung, dass Ende September zum ersten Mal ein Volkslauf in Legden ausgetragen wird. Das motiviert mich sehr, denn dann kann ich erstmals in unserem Dorf vor eigenem Publikum zeigen, was ich drauf habe. Da die 10 000-Meter-Strecke in der Ausschreibung eingezeichnet ist, kann ich sie vorher zur Probe mehrmals ablaufen. Einige Teile sind mit meinen eigentlichen Trainingsstrecken identisch. Besonderes Augenmerk lege ich auf die Steigung in der Steinkuhle. Wenn man diesen 300 Meter langen Anstieg überwunden hat, dann ist es weniger als ein Kilometer bis zum Ziel. Mehrmals laufe ich in meinen täglichen Trainingseinheiten die Steigung hoch. Hier möchte ich angreifen, um mit einem schnellen Antritt meine Gegner schon vor der abschließenden Stadionrunde abzuhängen.

Dann, am letzten Sonntag im September, kommt der große Tag. Als ich mich am Sportplatz einlaufe, traue ich meinen Augen nicht. Denn gerade betreten Heiner Althoff und Uli Hörnemann das Stadion. Dass diese beiden Superstars der regionalen Laufszene hier auftauchen, damit habe ich nicht gerechnet. Natürlich bin ich ein wenig enttäuscht, denn meine Siegchancen stehen nun bei absolut null Prozent. Eigentlich wollte ich hier vor heimischem Publikum um den Sieg mitlaufen, aber das ist nun absolut unrealistisch. Althoff hat eine 10 000-Meter-Bestzeit von 30:51 Minuten, und die von Hörnemann ist mit 32:20 Minuten auch nicht gerade langsam. Mit meinen 36:45 Minuten ist heute hier absolut nichts zu gewinnen. Organisiert wird der Lauf vom Lauftreff Legden. Cheforganisator ist mein ehemaliger Physiklehrer Werner Festring. Dieser nette herzensgute Mensch wird dieses Laufereignis über viele Jahre mitprägen.

Über 200 Starter machen sich dann auf die Strecke durch die Legdener Bauernschaft. Schon nach tausend Metern ist klar, dass Hörnemann und Althoff den Sieg unter sich ausmachen.

Nach wenigen Metern haben die beiden Coesfelder einen deutlichen Vorsprung, und ich habe Mühe, sie in Sichtweite zu halten. Allerdings bin ich an dritter Stelle allein auf weiter Flur und kann mit großem Vorsprung in neuer Bestzeit von 34:40 Minuten die restlichen gut 200 Starter locker abhängen. Den Sieg erntet an diesem Tag Uli Hörnemann in 33:10 Minuten, eine halbe Minute vor dem favorisierten Heiner Althoff. Die Entwicklung und auch die Siege der beiden Dauerkonkurrenten von der DJK Eintracht Coesfeld war mir in den letzten anderthalb Jahren nicht entgangen. Deshalb bin ich ziemlich verwundert, dass mich diese beiden »Stars« nach der Siegerehrung locker und offen ins Gespräch mit einbeziehen. Mit berühmten Fußballern hatte ich in meinen Jugendjahren oft negative Erfahrungen gemacht. So spielte vor einigen Jahren die Profimannschaft von Schalke 04 beim Dorfverein dem ASC Schöppingen. Als die Schalkespieler sich aus dem Bus gesellten, fragte ich höflich nach Autogrammen. »So was gibt's bei uns nicht!«, war die lautstarke arrogante Antwort von Libero und Kapitän Klaus Fichtel.

Solche Starallüren kann ich bei Heiner Althoff und Uli Hörnemann absolut nicht erkennen. Es entwickelt sich ein längeres interessantes Fachgespräch zwischen mir, dem Greenhorn, und den beiden Coesfelder Ausnahmelangstrecklern. Dadurch entstehen für mich wichtige Kontakte zu den beiden acht Jahre älteren Laufvorbildern, die sich nicht nur auf sportlicher Ebene entwickeln werden.

Volle Pulle am Nürburgring

Aber auch mit der Vredener Laufszene bleibe ich in Kontakt. So haben wir für Ende Oktober einen Start beim Nürburgringlauf geplant. Wohlgemerkt ein Langstreckenlauf ist geplant, kein Autorennen. Mit insgesamt sechs Läufern vom TV Vreden fahren wir mit zwei Autos Richtung Nürburgring. In der

Nähe der Rennstrecke haben wir Zimmer in einer kleinen Fremdenpension gebucht.

Während die anderen früh schlafen gehen, drehen Michael Umlauf und ich noch eine Runde im Dorf. »Ach, lass uns noch eine Flasche Bier dort in der Pommesbude trinken, dann können wir nachher besser schlafen und sind morgen ausgeruhter«, bietet mir Michael an. Ich sehe das eigentlich anders, lasse mich trotzdem mitreißen. Eine Situation, die ich als Jugendlicher oft erlebt habe und immer wieder erlebe. An sich will ich oft keinen Alkohol trinken, aber um dabei zu sein und andere nicht vor den Kopf zu stoßen, trinke ich dann doch mit. Ich denke, dies ist ein ganz entscheidender Punkt in einem jugendlichen Leben. Entscheide ich mich dazu, »Nein« zu sagen, also für mich, oder sage ich »Ja« und entscheide mich für den Alkohol, aber gegen mich. Es ist enorm wichtig, als Jugendlicher »Nein« sagen zu können. Denn jemand, der den Mut, die Kraft und das Selbstbewusstsein hat, sich abzugrenzen, wird übermäßigen Alkoholkonsum vermeiden und der Gefahr aus dem Weg gehen, abhängig zu werden.

Bei dieser einen Flasche Bier bleibt es natürlich nicht. Ganz in der Nähe in einer Kneipe kommen noch vier Gläser Bier dazu. Leicht angeheitert schleichen wir uns zurück in die Pension. Die anderen, überwiegend älteren Läufer müssen von der kleinen Sauftour von uns beiden Jugendlichen nichts mitbekommen. Wobei ich den Begriff »leicht angeheitert« auch sehr beschönigend finde. Beim Alkohol werden oft verniedlichende Begriffe verwendet, so zum Beispiel auch »freudetrunken«, »angetrunken« oder »angeschickert«. Während bei illegalen Drogen der Sprachgebrauch mit »zugekifft«, »zugekokst«, »voll zugedröhnt« oder »total breit« nicht so freundlich wirkt.

Trotz meines Alkoholkonsums fühle ich mich am nächsten Tag nach dem leichten Frühstück ganz gut. Gemeinsam mit den fünf anderen Läufern fahren wir dann zum Nürburgring, der heute nicht vom Motorengeheul, sondern von Laufbegeisterten beherrscht wird.

Nach kurzem Warmlaufen gehen wir gemeinsam zum Start. Dieser befindet sich direkt neben der Boxengasse, wo sonst Motorräder und Formel-1-Boliden residieren. Über 4000 Läufer haben sich gemeldet, und die geben hier ein buntes, absolut beeindruckendes Bild ab. Als dann der Startschuss ertönt, macht sich die riesige Meute auf dem Weg. Aber wir bemerken sofort, dass wir zu weit hinten im Starterfeld standen, denn wir kommen kaum in Gang. Es ist einfach zu eng zum Überholen, und wir stehen praktisch im Stau. Wir, das sind Michael Umlauf und ich. Ich lasse Michael anfangs nicht aus den Augen, mein Plan ist es, ihn heute zu schlagen.

In den letzten Wochen habe ich viele lange Läufe mit hohem Tempo gemacht, und das soll mir heute zugutekommen. Die Strecke über die Nordschleife ist mit 22,835 Kilometern eine absolute Langstrecke, und so wie in Billerbeck im August möchte ich nicht wieder untergehen. Damals war ich für die Anstiege nicht gut vorbereitet, doch dieses Mal habe ich Steigungen speziell trainiert. Doch es ist sehr schwer, sich durch das enge Läuferfeld nach vorne zu mogeln, denn die vor mir liegenden Sportler laufen fast alle langsamer als ich. Im Zickzacklauf schlängele ich mich an den Läufermassen vorbei und nutze auch den Grünstreifen zum Überholen. Michael habe ich irgendwie aus den Augen verloren. Keine Ahnung, ob der Bursche vor oder hinter mir läuft. Gestern haben wir zwar zusammen gesoffen, doch heute will ich ihn plattlaufen.

Nachdem ich endlich nach drei Kilometern befreit ohne Hindernisse laufen kann, bemerke ich das nächste nicht vorgesehene Hindernis. Auf einmal geht es steil bergab. Ja, wir befinden uns hier in der Eifel. Im Fernsehen bei den Autorennen nimmt man gar nicht wahr, wie hügelig und bergig die Landschaft ist. Auch sind große Teile der Strecke mit Wald umrandet, sodass man in Fachkreisen den Nürburgring auch die »Grüne Hölle« nennt. Beim steilen Bergablaufen muss man schon höllisch aufpassen, denn das hohe Tempo beim Bergablaufen geht voll in die Beine. Das Gefälle beträgt teilweise siebzehn

Prozent, und insgesamt sind über fünfhundert Höhenmeter zu bewältigen. Da kommt noch einiges auf mich zu.

Aber wo ist Michael? Habe ich ihn abgehängt, oder läuft er vor mir? Bei Kilometer 11 in der Nähe des Ortes Breidscheid geht es einige Kilometer richtig rauf. Aber ich bin gut drauf und ich überhole Läufer um Läufer. Nach fünfzehn Kilometern werden meine Beine immer schwerer, denn das Rauf- und Runterlaufen hat sie stark übersäuert. Mein hohes Tempo fordert langsam Tribut. Doch mein Ziel ist es, weiterhin Michael zu überholen. Oder ist er schon lange hinter mir? Dann endlich erreiche ich das Zielband.

Später erfahre ich, dass ich in 1:33 Minuten den 91. Platz von über 4000 Läufern belegt habe. Aber trotzdem, in der Startaufstellung stand ich viel zu weit hinten, denn während des gesamten Rennens bin ich von keinem einzigen Läufer überholt worden. Mein Hauptziel habe ich auch erreicht, denn Michael Umlauf kommt fünf Minuten nach mir als 130. durchs Ziel gelaufen. Er hatte schon früh den Anschluss verloren. Sieger wird der deutsche Langstreckler der 80er-Jahre Hans-Jürgen Orthmann. Bei einer Größe von 1,90 Metern und dem Gewicht von sechzig Kilogramm wird er auch »Sehne« genannt. Orthmann gewinnt insgesamt sechsmal den Nürburgringlauf. Der Topläufer quittiert seinen Dienst als Lehrer, um sich ganz auf den Sport zu konzentrieren. Er wird Vizeweltmeister im Crosslauf und Halleneuropameister im 3000-Meter-Lauf sowie insgesamt 22 Mal Deutscher Meister. Heute lebt er von seinem Job als Fußballschiedsrichter.

So ein toller Lauf muss gefeiert werden. Abends stürmen wir die Kneipen von Nürburg. Da wir unsere Pensionszimmer bis Montag gebucht haben, können wir alle reinhauen. An den Theken wird der Lauf noch einmal bei reichlich Alkohol durchdiskutiert. Als ich gerade mit Michael an der Theke sitze, nimmt uns Heinrich Noldes zur Seite. Der Vredener Läufer und Geschäftsmann gibt jedem von uns 20 DM. Das ist zwar gar nichts im Vergleich damit, was schon junge Fußballer verdienen, aber er möchte uns eine kleine Anerkennung geben, uns damit ein wenig motivieren. Wir beide finden das total nett von Heinrich. Das Geld soll über ein Jahrzehnt lang mein letztes Preisgeld sein.

Die Feierlichkeiten unter uns Läufern entwickeln sich zu einem wahren Besäufnis. Aus uns werden an diesem Abend knallharte Säufer. Ob Bier oder den örtlich angebauten Wein, alles schütten wir in uns hinein. Bis weit nach Mitternacht dauert unsere Sauftour, bis wir alle endlich sturzbetrunken in unseren Pensionsbetten liegen.

Als ich am nächsten Morgen aufwache, habe ich wahnsinnige Kopfschmerzen. Mir ist so schlecht, dass ich das Frühstück komplett ausfallen lasse. Dazu kommt ein sehr heftiger Muskelkater von den Höhenmetern auf der Nordschleife. Ich habe das Gefühl, zentnerweise Nägel in meiner Muskulatur zu haben. Dazu die Kopf- und auch Magenschmerzen. Ich gebe ein jämmerliches Bild ab. Die über 200 Kilometer Autofahrt bis zur Heimat entwickeln sich zu einer absoluten Tortur. Aus dem eigentlich sportlich positiven Erlebnis hat sich für mich im Nachhinein ein Ereignis mit bitterem Beigeschmack entwickelt.

Die Schönheitsoperation

Ob als Kind oder als Jugendlicher, ich war und ich bin ein unsicherer, schüchterner Mensch mit wenig Selbstbewusstsein. Dass ich mich von klein an immer als sehr hässlich empfunden habe, verstärkte meine Unsicherheit. Besonders schäme ich mich für meine abstehenden Ohren. Damit man meine Eselsohren nicht sehen kann, trage ich meine Haare immer mittellang. Die Haare werden immer von meinem Onkel August geschnitten, der nach seiner Friseurlehre ins Dachdeckermilieu wechselte. Eine durchaus lukrative Entscheidung, denn auf dem Bau verdient man als Dachdecker deutlich mehr als im Friseurgewerbe. Doch um nicht aus der Übung zu kommen, schneidet mein Onkel auch viele Jahre später noch der ganzen Familie die Haare. Dabei bitte ich ihn immer darum, mir die Haare nicht zu kurz zu schneiden. Diese langen wuscheligen lockigen Haare stehen mir aber nicht besonders. Da ich auch noch Brillenträger bin, finde ich mich vom Optischen her einfach unmöglich. Gelegentlich bekam ich in der Schule zu hören, ich sähe aus wie ein Affe, wie ein Schimpanse. Wenn Kinder andere Kinder hänseln, dann machen sie sich oft keine Gedanken darüber, was sie damit anrichten. Kinder können sich noch nicht so gut in die Lage anderer Menschen versetzen und sind somit oft grausam zu Gleichaltrigen.

Nachdem meine Mutter mir schon jahrelang dazu geraten hatte, entschließe ich mich nun endlich, meine Ohren anlegen zu lassen. Die Krankenkassen bezahlen diese Art der Schönheitsoperation, da Menschen mit so einem Merkmal auch psychisch darunter leiden können.

Im Alter von siebzehn Jahren begebe ich mich ins Krankenhaus nach Stadtlohn. Dort bekomme ich ein Krankenbett zugewiesen, denn nach der Operation soll ich noch einige Tage hierbleiben. Die Operation selbst soll absolut komplikationslos sein, das hatte mir der HNO-Arzt vorher in einem Gespräch bestätigt. Aber auch meine beiden Cousinen Rita und Ute, die sich vorher schon die Ohren anlegen ließen, konnten mir das bestätigen.

Vor der Operation schneidet mir eine Nonne die Haare. Dabei meckert sie, dass ich als Junge so lange Haare habe. Danach bekomme ich eine örtliche Betäubung und lege mich mit dem Bauch nach unten auf den Operationstisch. Der Eingriff selbst geht ganz schnell und ich verspüre keinerlei Schmerzen. Mit dem weißen Kopfverband, den man mir anschließend anlegt, sehe ich aus wie ein Hindu mit einem weißen Turban. Auch als die Betäubung nachlässt, habe ich keinerlei Beschwerden.

Da ich ja nicht wirklich krank bin, kann ich die nächsten Tage im Krankenhaus locker angehen. Hier sind viele junge Leute, die sich oft auch auf dem Vierbettzimmer, in dem ich mich befinde, treffen. Dabei wird jeden Abend fleißig getrunken. Direkt gegenüber dem Krankenhaus ist ein Kiosk, an dem man alles bekommt. Keiner von uns ist wirklich so krank, dass er keinen Alkohol vertragen kann. Auch die Mädchen, die abends bei uns zu Gast sind, trinken das eine oder andere Bier.

Doch heute Abend hat jemand eine Flasche Weinbrand mitgebracht. Nach zwei Flaschen Bier verkündige ich ganz mutig: »Wetten, ich kann ein Glas Weinbrand auf Ex austrinken!« Zur Untermauerung dieser Behauptung nehme ich das Glas, das auf meinem Nachttisch steht, in die Hand. Dieses 0,25 Liter große Glas ist natürlich für Wasser oder auch Saft bestimmt, jedoch nicht als Glas für Hochprozentiges. »Das glaube ich nicht! Das wollen wir sehen! Das musst du uns aber beweisen, dann aber sofort«, so hallt es aus der Gruppe der kranken Leidensgenossen zurück. Ehe ich darauf antworten kann, hat mir Achim schon das Glas bis zum oberen Rand gefüllt. Achim, der auch den Weinbrand besorgt hat, ist mit gut 40 Jahren der Älteste unseres Krankenhaustreffs. Wegen eines Beinbruchs läuft er mit Krücken durch die Abteilung. »So Junge, gib alles«, sind seine letzten Worte, bevor ich wirklich das Glas auf Ex leer kippe. »Kein Problem«, sage ich großspurig. Eigentlich will ich mit meiner Angeberaktion nur meine Minderwertigkeitskomplexe überspielen. Dass ich zusätzlich noch umsonst besoffen werde, finde ich auch nicht schlimm.

Der Alkohol steigt mir zwar in die Birne, aber ich fühle mich noch ganz gut und werde noch überheblicher. »So, Junge, das war noch gar nix. Ich schaffe noch eine zweite Runde«, und halte Achim das Glas nochmals hin. Da noch genügend Weinbrand in der Flasche ist, füllt mir Achim das Glas erneut auf. Dann nimmt er sich mein Patiententelefon vom Nachttisch und wählt eine Nummer. »So, Rudi, ich bin hier live im Krankenzimmer 007 und berichte live, wie Patient Hermann ein 0,25 l großes Glas Brandy auf Ex leert. So, jetzt nimmt er es, er setzt es an, und er gibt alles, und er schafft es. Herzlichen Glückwunsch, das war eine tolle Leistung, Hermann!« Mit

einer Art Radiobericht hat er seinem Zimmerkollegen Rudi von meinen Aktivitäten berichtet. Ich fühle mich großartig, wie der King vom Krankenhaus. Doch plötzlich bin ich weg …
Irgendwann wache ich auf in meinem Krankenhausbett. Ich habe Kopfschmerzen und weiß gar nicht, was passiert ist. Dann erzählen mir meine Mitpatienten auf dem Zimmer, was passiert ist. Kurz nachdem ich das zweite Glas ausgetrunken hatte, war ich auf dem Bett eingeschlafen. Später musste ich mich übergeben. Meine Mitpatienten haben dann die Nachtschwester gerufen. Die hat dann das Erbrochene weggewischt und mein Bett neu bezogen. Ich schäme mich für mein Verhalten. Abends bedanke ich mich bei der Nachtschwester und verspreche, keinen Alkohol mehr hier im Krankenhaus zu trinken. Wenige Tage später werde ich entlassen.

Nierenspülen

Anfang November schon bricht plötzlich der Winter aus. Es fallen 20 Zentimeter Schnee, und da die Temperaturen weit unter null Grad fallen, bleibt dieser Schnee auch liegen. Trotzdem fahren Stefan und ich am Samstag mit dem Mofa zum Volkslauf ins achtzig Kilometer entfernte niederländische Borne. Bei Temperaturen von minus sechs Grad sind wir beide total durchgefroren, als wir dort ankommen. Hände und Füße fühlen sich an wie Eisklumpen. Da wir rechtzeitig angekommen sind, können wir uns in der Umkleidekabine aufwärmen. Dann absolvieren wir beide den 10-Kilometer-Lauf, um anschließend bei noch kälteren Temperaturen zurück nach Hause zu fahren. Obwohl wir beide durchgefroren sind, besteht meine Mutter darauf, dass wir abends mit in die Kirche kommen. Unser Familienleben ist sehr christlich geprägt, und es ist bei uns Tradition, jedes Wochenende in die Kirche zu gehen. Da meine Mutter fast immer am Samstagabend in die Vorabendmesse geht, schließen wir uns dann meistens an.

Meine langen Mofatouren hinterlassen Spuren. Schon vorher im Herbst war ich oft klitschnass von den Rennen nach Hause gekommen. Bei einer Routineuntersuchung stellt mein Hausarzt Dr. Klaas fest, dass sich Blut im Urin befindet. Dann stellt er mir eine Überweisung zu einem Urologen aus, der im Ahauser Krankenhaus praktiziert. Schnell bekomme ich dann einen Termin bei Dr. Bertram. Nachdem er meine Blutwerte und meinen Urin untersucht hat, befragt er mich, ob ich irgendwelche Beschwerden habe. Als ich das verneine, sieht er mich erstaunt an. »Sie haben eine Nierenbeckenentzündung, und Sie bleiben erst mal einige Tage hier im Krankenhaus!« »Das kann doch nicht sein, Herr Doktor, mir geht es doch gut«, erwidere ich. »Keine Diskussion, Sie bleiben hier. Meine Arzthelferin begleitet Sie auf die Urologie-Station!«

Schon wieder Krankenhaus, denke ich mir, aber ohne Beschwerden, na ja, das werde ich schon aushalten. Auf keinen Fall möchte ich mich dieses Mal wieder mit einem Alkoholabsturz blamieren. Deshalb beschließe ich bei diesem Krankenhausaufenthalt, auf harte Getränke zu verzichten. Allerdings genehmige ich mir jeden Abend zwei bis drei halbe Liter Bier. Meine drei Mitpatienten bestärken mich bei diesem Unterfangen, denn es ist sehr gesund für die Nieren, wenn man diese mit Bier ausreichend spült. So läuft mein Gesundungsprozess reibungslos. Denn nach wie vor merke ich nichts von meiner schweren Nierenbeckenentzündung. Meine drei Mitpatienten dagegen haben ganze andere Probleme, denn diese stecken im unangenehmen Genitalbereich. Während einer Hodenkrebs hat, sind die Verletzungen der anderen zwei sehr suspekt. Der eine hat sich angeblich nach durchzechter Nacht zu heftig aufs Bett geworfen, während dem anderen beim Obstschneiden das Messer abgerutscht sein soll … Meiner Meinung nach sind diese Verletzungen möglicherweise bei der Benutzung eines Handstaubsaugers entstanden, wobei dieser Staubsauger nicht, wie vorgesehen, zum Staubsaugen, sondern für eine Tätigkeit genutzt wurde, die ich hier nicht genauer schildern möchte …

Insgesamt gefällt es mir sehr gut im Krankenhaus. Man empfiehlt mir auch von ärztlicher Seite, dass zwei bis drei Bier täglich sehr gut für die Nieren seien. Diese Empfehlungen haben zur Folge, dass ich dem täglichen Bierkonsum nicht abgeneigt bin. Diese inzwischen drei bis vier Bierchen am Abend machen mir den Krankenhausaufenthalt durchaus angenehm. Ansonsten geht es auf unserem Vierbettzimmer recht lustig und locker zu. Von allen Patienten geht es mir dabei deutlich am besten, denn ich verspüre keinerlei Beschwerden. So lässt es sich im Krankenhaus aushalten. Mir geht es gut, und ich brauche nicht zu arbeiten.

Da nach vier Wochen Krankenhausaufenthalt meine Blut- und Urinwerte in Ordnung sind, holt man mich zum Entlassungsgespräch in die Praxis des Urologen. In diesem Fall sitzt mir die Ehefrau und Praxismitinhaberin Frau Dr. Bertram gegenüber. Sie fragt mich, ob ich noch Schmerzen habe. Da ich dies verneine, teilt sie mir mit, dass ich entlassen werde. Dann fragt sie mit lächelndem Blick: »Möchten Sie gerne zur Bundeswehr, oder darf ich Ihnen ein Attest schreiben, dass Sie durch Ihre Nierenerkrankung für den Militärdienst untauglich sind?« Ohne lange zu überlegen, antworte ich ebenfalls lächelnd: »Also ich bin nicht unbedingt scharf drauf, 18 Monate zu dienen, bitte schreiben Sie mir das Attest aus.« »Das Risiko ist viel zu groß, Herr Wenning. Bei der Bundeswehr schlafen Sie nachts draußen, da können Sie ganz schnell einen Rückfall mit Ihren Nieren bekommen.« Ich bedanke und verabschiede mich bei den Ärzten und Krankenschwestern und packe meine Klamotten.

Empfehlungen eines Psychiaters

»Ihre Mutter hat mir am Telefon erklärt, dass Sie oft bei feierlichen Anlässen und auch sonst sehr, sehr viel Alkohol trinken. Stimmt das, junger Mann?« »Ja, Herr Doktor, da hat sie wohl leider recht. In letzter Zeit habe ich ziemlich reingehauen!« »Ja, Ihre Mutter macht sich große Sorgen um Sie. Sie seien schwermütig, verschlossen und greifen bei vielen Gelegenheiten zur Flasche.« »Wann haben Sie sich zuletzt einen Vollrausch angetrunken?« »Das war letzten Samstag auf einer Fete, da war ich ziemlich besoffen …« »Warum waren Sie betrunken?«

Ich befinde mich in der Praxis des Psychotherapeuten Dr. Noelle. Obwohl … im Jahre 1981 nennt man diese Doktoren eher Seelenklempner oder Beklopptenärzte. Es ist eine Zeit, in der seelische Krankheiten noch tabuisiert werden. Den Begriff »Burn-out« gibt es noch nicht, und wenn jemand zum Psychiater geht, gilt er als verrückt und nicht als krank. Dabei gab und gibt es in jeder Lebensepoche seelische Leiden wie Depressionen oder Angst- und Panikattacken. Oft führen seelische Krankheiten zum Selbstmord. In Deutschland sterben jährlich über 10 000 Menschen durch Freitod. Die Dunkelziffer dürfte viel höher liegen, denn oft werden Selbstmorde gar nicht erkannt. Besonders viele ältere Menschen sterben durch eine Medikamentenüberdosis. Da oft ein natürlicher Tod vermutet wird, verzichtet man dann auch auf die Obduktion. Aber auf jeden Fall sterben mehr Menschen jährlich durch Suizid als durch Gewaltdelikte wie Mord- und Totschlag, Verkehrsunfälle oder den Missbrauch illegaler Drogen zusammen.

Meine Mutter meint, eine Behandlung beim Psychiater würde mir helfen, ruhiger und ausgeglichener zu werden. Sie hat natürlich recht damit, dass ich mich schnell aus der Ruhe bringen lasse. Wenn etwas bei der Arbeit oder in meinem Leben nicht klappt, werde ich unsicher und nervös. Aber auch wenn ich negative Kritik höre, kränkt mich das, denn ich besitze keinerlei Frustrationstoleranz. Wenn mir meine Eltern bei der Arbeit auf dem Hof etwas sagen, dann fühle ich mich persönlich angegriffen und beleidigt. Entweder ich reagiere laut und cholerisch oder ich ziehe mich zurück und spiele die »beleidigte Leberwurst«. Dieses Zurückziehen lässt sich für mich dann leichter ertragen, wenn ich mir zwei bis drei

Flaschen Bier genehmige. Alkohol steht überall bei uns herum
… in der Garage, im Keller, im Kühlschrank. Alkohol, die legale,
gesellschaftlich anerkannte Volksdroge, ist überall und zu jeder
Zeit zugänglich. Keine Feier, kaum ein Anlass in diesem Land
wird ohne Alkohol bestritten. Okay, ich bin manchmal mies
drauf und betrübt. Dann trinke ich auch hin und wieder eine
Flasche zu viel. Aber was soll ich hier beim Nervenarzt, ich bin
doch nicht bekloppt? Was will der von mir?

Da Dr. Noelle nach einer halben Minute noch keine Antwort bekommen hat, stellt er erneut die Frage: »Warum haben
Sie sich bei der letzten Party die Kante gegeben?« Als ich ihn
schweigend und fragend ansehe, beantwortet er diese Frage
dann selbst: »Waren die Mädchen auf der Party so hässlich? Ich
denke nicht. Sie wirken sehr schüchtern und haben Probleme,
Mädchen anzusprechen. Dabei wollen die Mädchen das Gleiche wie die Jungen. Die jungen Damen sind genauso versaut
wie die jungen Herren. Die Mädchen warten nur ab. Denn
die denken, wenn die Jungen sie anmachen und verführen,
dann sind diese noch schlechter, als sie sich selbst empfinden.
Glauben Sie mir, die Mädchen wollen wie die Jungen nur das
Eine, und die Jungen mit der größten Klappe, wo absolut nichts
dahinter ist, die kriegen die besten Mädchen ab. Deshalb auf
der nächsten Party, junger Mann, Mädchen ansprechen und
dann abschleppen, das ist besser als Saufen.«

Nach dieser Ansprache bin ich noch sprachloser als vorher.
Wozu soll ich Mädchen ansprechen? Mich hässlichen Vogel
nimmt doch eh keine? Den Aufwand kann ich mir sparen,
das bringt gar nichts. Mädchen ansprechen! Dafür bin ich viel
zu schüchtern, und außerdem komme ich mit einer Abfuhr
auch nicht klar, dann muss ich schon wieder saufen, rede ich
mir ein. Aber um nicht weiter darüber diskutieren zu müssen,
erkläre ich Dr. Noelle: »Gut, Herr Doktor, dann will ich das
mal probieren mit den Mädchen, vielleicht haben Sie ja recht.«

»Tun Sie das«, sagt er mir zum Abschluss und verschreibt mir
gleichzeitig ein Medikament, das meine Stimmung positiv

beeinflussen soll. Doch weder halte ich mich an den guten Rat noch nehme ich das verschriebene Medikament ein. Nur das Schreiben, in dem er mich nicht für den Bundeswehrdienst empfiehlt, verwahre ich sorgfältig.

Ausgemustert

Einige Wochen später, wenige Tage vor meinem 18. Geburtstag, muss ich tatsächlich zur Musterung. Mit gleich zwei Attesten in der Tasche kann ich dort beruhigt hingehen. Viele angehende Landwirte bemühen sich, nicht zur Bundeswehr eingezogen zu werden. Oft wird dann beantragt, dass der heranwachsende Sohn für den Bauernhof unabkömmlich ist. Doch ich habe die Schreiben von der Urologin und dem Psychologen, da kann eigentlich nicht viel schiefgehen.

Zwischen meinen beiden Krankenhausaufenthalten war ich ebenfalls bei einer Art Musterung. Auf Idee meiner Mutter hatte ich mich für den Polizeidienst beworben. Als schneller Läufer könne ich gut hinter Verbrechern herlaufen, meinte sie. Ja gut, dachte ich mir, die fahren viel mit dem Auto durch die Gegend und brauchen körperlich nicht zu arbeiten. Also das kann bei der Polizei doch gar nicht so schlecht sein. Doch beim Eignungstest fiel ich sofort beim ersten Gesundheitscheck durch. Mit meinen Plattfüßen, den O-Beinen und auch meinem schiefen Becken sei ich nicht für den Polizeidienst geeignet. Wenn ich um die 30 Jahre alt wäre, dann würde ich wegen meiner Beine nicht mehr in der Lage sein, einem Verbrecher hinterherzulaufen. Über diese Argumentation war ich allerdings sehr verwundert, denn ich hatte ihnen vorher meine Laufurkunden gezeigt. Als amtierender Münsterlandmeister soll ich später keine Verbrecher fangen können? Ich schüttelte den Kopf und ging enttäuscht nach Hause.

Dass ich viele Jahre später, als fast 40-jähriger Verbrecher immer noch in der Lage bin, die Bullen zu Fuß abzuhängen, das kann niemand ahnen. Tatsächlich gelingt es mir in den späten 90er-Jahren, die Polizei nach Diebstahls- und Einbruchdelikten ungefähr ein Dutzend Mal zu Fuß im Spurt abzuhängen. Wobei ich zur Entschuldigung für die Polizisten hinzufügen muss, dass diese oft übergewichtig waren und ich als abgemagerter Junkie kein Gramm Fett mitzuschleppen hatte.

Auf jeden Fall steht für mich fest: Wenn mich der Staat als Polizist nicht will, dann bekommt er mich auch nicht als Soldat. Als ich beim Bundeswehrarzt reinkomme, lege ich ihm sofort meine beiden Atteste auf den Tisch. Als er diese in Ruhe begutachtet hat, fragt er mich zu dem Schreiben des Psychotherapeuten. »Herr Wenning, Sie haben psychische Probleme, haben Sie auch schon einmal an Selbstmord gedacht?« Ich überlege, denn auf diese Steilvorlage möchte ich nichts Falsches sagen. Ja, als ich zwölf oder 13 Jahre alt war, habe ich gelegentlich an Selbstmord gedacht. Diese eher fiktiven Pläne habe ich jedoch immer weit vor mir hergeschoben, denn ich wollte das nächste Länderspiel der deutschen Nationalmannschaft nicht verpassen, sodass ich nie dazu gekommen bin, konkret darüber nachzudenken. Aber diesen Unsinn will ich dem Arzt so nicht verzapfen.

Nach längerem Nachdenken fällt mir dann ein: »Ja, Herr Doktor, ich denke nicht oft an Selbstmord, höchstens ein- bis zweimal im Monat denke ich gelegentlich konkret darüber nach.« Mit dieser Lüge kann ich voll punkten. Der Arzt notiert dieses, und es dauert nicht lange, bis ich mit T5 ausgemustert bin. Mit Tauglichkeitsgrad 5 ist man nicht wehrdienstfähig und kann das Thema Bundeswehr abhaken. Einerseits eine positive Entscheidung für mich, aber andererseits denke ich oft darüber nach, wie eine Karriere als Berufssoldat für mich verlaufen wäre. Bei der Bundeswehr wäre viel Zeit gewesen, auch während der Arbeitszeit zu trainieren. Jedoch spielen Alkohol und Drogen nach Feierabend in den Kasernen eine große Rolle, und ich hätte auch hier früh abrutschen können.

Führerschein

Das Jahr 1982 beginnt für mich mit dem Versuch, den Führerschein zu machen. Der Fahrlehrer, Dietger Rattay, gibt zweimal in der Woche einen sehr interessanten, aber auch humorvollen Theorieunterricht. Doch beides, Theorie und Praxis, fällt mir sehr schwer. Trotzdem entschließe ich mich im Frühjahr, beide Prüfungen an einem Tag abzulegen. Meine letzten Testfragebögen waren alle zu punktereich, um die Prüfung zu bestehen. Meistens hatte ich weit über zehn Fehlerpunkte, dabei sind doch nur sechs erlaubt. Deshalb ist dieser doppelte Prüfungstermin sehr gewagt: Falle ich durch die theoretische Prüfung, dann darf ich die praktische Prüfung zwar nicht mitmachen, bezahlt werden muss sie trotzdem. Außerdem hat bei der letzten Fahrstunde mein Fahrlehrer, ein Angestellter der Fahrschule Rattay angedeutet, dass er bei mir absolut keine Chance sieht, dass ich die praktische Prüfung bestehe.

Doch da ich bei der theoretischen Prüfung mit nur vier Fehlerpunkten mein absolutes bestes Ergebnis erreiche, werde ich zur Fahrprüfung zugelassen. Da es kurz vor Mittag ist und Prüfer und Fahrlehrer Hunger bekommen haben, brauche ich nur eine Viertelstunde zu fahren. In dieser kurzen Zeit kann ich gravierende Fehler vermeiden, und ich bin stolzer Besitzer eines Führerscheines.

Für die Arbeit auf unserem Bauernhof bekomme ich in der Ausbildung nur einen kleinen Lohn, somit bin ich nicht in der Lage, den Lappen beim Fahrlehrer Dietger Rattay zu bezahlen. Meine Eltern überweisen großzügigerweise den Betrag und lassen mich mehrmals vertrauensvoll mit unserem Wagen, einem alten klapprigen Peugeot 504, fahren. Einige Male fahre ich alleine oder auch mit Stefan zu Laufveranstaltungen.

Bei diesen Laufveranstaltungen, eher gesagt bei einem Event in Holland, lernen wir die Kendzierskis kennen. Hans Kendzierski, seine hübsche Frau Isolde sowie ihr Sohn Rainer sind wie Stefan und ich laufverrückt und an vielen Wochenenden im Jahr auf Volks- und Straßenläufen unterwegs. Hans Kendzierski fährt in der Woche mit dem Lkw Beton, während Isolde als Privatdetektivin unterwegs ist. Aber an Wochenenden besuchen die beiden mit Rainer die Laufevents, auch etliche im holländischen Grenzgebiet. Diese drei sympathischen Menschen sind ebenso ehrgeizig wie ich und mein Bruder. Die Kendzierskis sind sehr nette Leute und werden Freunde der Familie. Diese Freundschaft hält über Jahrzehnte bis in die heutige Zeit an, auch als später die Kendzierskis durch gesundheitliche Probleme den Laufsport beenden müssen. Beim Sport findet man durchaus Freunde für das ganze Leben.

Für Aufsehen hingegen sorgt mein Bruder Stefan. Nicht nur, dass er zurzeit öfter auf Wettkämpfen startet als ich. Als Krönung der Saison bestreitet er im Alter von 17 Lebensjahren seinen ersten Marathon. Beim traditionellen Dülmen-Marathon überwindet er die 42,195 Kilometer in 3:55 Stunden. Damit ist Stefan der erste Marathonläufer, der aus meinem Geburtsort Legden kommt, und zudem der Jüngste, den der Ort je hatte.

Spritztour über den Parkplatz

Anfang Mai jedoch hat mich mein Freund Helmut zu sich nach Coesfeld eingeladen. Er macht dort sein drittes Ausbildungsjahr in einem Restaurant. Im Gegensatz zum vorigen Lehrherrn hat Helmut hier mehr Freiheiten. Nachdem meine Eltern mir die Erlaubnis gegeben haben, darf ich mit dem Wagen dorthin fahren. Es ist Ostermontag, und heute hat Helmut früher Feierabend als üblich. In der Gastronomie kennt er als Kochlehrling vor allem an Wochenenden ungünstige Arbeitszeiten.

Nachdem ich Helmut abgeholt habe, fahre ich ihn stolz als neuer Inhaber eines Führerscheins durch die Stadt. Zuerst landen wir in der Diskothek Grenadier, doch da ist nicht viel los. Also fahren wir ins New York, eine kleine Disco in Bahnhofsnähe. Da ich meine Verzehr-Karte vollmachen möchte, gönne ich mir auch einige Bier. Helmut warnt mich: »Pass auf mit dem Alkohol, Hermann, sonst riskierst du Deinen Führerschein!« Ich hingegen sehe das ganz locker: »Zwei bis drei Bier darf ich trinken, denn 0,8 Promille sind beim Autofahren immer erlaubt«, erkläre ich Helmut. Doch aus den zwei bis drei werden schnell ein halbes Dutzend Bier.

Was mir momentan absolut nicht bewusst ist, ich bin psychisch bereits alkoholabhängig. Wenn ich anfange zu trinken, kann ich meinen Alkoholkonsum nicht mehr steuern. Dann muss ich weitertrinken, bis ich voll bin. Das Ganze nennt sich Kontrollverlust, denn ich habe keinerlei Kontrolle mehr über den Alkohol. Der Alkohol hat das Regiment über meinen Willen übernommen. Wenn ich einmal mit dem Trinken angefangen habe, kann ich nicht mehr aufhören. Ein einzelnes Bier am Anfang des Abends führt bei mir zwangsläufig zum Exzess. So geschieht es auch in dieser Nacht.

Schließlich landen wir noch im Anno Dom, nicht unbedingt die beste Adresse hier in Coesfeld. Hier trifft sich das Publikum, das kein Ende beim Feiern findet. Aber da morgen schon wieder ein Werktag ist, finden sich heute Nacht hier nicht mehr viele Feierfreunde. Auch hier leere ich wieder ein halbes Dutzend Biergläser.

Nachdem wir gegangen sind, setzen wir uns ins Auto und fahren besoffen durch Coesfeld. Absolut unverantwortlich, doch wir sind so betrunken, dass uns das gar nicht interessiert. Oft hört oder liest man, dass zwecks Drogenbeschaffung Straftaten und Verbrechen begangen werden. Deshalb findet es der Volksmund absolut okay, dass illegale Drogen in Deutschland verboten sind. Doch wenn man die nackten Zahlen sieht, dann wäre der Grund, Alkohol zu verbieten, bestimmt zehnmal so groß wie das Cannabis- oder auch Heroinverbot. Denn alleine schon die vielen Tausend Verletzte und Tote, die jährlich wegen Alkohol am Steuer zu beklagen sind, sprechen eine deutliche Sprache. Alkohol nimmt Hemmungen, und so jagen wir beide total enthemmt und sturzbetrunken mit dem Auto durch

Coesfeld. Dann fahren wir zu einem großen Kaufhauspark-
platz. Momentan hat die Supermarktkette »Allkauf« hier ihren
Firmensitz. Nun kommen wir auf die dumme Idee, auf dem
großen Parkplatz eine Art Rennen zu fahren. Mit dem weißen
Peugeot meiner Eltern drehe ich mit Vollgas eine Runde nach
der anderen. »Boah ey, is ja wie Autoscooter, nur schneller ...«,
feuert mich Helmut an. »Lässt du mich bitte auch mal?«, sieht
mich Helmut fragend an. Da wir beide stockbesoffen sind, ist es
sowieso egal, wer fährt, denke ich mir. Dann lasse ich Helmut
ans Steuer, der sich als Rennfahrer große Mühe gibt. Über die
Folgen, auch für Helmut, der noch nicht mal einen Führerschein hat, machen wir uns keinerlei Gedanken. Im Vollrausch
drehen wir Runde um Runde über den Kundenparkplatz der
Firma »Allkauf« und finden das Ganze absolut lustig.

Stundenlang machen wir diesen Mist und haben Glück,
dass kein Polizeiwagen in der Nähe vorbeikommt. Doch weit
nach Mitternacht plötzlich versagt das Auto. Wir bekommen
keinen Gang mehr rein und bleiben stehen. Außerdem fängt
die Karre an, tierisch zu stinken. Die Sache ist klar, die Kupp-
lung ist verreckt. Uns bleibt nichts anderes übrig, als das Auto
stehen zu lassen.

Zuerst sind wir geschockt, doch dann hat Helmut eine
Idee. Wir gehen zu Helmuts Gasthof, wo er nicht nur arbeitet,
sondern auch wohnt. Der Chef Helmuts sitzt noch mit einem
Kunden am Tresen. Die beiden Zecher sind ebenfalls ziemlich
betrunken. Dann bittet er seinen Chef, ob er ihm 50 DM
Vorschuss geben kann. Da mein Auto kaputt gegangen sei, benötige ich das Geld, um eine Taxifahrt nach Hause finanzieren
zu können. Tatsächlich, der Wirt übergibt Helmut das für mich
vorgesehene Geld. Dann bedanke ich mich bei Helmut und
fahre mit dem Taxi nach Hause.

Dort angekommen wird es langsam hell. Sofort beichte ich
meinen Eltern das peinliche Missgeschick. Die sind alles andere
als erfreut und halten mir eine lautstarke, minutenlange Pre-
digt. Dann schicken sie mich ins Bett, damit ich meinen Rausch

ausschlafe. Während ich bis Mittag penne, fährt mein Vater mit unserem Nachbar Theo Grothe nach Coesfeld und schleppt das Auto ab. Dabei bringen sie es sofort nach Darfeld zu meinem Onkel Tonius. Der ist ein hervorragender Automechaniker in einer Peugeot-Werkstatt. Da Tonius den Wagen relativ günstig reparieren kann, ist der materielle Schaden nicht so hoch. Doch in den nächsten Wochen brauche ich nicht nachzufragen, ob ich den Wagen bekommen kann ...

Das Geld gebe ich Helmut in der nächsten Woche wieder, der es seinem Lehrherrn dann auch zurückgibt. Dass der Gastwirt um vier Uhr morgens noch am Trinken war, ist kein Zufall gewesen, denn er ist schon lange alkoholabhängig. Wenige Jahre später nimmt er sich das Leben.

Hier eine persönliche Feststellung von Helmut, der Jahrzehnte seines Lebens in der Gastronomie arbeiten wird, zum Thema Alkohol in dieser Branche:

»Kellner, Köche, Spülhilfen, die ganze Berufspalette ist gefährdet. Alkohol ist ja in einem Gastronomiebetrieb immer verfügbar, und der Beruf Koch oder Kellner ist absolut stressig. Zu der hohen körperlichen Belastung kommt die immense psychische Anstrengung in der Küche und auch beim Service. Man arbeitet immer in Drucksituationen: Eine Essenbestellung nach der anderen muss man abarbeiten, zumal eine Bestellung ja aus mehreren Menüs besteht, meistens kommen diese Bestellungen zeitgleich. Das Team muss funktionieren. Oft ist das Arbeitsklima in der Küche mies. Und vor allem darf sich kein Gast beschweren, denn sonst hat die Küche oder irgendeiner schlecht gearbeitet, die Stimmung ist auf dem Nullpunkt. Der Schwächere im Team wird gnadenlos niedergemacht, er verhindert ein schnelles effizientes Arbeiten – Stress pur, denn mit ihm in der Küche hat der Chef weniger Umsatz und die anderen müssen seine Handgriffe mit erledigen. Irgendwann stellen sich dann auch körperliche Beschwerden ein, der Rücken schmerzt, die Füße tun weh, die Verbrennungen an den

Unterarmen sind unangenehm ... Die beiden Faktoren lassen sich mit Alkohol schnell kompensieren. Ich meine, hier spielt der Alkohol eine gefährliche ›pharmazeutische Rolle‹«.

Der Schlüsselbeinbruch

Nachdem sich die Situation zu Hause beruhigt hat, kann ich mich wieder auf den Sport konzentrieren. Mein Saisonziel ist die Qualifikation für die Deutschen Jugendmeisterschaften. Da ich meine Hindernistechnik ein wenig verbessert habe, ist dieses Ziel durchaus möglich. Anfang des Jahres haben sich die Leichtathletikvereine VFL Ahaus, SV Heek und TV Vreden zu einer Leichtathletikgemeinschaft zusammengetan. Aus diesem Zusammenschluss erhofft man sich weniger Verwaltungsaufwand und vor allem mehr sportliche Erfolge. Gelegentlich trainiere ich bei der Vredener Trainingsgruppe mit. Als ich mit Wilfried Sauk und seinen Schützlingen gemeinsam zum Hindernisabend nach Menden fahre, fühle ich mich gut vorbereitet.

Michael Umlauf und ich starten im 2000-Meter-Hindernisrennen auf der Mendener Aschenbahn. An einem warmen Abend im Mai schaffe ich als Drittplazierter in 6:15 Minuten die Qualifikationsnorm über diese Strecke. Ebenso wie Michael Umlauf, der das Rennen in 6:02 Minuten gewinnt, bin ich für die Deutschen A-Jugendmeisterschaften Anfang August in Flensburg qualifiziert.

Konzentriert und knallhart will ich mich auf die Deutschen Jugendmeisterschaften vorbereiten. Wenn ich abends Tempoläufe am Legdener Sportplatz bolze, baue ich mir provisorische Hürden. Das heißt, ich nehme mir Strohbänder von zu Hause mit und verbinde diese Bänder zwischen den Eckfahnen und dem Absperrgeländer, dass sich rund um den Legdener Sportplatz befindet. Die Fußballer haben nichts gegen meine eigenartigen provisorisch gebastelten Hürden. Im

Gegenteil, denn sie sind nur sehr erstaunt, mit welchem Tempo ich über den Aschenplatz fege. Wenn ich vier Tempoläufe über 1000 Meter mache, dann unterbiete ich dabei meistens die 3-Minuten-Grenze. Und das trotz der zehn ungefähr 90 Zentimeter hohen »Strohband-Hürden«, die ich bei jedem der 1000er überspringe. Ich möchte alles geben, um in den Endlauf der Deutschen-2000-Meter-Hindernismeisterschaft zu kommen. Für mein junges Alter trainiere ich im Prinzip viel zu hart, was sich jedoch irgendwann rächen wird.

Da ich eine Ausbildung zum Landwirt mache, ist es natürlich logisch, dass ich in die katholische Landjugendbewegung, abgekürzt KLJB, eintrete. Kurz nach der feierlichen Aufnahme machen wir Ende Mai einen Maigang. Gemeinsam mit der Schöppinger Landjugend gehen wir von der KLJB Legden gemeinsam eine Strecke. Wie bei solchen Maigängen üblich, haben wir natürlich reichlich Proviant in Form von Bierkisten dabei. Unterwegs leere ich einige Flaschen Bier. Außerdem sind einige erfahrene Landjugendmitglieder mit Apfelschnaps und rotem Likör unterwegs. Wenn sie mir dann ein mit diesen Getränken gefülltes Schnapsgläschen vor die Nase halten, dann kann ich auch nicht »Nein« sagen. Die Landjugend macht viele christliche und soziale Projekte, aber das Feiern und das Saufen hat das jugendliche Landvolk auch gut drauf.

Wir laufen durch die Schöppinger Bauernschaft, und ich weiß absolut nicht mehr, wo ich bin. Irgendwann kommen wir mitten in der »Walachei« an einem Zelt an. Hier wartet bereits eine Band auf uns, und es geht mit Musik, Tanz und allerlei Getränken weiter. Inzwischen habe ich mich richtig abgefüllt, und ich werde redselig und mutig. Alkohol löst die Zunge und natürlich Hemmungen. Man kommt schnell ins Gespräch und erzählt sich interessante, manchmal auch übertriebene Gegebenheiten.

Plötzlich habe ich die Idee, mir einen Musikwunsch zu erfüllen. Ich frage die dreiköpfige Band, ob sie den gerade hoch in den Charts stehenden Trio-Hit »Da da da, ich lieb dich nicht,

du liebst mich nicht, aha aha aha« spielen können. Die Band-
mitglieder erklären mir, dass sie den Rhythmus und die Melodie
wohl improvisieren können, aber den Text nicht drauf haben.
Mutig in Schnaps- und Bierlaune erkläre ich mich bereit, der
Band behilflich zu sein und mich als Leadsänger zur Verfügung
zu stellen. Das lässt sich das Bandtrio nicht zweimal sagen. Die
Jungs legen los, und ich singe den Sprachgesang von Stefan
Remmler: »Da da da, ich lieb dich nicht, du liebst mich nicht,
aha aha aha.« Da ich diesen einfachen Text auch nicht ganz
drauf habe, muss ich ebenfalls improvisieren. Ich denke, mein
Gesang hört sich grausam an, was sich aber nicht negativ auf
die Feierstimmung auswirkt. Die Menge klatscht, tanzt, johlt
und grölt mit. Zum Abschluss bekomme ich sogar einen kleinen
Applaus. Genau kann ich mich nicht erinnern, wie der Abend
dann weitergeht. Doch immerhin schaffe ich es, in den Bus
einzusteigen, der uns weit nach Mitternacht nach Hause bringt.

Legden hat zwar nur gut 6000 Einwohner, aber mit Asbeck zusammen immerhin fünf Schützenfeste. Als Kind war
ich jedes Jahr auf dem Schützenfest in Wehr, das immer an
der Düstermühle, einer romantischen schönen Gaststätte bei
uns in der Bauernschaft Wehr, stattfindet. Als ich im dritten
Schuljahr war, schoss mein Vater den Vogel ab und wurde als
Schützenkönig gefeiert. Schützenfeste auf dem Land sind mit
tagelangem Trinken verbunden. Dieser Trinkkultur hat sich
mein Vater nie verschlossen, und ab dem 15. Lebensjahr bin
ich in diese ländliche Tradition auch mit eingestiegen. Die
Jugend auf dem Land wird durchaus frühzeitig in die Feier-
und Trinkaktivitäten eingewiesen.

Erstmals habe ich mich entschlossen, dieses Jahr auch mal
zum Schützenfest ins Dorf nach Legden zu fahren. Zuerst trinke
ich einige Glas Bier an der Theke. Fast die ganze A-Jugendmann-
schaft des SUS Legden ist heute hier im Zelt anwesend. Unter
der Leitung von Teamchef Bruno Häming konnte die A-Jugend
sich dieses Jahr den Meistertitel sichern. Gelegentlich habe
ich in der Saison dort noch als Abwehr- oder Mittelfeldspieler

ausgeholfen, obwohl mein Augenmerk momentan mehr der Leichtathletik gehört. Da ein Vereinsmitglied des SUS den Vogel abgeschossen hat, sind meine Mannschaftskameraden auch auf dem Thron. Die Mitspieler bieten mir an, mit auf den Thron zu gehen, da ich auch als Aushilfsspieler ein vollwertiges Mannschaftsmitglied bin. Hier auf dem Thron sind die Tische reichlich mit Wein und Bowle gefüllt. Einmal hier angekommen, haue ich mir richtig einen weg. Erst Wein, dann die Bowle und dann wieder Wein. Gemeinsam mit meinen Mitspielern saufe ich die ganze Nacht durch.

Als es morgens anfängt, hell zu werden, entschließe ich mich, nach Hause zu fahren. Da ich heute nicht mit dem Auto der Eltern unterwegs bin, kann ich es auch nicht zu Bruch fahren. Ich bin extra mit dem Mofa gekommen, denn mit diesem Fahrzeug sind Trunkenheitsfahrten nicht so gefährlich. Außerdem ist die Polizei bei Motorfahrrädern nicht so streng wie bei Automobilen.

Doch von wegen. Gerade sitze ich wenige Hundert Meter auf meinem Mofa, da werde ich von zwei Polizisten aus dem Verkehr gewunken. Pech gehabt, denke ich, denn schließlich ist das Führen von Mofas unter Alkohol ebenfalls verboten. »Haben Sie Alkohol getrunken?«, fragt mich einer der beiden Polizeibeamten, nachdem er meinen Fahrzeugschein kontrolliert hat. Die Frage ist durchaus nicht an den Haaren herbeigezogen, denn ich komme direkt vom Schützenfestzelt und es ist vier Uhr morgens. »Nicht viel«, ist meine spärliche Antwort. Mir ist klar, was jetzt kommt. Die Beamten reichen mir ein Röhrchen, und der eine Polizist sagt zu mir: »Blasen Sie kräftig in dieses Alkoholtestgerät, so lange, bis der Piepton verschwunden ist.« Da ich nicht mehr ganz fit bin, gelingt mir das beim ersten Mal nicht. Erst beim zweiten Versuch kann ich mich konzentrieren, und das Gerät kann anhand meines Atems den Promillegehalt ermitteln. »1,6 Promille, das ist viel zu viel, auch für das Führen eines Mofas. Sie sind absolut fahruntauglich«, fährt mich der Polizeibeamte vorwurfsvoll an. Mofa abstellen, einsteigen, dann ab zur Blutprobe, das sind jetzt meine Gedanken. Selbst im benebelten Zustand ist mir durchaus klar, was jetzt folgt.

»Wo wohnen Sie?«, fragt mich der Beamte, der mich vorher kritisiert hatte. So ein Mist denke ich, jetzt fahren die auch noch mit mir zu meinen Eltern, das gibt wieder Theater. »Ganz in der Nähe, dahinten in der Bauernschaft Wehr!«, antworte ich freundlich. »Also, Sie dürfen auf keinen Fall weiterfahren. Deshalb nehmen Sie mal Ihr Mofa und schieben es ganz artig nach Hause. Wir wollen heute mal nicht so sein«, schlägt mir der andere, etwas ältere Polizist vor. Total erstaunt über so viel Glück und Nachsicht stockt mir fast der Atem. »Ja, natürlich Herr Wachtmeister, das mache ich genauso, wie Sie mir das sagen, das verspreche ich Ihnen. Ich werde keinen Meter mehr fahren. Dankeschön und auf Wiedersehen«, rufe ich ihnen beim Weggehen noch zu. Schnell weg, bevor die Jungs sich das noch anders überlegen, sind meine einzigen richtigen Gedanken.

Tatsächlich schiebe ich mein Mofa auch durch die Nacht. Aber nur bis zur nächsten Kurve, wo sie mich nicht mehr sehen können. Dann schmeiße ich mein Fahrzeug an und fahre weiter, denn schließlich sind es noch über zwei Kilometer bis zu meinem Elternhaus. Betrunken, gut gelaunt und heilfroh, dass die Sache so glimpflich ausgegangen ist, steuere ich mein Mofa durch die Bauernschaft. Als ich den Brückenübergang der Dinkel gerade überquert habe, verliere ich plötzlich die Gewalt über mein Fahrzeug. Warum das passiert – der besoffene Zustand, möglicherweise ein Schlagloch oder auch die hohe Geschwindigkeit meines frisierten Mofas –, kriege ich nicht mit. Auf jeden Fall verliere ich die Kontrolle über mein Fahrzeug. Es kommt zu einem Sturz, und ich fliege im Salto vorwärts über die Lenkstange auf die harte Straße.

Ich bleibe vorübergehend liegen, und es dauert einige Zeit, bis ich realisiert habe, was mit mir gerade geschehen ist. Langsam erhebe ich mich und freue mich, dass ich, von ein paar Hautabschürfungen abgesehen, unverletzt bin. Das Mofa hat auch nur ein paar Kratzer abbekommen, und so kann ich vorsichtig nach Hause fahren. Erst als ich im Bett liege, merke ich, dass ich ziemliche Schmerzen im linken Schulterbereich habe. Da ich immer noch total betrunken bin, nehme ich das nicht so ernst und kann die Schmerzen auch gut ertragen.

Doch als ich einige Stunden später morgens wach werde, realisiere ich, was nun Sache ist. Ich habe heftige Schmerzen und kann den linken Arm kaum bewegen. Dass da irgendetwas gebrochen ist, ist mir nun völlig klar. Wieder kann ich meinen Eltern beim Frühstück etwas beichten. Nach der üblichen Standpauke fährt mich meine Mutter zur Unfallchirurgie nach Ahaus. Die Ärzte stellen bei mir einen Schlüsselbeinbruch fest. Ich bekomme einen üppigen Verband und werde krankgeschrieben. Ja gut, dann brauche ich einige Tage nicht zu arbeiten, sehe ich das erst einmal positiv.

Doch dann fällt mir ein, dass in sechs Wochen bereits die Deutschen Jugendmeisterschaften stattfinden. Da jeder Schritt beim Gehen schmerzt, ist an Laufen in den nächsten Tagen absolut nicht zu denken. Die Deutsche Leichtathletikmeisterschaft kann ich vergessen. Abends rufe ich Trainer Wilfried Sauk an. Als ich ihn meinen Vorfall schildere, ist der ziemlich sauer. Verständlich, denn so leichtfertig eine sportliche Chance zu verspielen, ist schon verdammt fahrlässig.

Lehrjahre sind keine Herrenjahre!

Der Sommer plätschert so vor sich hin. Zwar kann ich einige Zeit nicht trainieren, aber nach zwei Wochen steige ich schon wieder voll in die Arbeit ein. Denn die Monate Juni und Juli sind arbeitstechnisch die Stoßzeiten in der Landwirtschaft. Heu einfahren, Getreideernte, dann direkt danach die Stoppelrüben einsäen, es ist einiges zu tun.

Da wir maschinell einigermaßen gut ausgestattet sind, können mein Vater und ich die Ernte alleine einbringen. Mein

Vater fährt das Heu und Stroh ein. Hinter dem Traktor ist eine Ballenschleuder angeschlossen, die die gepressten Heu- und auch Strohballen direkt auf den Ballenwagen schleudert. Wenn mein Vater einen Wagen gefüllt hat, hole ich diesen ab und fahre dann zum Hof. Den Ballenwagen stelle ich direkt vor ein Förderband. Dann werfe ich die Ballen einzeln auf das elektrische betriebene Band, das diese dann direkt oben auf den Balken transportiert. Wir erledigen zu zweit heute an einem Tag, was früher sechs Erntehelfer höchstens in drei Tagen erledigen konnten. Trotz des Verbandes, trotz der lädierten Schulter schaffe ich es, den ganzen Tag die Ballenwagen abzuladen. Als quasi einarmiger Entlader bearbeite ich einen Ballenwagen nach dem anderen. Meine schlanke sportliche Figur ermöglicht es mir, dass ich mich geschickt zwischen den Heu- oder Strohballen gut bewegen kann. Wenn mein Vater einen Wagen gefüllt hat, stehe ich bereits mit einem leeren Ballenwagen parat. Solche Arbeitstage in der Erntezeit gehen oft zwölf bis 13 Stunden, aber das stört mich nicht, denn das gehört halt zum Bauernjob. Außerdem bewege ich mich sehr gerne in der prallen Sonne. Als dunkler schwarzhaariger Typ werde ich schnell braun und muss keinen Sonnenbrand fürchten.

Wie jedes Jahr verbringt auch mein Cousin Martin diesen Sommer seine Schulferien bei uns auf dem Bauernhof. Martin, gerade zehn Jahre alt, hat schon die Statur eines heranwachsenden Jugendlichen. Für den Aufbau seiner kräftigen korpulenten Statur stellt Martin einiges an. Er ist ein liebenswerter, aber auch gerissener Bursche. Wenn Stefan morgens frühstückt, bevor er zu seinem Ausbildungsbetrieb fährt, setzt Martin sich mit an den gedeckten Tisch. Danach, wenn Uli vor Schulbesuch die erste Tagesmahlzeit einnimmt, ist der liebe Martin auch mit dabei. Schließlich, wenn sich der Rest der Familie nach der Versorgung der Viecher zum gemeinsamen Morgenfrühstück trifft, dann schlägt Martin unbarmherzig zum dritten Mal zu. Aber auch mit Motoren kennt Martin sich bereits in jungen Jahren sehr gut aus. Mit alten Schrottautos, die keinen TÜV mehr haben, oder auch Mofas und später mit Stefans ausrangierten Motocross-Maschinen fährt er als Kind und Jugendlicher jahrelang über die Äcker und Weiden des Hofes Wenning.

Für lustige gewagte Eskapaden, gute Laune und ausgiebigen Appetit ist Martin später als Erwachsener in der ganzen Verwandtschaft bekannt. An diesem Image kann er gekonnt jahrzehntelang feilen. Den Spitznamen »Mammut« wird er sich bei zwei Meter Körpergröße und 160 Kilogramm Körpergewicht redlich verdienen und auch als Stimmungskanone viele Partys rocken.

Da meine Schulterverletzung schnell komplett ausgeheilt ist, kann ich Anfang August mein zweites Ausbildungsjahr beginnen. Dieses zweite und letzte Lehrjahr verbringe ich auf einem Fremdbetrieb. Vor zwei Monaten hatte ich mich auf dem Betrieb Schulze-Bockholt in Seppenrade beworben. Das Gespräch mit dem Landwirtschaftsmeister Franz-Josef Schulze-Bockholt entwickelte sich sehr positiv, sodass einige Tage später ein Lehrvertrag unterzeichnet wurde.

Am 1. August, einem Sonntag, bringen mich meine Eltern nach Seppenrade. Dort werden wir von der Familie Schulze-Bockholt zu Kaffee und Kuchen eingeladen. Zur Familie meines Lehrherrn gehören noch seine Frau Annette, das zweijährige Kleinkind Christian und Enne, eine Tante des Bauern, die geistig behindert ist. Die Kaffeetafel entwickelt sich zu einer freundlichen Runde. Als meine Eltern dann fahren, bin ich doch ein wenig nervös. Die Bundeswehr konnte ich mir ersparen, aber jetzt bin ich für ein Jahr auf einem fremden Bauernhof kaserniert.

Als ich Montagmorgen aufwache, steigt mir erst einmal der Geruch der Mastschweine in die Nase. Es ist Hochsommer, und ich habe bei offenem Fenster geschlafen. Als Landkind hat mir der Landgeruch nie etwas ausgemacht. Der Geruch nach Kühen, Schweinen, Silo oder auch Gülle stört mich nie. Auch wenn ich heute als Läufer oder Radfahrer in den Bauernschaften unterwegs bin, empfinde ich diesen ländlichen Geruch immer noch als sehr angenehm. Dieser Geruch meiner Kindheit und meiner Jugend weckt dann immer Erinnerungen in mir, und die empfinde ich meistens als positiv.

Da der Hof Schulze-Bockholt nur die Bereiche Schweine- und Bullenmast abdeckt, riecht es auf diesem Mastbetrieb natürlich anders als auf dem Milchvieh- und Sauenbetrieb meines Vaters. Doch nicht nur meine Nase muss sich umstellen, sondern auch mein Arbeitsverhalten ändert sich. Während man bei Wenning mit dem Melken der Kühe und dem Füttern des Viehs morgens und abends jeweils zwei Stunden mit zwei Leuten beschäftigt ist, schafft hier eine Person die Verpflegung der Viecher in knapp einer Stunde. Das liegt hauptsächlich daran, dass die 500 Mastschweine durch eine automatische Flüssigfütterung in weniger als zehn Minuten per Knopfdruck versorgt werden. Nur die 50 Bullen werden herkömmlich per Hand gefüttert. Na ja, der tariflich festgesetzte Monatslohn von 170 DM ist nicht gerade hoch. Aber immerhin sind freies Wohnen sowie Kost und Logis mit drin im Gesamtpaket.

Franz-Josef, der Bauer, und seine Frau Annette sind sehr freundlich zu mir, und ich fühle mich nach einigen Tagen ganz wohl auf dem Hof. An Tante Enne muss ich mich erst einmal gewöhnen, denn sie ist sehr launenhaft. Mal redet sie ganz freundlich mit mir, mal hat sie wiederum eine Phase, in der sie laut mit sich selbst um die Wette schreit. In diesen Phasen zieht sie sich auf die Tenne zurück und lässt auch niemanden an sich heran. Möglicherweise sind diese depressiven Phasen auf ihre Behinderung zurückzuführen. Es kann aber auch an Zahnschmerzen liegen, die sie regelmäßig bekommt. Da Enne seit Jahrzehnten nicht mehr beim Zahnarzt war, entwickelt sich ihr Zahnleiden zu einer unendlichen Geschichte. Aber ihrer panischen Angst vor dem Zahnarzt ist trotz guten Zuredens, auch von mir, nicht Herr zu werden. Franz-Josef erzählt mir einmal, dass Enne in ihrer Jugend bei einem Zahnarztbesuch den Zahnarzt in den Finger gebissen hat. Dass dieser darüber nicht gerade erfreut war, kann man sich wohl ausmalen.

Zwei freie Mitarbeiter sind auch gelegentlich in meinem Lehrbetrieb tätig. Da ist Klaus, ein 15 Jahre alter Schüler aus dem Dorf. Klaus redet sehr viel und ist auch ein wenig übergewichtig, ansonsten ein sehr netter sympathischer Junge. Einige Male in der Woche kommt Klaus auf den Hof für leichte Aushilfsarbeiten oder einfach zum Quatschen.

Dieter, ein technisch begabter Schlosser, kommt hauptsächlich zu Erntearbeiten auf den Hof. Seine Leidenschaft ist das Fahren großer Maschinen. Ob Traktorfahren oder Mähdreschersteuern – das ist Dieters Welt. Also ich finde es sehr gut, dass Dieter mir dann diese gewissen Arbeiten abnimmt, denn ich bin nicht unbedingt der Maschinenexperte. Bereits am dritten Arbeitstag bekomme ich einen Rüffel vom Chef. Als ich den McCormick IHC-Schlepper fahre, mache ich beim Kuppeln einen Fehler. Als der Chef das fehlerhafte Geräusch hört, macht er mich darauf aufmerksam, dass mein fehlerhaftes Schalten sich sehr negativ auf das Getriebe auswirkt. Die Folge ist: Den 145 PS starken Traktor mit vollklimatisierter Kabine werde ich in meiner Lehrzeit nicht mehr fahren. Andererseits fahre ich den 42 PS starken kleinen McCormick eh viel lieber. Zu Hause auf dem Hof haben wir zwei ungefähr gleichwertige Schlepper der gleichen Marke, mit denen ich gut klarkomme.

Ende des Sommers treffe ich Dieter zufällig beim Lichterfest in Seppenrade. Diese große Party findet jährlich Ende August im Rosengarten des Dorfes statt. Dieter kann gut feiern und trinkt an diesem Abend reichlich Bier. Ich habe mir vorgenommen, hier in meiner Lehre keinen Alkohol zu trinken, und bleibe heute Abend bei Wasser und Cola. Zufällig lernt Dieter bei diesem Lichterfest seine spätere Freundin Martina kennen, ein sehr nettes Mädchen. Die beiden werden jahrelang zusammenbleiben und wollten sogar heiraten. Als dann eines Tages der Hochzeitstermin steht und das Aufgebot bestellt ist, gesteht Dieter ihr wenige Wochen vor der Hochzeit, dass er eine andere hat und sich von ihr trennen möchte.

Versackt im Moonraker

Die gelegentlich schizophrene Enne, der redselige Klaus und der feierfreudige Dieter – auf dem Hof ist relativ viel los. Trotzdem fahre ich jedes zweite Wochenende nach Hause. Im Gegensatz zur Gastronomie ist dies bei Landwirtslehrlingen so üblich. Meistens fahre ich mit dem Mofa die 35 Kilometer nach Hause. Gelegentlich fahre ich mit der Eisenbahn nach Legden, um dann auch mal Montagmorgen mit einem Nachbarn zurückzufahren. Dieser Nachbar ist Norbert Grothe, der zurzeit bei der Bundeswehr in Dülmen seine 18 Monate Wehrpflicht abreißt. Norbert und ich kennen uns schon seit Kindertagen. Die Familie Grothe ist unser nächstgelegener Nachbar, und da hatte ich immer schon viel Kontakt zu Norbert und seinen Geschwistern. Wenn ich am Montagmorgen nach Grothe gehe, kommt es gelegentlich vor, dass Norbert noch schläft. Er geht gerne am Wochenende raus zum Feiern und trinkt dabei nicht gerade wenig Alkohol. Deshalb ist er dann auch froh, wenn ich ihn wecke und er nicht zu spät zu seinem Dienst erscheint.

Einmal, an einem Wochenende, an dem wir beide nicht nach Hause fahren, überredet mich Norbert zu einem Ausflug in die Lüdinghauser Diskothek Moonraker. Seit meinem unrühmlichen Diskothekenabsturz in Coesfeld habe ich einen Bogen um solche Orte gemacht. Im Prinzip finde ich Diskotheken total langweilig. Eine Handvoll Leute tanzt, und die anderen stehen dumm herum und glotzen blöd. So war es auf jeden Fall in den drei Coesfelder Clubs. Da kann man doch nichts anderes machen als saufen? Zum Reden ist es in der Disco sowieso zu laut. Auf jeden Fall komme ich mit Norbert in den Moonraker. Norbert, der Partylöwe, hat einen schönen Abend und das ohne Alkohol. Mir selbst fehlt beim Feiern ohne Alkohol etwas. Ich habe wenig Selbstbewusstsein und tue mich schwer, andere Menschen, vor allem Mädchen, anzusprechen.

Dass die Menschen, die immer gut drauf sind, die auf jeder Party dabei sind und dann auf diesen Feierlichkeiten immer auch die Stimmungskanonen sind, vielleicht doch nicht so glücklich sind, zeigt die Lebensgeschichte von Norbert. Elf Jahre später nimmt sich Norbert ganz überraschend das Leben. Eheprobleme geben wohl den Ausschlag. Wirklich niemand hat damit gerechnet, und die Trauer auf seiner Beerdigung ist sehr groß, denn Norbert war ein toller, feiner Mensch, der einem jeden Gefallen getan hätte, und wirklich jeder mochte ihn ...

Auch Dieter geht gerne in den Moonraker, vornehmlich mittwochs, denn da sind die Frauen in der Überzahl: Die Mädchen haben am Mittwoch freien Eintritt. Als er nachmittags bei Schulze-Bockholt auf dem Hof erscheint, fragt er mich, ob ich abends auch dorthin komme. Da ich momentan irgendwie schlecht drauf bin, hoffe ich, dort abschalten zu können. Da mein Mofa in Legden Probleme machte, lieh mein Bruder Stefan mir sein 50-Kubikzentimeter-Moped, eine alte Suzuki, die ich auch ohne Motorradführerschein fahren darf. Die Karre geht ganz gut, und ich kriege sogar 60 km/h drauf. Aber das ist mir fast schon zu schnell. Da bin ich nicht so ein Draufgänger wie Stefan, der Maschinen bis 1100 Kubikzentimeter fährt und dabei locker weit über 200 km/h auf seinen Tacho bekommt.

Um meine betrübliche Laune für meinen Diskothekenbesuch aufzulockern, hole ich mir vorher eine Flasche Schnaps von der Tankstelle. Ich trinke die Flasche halb leer und begebe mich in den Moonraker. Zuerst fühle ich mich locker und gut drauf und komme mit einigen Leuten ins Gespräch. Ich traue mich sogar auf die Tanzfläche und werde freundlich von Dieter und seiner Freundin Martina begrüßt. Wir trinken noch einige Bier zusammen. Dann wird es dunkel, und ich weiß von nichts mehr ...

Als ich am anderen Morgen in meinem Bett auf dem Hof aufwache, weiß ich gar nicht, was Sache ist. Ich wundere mich, dass ich hier mit kompletter Kleidung im Bett liege. Da es Zeit ist, stehe ich auf und füttere mit großen Kopfschmerzen die Schweine und Bullen. Hoffentlich hat mein Chef nichts gemerkt, bange ich. Franz-Josef steht gelegentlich ein wenig später auf als ich, ist aber zum Frühstück immer anwesend. Beim Frühstück fragt er mich dann: »Was war denn gestern mit dir los, Hermann? Du warst ja total voll.« Irgendwie fällt mir nichts ein: »Ja, ich habe vorher eine Pizza gegessen, da wird wohl etwas drin gewesen sein, was schlecht war. Denn ich habe in der Disco nur zwei bis drei Bier getrunken!« Mein Chef guckt skeptisch, als ob er mir die Geschichte nicht ganz glauben würde. Doch ich bin sehr erleichtert, als ich merke, dass er kein Theater wegen meiner Aktion macht.

Es ist nicht das erste Mal, dass ich wegen meines Alkoholkonsums lüge, und natürlich nicht das letzte Mal. Es folgen bestimmt noch weit über 1 000 Lügen in meinem Leben. So wie es für jeden Alkoholiker gang und gäbe ist, der seine Sucht verheimlichen möchte. Der nasse Alkoholiker steht nicht zu seiner Sucht. Er will seine Abhängigkeit nicht wahrhaben und versucht, sie vor der ganzen Welt zu verheimlichen. Er erzählt Lügen, Phrasen und Legenden, die anfangs für Außenstehende vielleicht noch glaubwürdig sein mögen. Doch irgendwann bricht jedes Kartenhaus einmal zusammen.

Als nachmittags Dieter zum Hof kommt, erzählt er mir die ganze Geschichte. Dass er mich draußen vor der Disco schlafend vorgefunden habe. Zusammen mit Martina, die ein Auto hat, haben die beiden mich dann nach Hause gebracht. Da sie mich auch schnell auf mein Zimmer gebracht haben, hat Franz-Josef nicht so viel mitbekommen. Abends bedanke ich mich bei Dieter, der mich dann auch mit nach Lüdinghausen nimmt, sodass ich das Moped zum Hof fahren kann. Dieser Vorfall gibt mir zu denken, denn ich merke, dass mein Trinkverhalten wohl ein wenig überzogen ist.

Karneval im Münsterland

Wenige Wochen vor Jahresende, kurz vor Ablauf der Wechselfrist, schließe ich mich der LG Coesfeld an. Von meinem Stammverein, dem VFL Ahaus, werden mir keine Steine in den Weg gelegt. Zwar bin ich immer sehr zufrieden im Verein gewesen, doch gibt es hier keine Mittel- und Langstreckenläufer. In Coesfeld hingegen habe ich gute gleichwertige und starke Vereinskollegen, die natürlich auch Konkurrenten sind. Und Konkurrenz belebt zweifelsfrei das Geschäft. Gut ein Dutzend Läufer sind so wie ich in der Lage, die 10 000 Meter unter 35 Minuten zu laufen, wobei ich mit meinen 34:40 eher zu der schwächeren Gruppe zähle. Bis zur Beendigung meiner Lehre werde ich wohl nicht dazu kommen, in Coesfeld mitzutrainieren. Aber danach möchte ich mich doch gerne in diesem Coesfelder Haifischbecken tummeln und auch durchsetzen.

Weihnachten und Silvester verbringe ich zu Hause. Ich nutze diese Tage zu Kirchgängen und lockerem Training. Auf Feiern und Trinkgelage verzichte ich bewusst. Auch über die Karnevalstage habe ich frei. Ich habe mir fest vorgenommen, an diesen Karnevalstagen ebenfalls auf Alkohol zu verzichten.

Doch am Samstag vor Rosenmontag fahre ich mit der Landjugend zum Pyjamaball nach Waltrop. Da man im Bus Bier kaufen kann, kommen einige schon angeheitert in Waltrop an. Hier ist ein großes Zelt aufgebaut, und fast alle laufen hier im Pyjama oder Schlafanzug herum. Ich habe mich nicht so richtig getraut und trage einen alten, gelben schlabberigen Trainingsanzug. Durch die vielen Pyjamamenschen herrscht eine lockere Atmosphäre im Zelt. Fast alle Partygänger konsumieren Alkohol, und ich werde ständig gefragt, ob ich einen mittrinken möchte. Schließlich habe ich nicht mehr die Kraft, »Nein« zu sagen. Jetzt ist der Bann gebrochen, und ich feiere kräftig mit. Mit Alkohol im Blut ist man dabei, und das Zusammengehörigkeitsgefühl steigt. Wildfremde Menschen fallen sich freudetrunken in die Arme. Betrunken fahren wir in den frühen Morgenstunden zurück nach Legden.

Am nächsten Tag fahren wir mit unserer kompletten Familie zum Karnevalsumzug nach Havixbeck. Dabei trifft sich fast die ganze Verwandtschaft nach dem Umzug im Haus der Familie Ulmker. Onkel Werner und Tante Ulla wohnen hier mit ihren beiden Kindern Petra und Martin – alias »Mammut« –, und sie sind immer sehr gastfreundlich, wenn wir dort erscheinen. An diesem Tag gelingt es mir, nüchtern zu bleiben. Das liegt auch ein wenig an meinen Eltern, die schon in gewisser Weise auf mich achten. Ihnen ist nicht entgangen, dass ich auf Feierlichkeiten schon oft versackt bin.

Rosenmontag bin ich mit meinen vier Freunden Josef, Gerd und den Brüdern Alfons und Ewald auf dem Karnevalsumzug in Stadtlohn unterwegs. Die vier Jungen wohnen auf Bauernhöfen in der Nachbarschaft. Gerd und Ewald sind ebenfalls in der Ausbildung zum Landwirt. Josef hat die Berufsausbildung bereits beendet, und Alfons ist zurzeit bei der Bundeswehr stationiert. Da Ewald einen Hof in der Verwandtschaft erbt, sind wir somit alle Hofnachfolger. Aber auch dass wir alle noch Singles sind, verbindet uns. Wir treffen uns regelmäßig zum Doppelkopf, dem typisch westfälischen Kartenspiel, oder auch zum Feiern.

Unsere heutige Rosenmontagsfeier hält sich im Rahmen, da unser Quintett eher zum ruhigen Schlag gehört und wir auch insgesamt eher bescheiden dem Alkohol zugesprochen haben. Als wir gegen 20 Uhr nach Hause wollen, rufen wir die Mutter von Josef an, die uns abholen wird. Aus irgendeinem Grund kommt es zu kleinen Unstimmigkeiten. Jedenfalls beschließt Alfons, den Weg nach Hause zu gehen. Wir haben keine Möglichkeit, ihn aufzuhalten. Alfons ist eisern, manchmal auch ein wenig stur. Aber was er sich dann vornimmt, das setzt er auch rigoros durch. Die 22 Kilometer bis zum elterlichen Bauernhof geht Alfons bei Nacht und Nebel locker nach Hause.

Als ich am nächsten Tag wieder in Seppenrade bin, gibt mir der Chef überraschend frei, denn ganz in der Nähe, in Olfen, ist heute ebenfalls ein Umzug. Obwohl ich dort niemanden kenne, düse ich mit meinem Mofa hin. Es ist die Zeit der Neuen Deutschen Welle. Peter Schilling hat gerade seinen Riesenhit. Sein »Völlig losgelöst« hört man von jedem Karnevalswagen, aus jeder Kneipe und jedem Kassettenrekorder, den Jugendliche mit sich führen. Doch irgendwie verstehe ich die gute Laune der Leute bei diesem Lied nicht. Denn Peter Schilling erzählt in seinem Lied von Major Tom, einem Astronauten, der sich das Leben nimmt. Mich macht dieses einzigartige Meisterwerk eher melancholisch, obwohl ich selbst zurzeit nie an Selbstmord denke. Als 13- oder 14-Jähriger habe ich manchmal daran gedacht, dass es tot doch nicht schlechter sein kann, als wenn man lebt. Aber da ich, wie schon erwähnt, mich zu sehr auf das nächste Fußballländerspiel gefreut habe, das ich keinesfalls verpassen wollte, habe ich diese Gedanken immer schnell verworfen. Es sollte nicht das letzte Mal in meinem Leben sein, wo der Sport mein Leben retten wird ...

Völlig losgelöst mit einigen Bier zu viel, fahre ich spät abends zurück zu meinem Lehrbetrieb. Am Aschermittwoch fällt mir nach vier Tagen Karneval die Arbeit recht schwer. Doch ich habe mir für die Fastenzeit einiges vorgenommen. Zwar hatte ich in den Monaten hier in meiner Lehre regelmäßig trainiert, doch nicht unbedingt leistungsorientiert. Deshalb kaufe ich mir einen Walkman und nehme mit dem Kassettenrekorder gute Musik aus dem Radioprogramm auf. Immerhin ist die Aufnahmequalität schon besser als in meiner Kindheit, da habe ich den Kassettenrekorder einfach vor den Fernseher gelegt und dann Popmusik von Smokie, Sweet, den Bay City Rollers oder Boney M. aufgenommen.

Doch Anfang der 80er-Jahre ist die Neue Deutsche Welle in. Mit Peter Schilling, Joachims Witts »Goldener Reiter«, BAP, Spider Murphy Gang, Hubert Kah, Ideal, aber auch Rheingolds »Dreiklangdimensionen« hole ich mir die Stars dieser Zeit auf mein Kassettenband. Wenn ich dann abends Feierabend habe, setze ich mir den Walkman auf und renne los. Mit der

flotten Musik im Ohr laufe ich durch die Bauernschaften von
Seppenrade und Lüdinghausen. Aber um nicht zu müde für die
Arbeit zu sein, laufe ich nie mehr als zehn Kilometer. Außer
an Wochenenden in Legden, da haue ich auch schon mal 15
oder gar 20 Kilometer raus, wobei ich immer schneller als im
4-Minuten-Tempo unterwegs bin. Teilweise laufe ich dort die
15 Kilometer in 56 bis 57 Minuten.

Der Rauswurf

Während ich mich sportlich zu dieser Zeit ganz gut bewege,
ohne momentan an Rennen teilzunehmen, komme ich beruflich
nicht voran. In der Berufsschule in Lüdinghausen läuft es zwar
einigermaßen, aber auf dem Hof komme ich immer schlechter
klar. Das liegt nicht an Chef oder Chefin oder daran, dass ich
vielleicht Heimweh habe. Nein, ich habe eine Schwäche, die
ich mein ganzes Leben nicht werde überwinden können. Es
gibt Menschen, die haben eine Lese-Rechtschreib-Schwäche.
Mein gravierendes Defizit ist die Technik-Schwäche. Ich bin
nicht in der Lage, einfache technische Dinge zu verstehen.
Aber was noch schlimmer ist, dass ich, wenn ich einfache
technische Dinge mal verstanden habe, diese bei der nächsten
Gelegenheit wieder vergessen habe. Linksgewinde, Rechtsge-
winde, Kontermutter oder auch Drehmomentschlüssel, das
sind Fachbegriffe, die kann ich schnell begreifen, wenn man
sie mir gut erklärt. Aber einige Stunden später ist mir dieses
Wissen wie durch ein Sieb entfallen.

Im Gegensatz dazu kann ich mich 30 oder 40 Jahre später
noch an die vollständigen Namen aller Mitschüler aus der
Grundschule oder der Hauptschule erinnern. Auch kann ich
zum Beispiel die Mannschaftsaufstellung des Erstrundenspieles
der Fußballweltmeisterschaft 1974 Deutschland – Chile nennen, das Paul Breitner in der 16. Minute mit einem Weitschuss
aus 25 Metern in den Winkel entschied. Ebenso könnte ich

alle Tour de France-Sieger ab den 80er-Jahren nennen, wobei meine Wissensliste ab 2006 jäh gestoppt wird. Denn nach der Aufdeckung des Fuentes-Skandals, bei dem über 80 Blutbeutel von dopingwilligen Topfahrern gefunden werden, interessiert mich diese eigentlich fantastische Sportart nicht mehr wirklich.

Möglicherweise ist dies auch der Grund: Dinge, die mich nicht interessieren, kann ich mir einfach nicht merken. So läuft mein mangelndes Interesse an der Technik praktisch in Unwissen über technische Details über. Wie schon beschrieben, darf ich den großen Schlepper auf dem Lehrbetrieb nicht fahren, andererseits bin ich auch nicht in der Lage, einfache handwerkliche Dinge auszuführen. Das Wechseln eines Schaufelstiels oder das Bohren eines Loches in der Wand überfordern mich schlichtweg.

Diese Defizite haben einen negativen Einfluss auf meine Psyche. Dieses Nichtkönnen macht mich sehr unsicher, und mein Selbstbewusstsein ist bei null. Auch habe ich große Angst vor Arbeiten mit dem Traktor oder anderen Maschinen. Mein Lehrherr merkt das natürlich und gibt sich große Mühe mit mir. Er ist auf jeden Fall sehr fürsorglich, denn seine Kritik ist immer sehr sachlich, und er wird auch niemals laut. Doch jedes Nichtkönnen, jedes Falschmachen verstehe ich als persönliche Niederlage, was mich sehr herunterzieht. Ich habe keinerlei Selbstbewusstsein, darüber zu stehen, und fühle mich praktisch wie ein Landwirt zweiter Klasse, der nicht fähig ist, einfache technische Arbeiten durchzuführen.

Da ich wenig Frustrationstoleranz besitze, versuche ich meinen Frust mit Alkohol zu betäuben. Abends fahre ich zum Dorf und hole mir an der Tankstelle einige Flaschen Bier. Nachdem ich diese getrunken habe, kann ich meine Probleme vergessen. Dann lege ich mich aufs Bett und höre Musik. Da ich abends in der Regel immer alleine auf meinem Zimmer bin, fällt das nicht groß auf.

Doch manchmal geht es mir tagsüber schon so miserabel, dass ich zur Flasche greifen muss. Am Anfang meiner Lehrzeit hatte mir Franz-Josef gesagt, dass ich mich an der Getränkekiste bedienen darf. Natürlich hatte der Bauer die alkoholfreien Getränke gemeint. Dieses Angebot weite ich einfach aus und trinke schon tagsüber aus den Bierkisten, die in der Garage stehen. Mit Kaugummi und Bonbons versuche ich zu vermeiden, dass jemand meine Bierfahne riecht. Schließlich treffen wir uns dreimal täglich zu gemeinsamen Mahlzeiten in der Küche. Bei diesen Mahlzeiten sind auch oft Dieter und Klaus oder die Eltern von Annette anwesend. Aber ich habe Glück, niemand spricht mich auf meinen Alkoholgeruch an.

Damit das mit dem Bier nicht so auffällt, wenn Flaschen fehlen, klaue ich mir abends gelegentlich auch schon mal eine Flasche Wein aus dem Keller. Einmal werde ich plötzlich nachts wach und merke, ich habe mich total eingenässt. Ich hatte mich abends so betrunken, dass ich im Schlaf das Wasser nicht mehr halten konnte. Panisch hole ich einen Fön aus dem Badezimmer, um damit Bettdecke und Matratze zu trocknen. Zwar klappt dies ein wenig, aber die Urinflecken bekomme ich natürlich nicht weg. Was ist mit mir nur passiert? Als unruhiges Kind war ich auch lange Bettnässer, und nun bin ich dahin zurückgefallen? Dieser Frust und das schlechte Gewissen lassen mich abends wieder zur Flasche greifen. Als ich spätabends nach dem Leeren einer Flasche Wein aus dem Keller komme, empfängt mich oben an der Tür Franz-Josef. Wortlos gehe ich an ihm vorbei und bin sehr überrascht, dass er mich nicht anspricht oder mir hinterhergeht.

Als ich dann morgens wach werde, wünsche ich mir, dass ich die Begegnung letzte Nacht nur geträumt habe. Doch das Ganze ist bittere Realität. Dann beim Bullenfüttern spricht mein Chef mich endlich an. »Du, Hermann, wir haben festgestellt, dass einige Weinflaschen im Keller plötzlich leer oder einfach verschwunden sind. Außerdem haben wir in deinem Zimmer gesehen, dass du dein Bett eingenässt hast. Ich denke, das hängt mit deinem Alkoholgenuss zusammen. Da auch die Bierkisten seltsamerweise in letzter Zeit immer schneller leer waren,

vermuten wir, dass du schon länger hier heimlich trinkst!«
Als ich die Anschuldigungen höre, kann ich mich kaum auf
den Beinen halten und bin so geschockt, dass sich das ganz
extrem auf meinen Kreislauf auswirkt. Ich versuche mich am
Futtertrog festzuhalten, aber es fällt mir sehr schwer, nicht
umzufallen. Ich stehe völlig unter Schock …

»Möchtest du dazu etwas sagen, Hermann?« Mir ist
immer noch so schwindelig, dass ich kaum stehen und auch
sprechen kann. Es ist die nackte Angst. Nach einiger Bedenkzeit
versuche ich, mich zaghaft zu entschuldigen: »Ja, ich gebe zu,
dass ich euer Bier und auch Wein heimlich getrunken habe.
Entschuldigung … Ich habe wohl Probleme mit Alkohol.«
Mir ist klar, dass meine Worte wenig Sinn haben. Heimlicher
Alkoholmissbrauch, Diebstahl und im besonderen Maße der
Verlust des Vertrauensverhältnisses, das alles kann nur zur
Kündigung führen.

Beim Frühstück sagen mir dann die Schulze-Bockholts,
dass sie das Arbeitsverhältnis mit mir beenden wollen und
schon bei mir zu Hause angerufen haben. »Oh je«, denke ich
nur, »wie peinlich für mich und meine Eltern.« Als meine Mutter mich dann abholt, ist ihr die Scham im Gesicht förmlich
anzusehen. Mama zahlt der Familie Schulze-Bockholt einen
Geldbetrag für die versauten Matratzen. Dann verabschieden
sich Franz-Josef und Annette freundlich per Handschlag von
mir. Die Atmosphäre danach im Auto zwischen mir und meiner Mutter ist eiskalt. Wir reden kaum. Meine Scham und das
schlechte Gewissen gegenüber meiner Mutter sind so stark,
dass ich vor Frust am liebsten platzen würde. Die Schuldgefühle in mir sind so ausgeprägt, dass ich mich zu Tode saufen
könnte …

Voll zur Gehilfenprüfung

Nun ist uns allen, meinen Eltern und den Geschwistern, klar, dass ich ein akutes Alkoholproblem habe, dass ich Alkoholiker bin. Papa und Mama reden auf mich ein, nie wieder Alkohol zu trinken. Sie versuchen, mich zu überzeugen, dass ich doch Sportler bin. Da passt das Trinken doch sowieso nicht. Tatsächlich fange ich in den nächsten Tagen wieder mit dem Training an. Da es nur noch wenige Wochen bis zur landwirtschaftlichen Gehilfenprüfung sind, mache ich die Ausbildung auf dem elterlichen Hof weiter. Auch gehe ich weiter zur Berufsschule nach Lüdinghausen, wo dann auch die schriftliche Prüfung stattfindet. Ich denke, ich habe die Prüfung einigermaßen bestanden, aber das Schwerste, die praktische Prüfung, steht mir noch bevor. Und hierbei zittere ich besonders vor dem Fach Landtechnik.

In den Wochen zwischen der Entlassung und der praktischen Prüfung trinke ich keinen Tropfen Alkohol. Meine Eltern vertrauen mir das Auto an, damit ich zu dieser Prüfung nach Ascheberg fahren kann. Doch schon unterwegs verliere ich die Nerven. Auf dem Parkplatz von »Allkauf«, auf dem ich mit Helmut vor über einem Jahr den Wagen platt gefahren hatte, hole ich mir eine Flasche Korn. Mit diesem »Beruhigungsmittel« möchte ich meine Prüfungsangst lindern. Mit einer halben Flasche Korn im Blut erscheine ich auf dem abgelegenen Bauernhof. Dort bekomme ich einen Zettel, wo meine Prüfungsstationen einzeln aufgelistet sind: Pflanzenproduktion, Tierproduktion, Unfallschutz und die verhasste Landtechnik.

Da ich total besoffen bin, bin ich während der einzelnen Prüfungsetappen nicht nervös. Auch kann ich gut reden, obwohl ich bei den gezielten Fragen oft vom Thema abkomme. Die Prüfer sagen mir nach Beendigung einer Station nicht, ob ich bestanden habe oder nicht. Keiner spricht mich auf meine Alkoholfahne an, die ich bei mindestens 1,5 Promille doch haben muss!? Entweder sie denken, ich hätte mir abends vorher schon Mut angesoffen oder sie schweigen, um mich dann auf jeden Fall durchfallen zu lassen. Oder haben die ganz einfach nichts gemerkt? Die letzte Version erscheint mir am unglaubwürdigsten. Jedenfalls rechne ich damit, dass ich voll durchgefallen bin.

Diesen Frust, durchgerasselt zu sein, kann ich nicht verkraften. Was bleibt mir also anderes übrig, als weiterzusaufen? Ich nehme einen guten Schluck aus der Kornflasche und fahre betrunken nach Coesfeld. Dort parke ich meinen Wagen und laufe ziellos durch die Stadt. In Discountern hole ich mir noch einige Dosen Bier und saufe weiter. Mal sitze ich auf der Bank, mal laufe ich herum, ziellos und ohne Sinn. Was ich hier will oder was ich bezwecken will, das weiß ich nicht.

Irgendwann fällt mir ein, dass es doch eigentlich besser wäre, nach Hause zu fahren. Doch im Suff habe ich vergessen, wo ich das Auto geparkt habe. Das gibt es doch nicht! Ich weiß nicht, wo ich den Peugeot geparkt habe. Straße um Straße durchforste ich die Coesfelder Innenstadt und laufe sogar hinaus bis weit in die Siedlungen. Stunde um Stunde bin ich unterwegs, ohne den Wagen wiederzufinden. Schließlich gegen Abend taucht er plötzlich auf, der Wagen meiner Eltern. Ganz in Citynähe auf einem Parkplatz in der Kapuzinerstraße steht er immer noch herum. Ich steige ein und entdecke die Flasche Schnaps, die noch zu einem Drittel gefüllt ist. Dann fahre ich ziemlich betrunken die 15 Kilometer Richtung Elternhaus. Was jetzt alles passieren kann, will ich hier nicht kommentieren …

Ohne einen Unfall zu verursachen, komme ich unversehrt zu Hause an. Meine Eltern füttern gerade das Vieh. Ich schleiche über die Tenne und versuche, unauffällig das Wohnhaus zu erreichen. Doch meine Eltern bemerken sofort, dass da etwas nicht stimmt. »Hermann Josef, du bist ja wieder total besoffen!«, fährt meine Mutter mich an. »Du kannst ja nicht mal mehr gerade laufen«, fügt mein Vater hinzu. »Mama und Papa, ich bin wohl durchgefallen, da habe ich mich geärgert und mir in Coesfeld Alkohol geholt«, versuche ich Mitleid zu erregen und erzähle nur die halbe Wahrheit. »Dass du durchgefallen bist, ist nicht so wichtig, Hermann Josef«, erklärt mir mein Vater, »aber dass du dir einen getrunken hast und dann noch Auto gefahren bist, das ist schon schlimm. Der Führerschein hätte weg sein können. Aber was noch viel schlimmer ist, einen schweren Unfall hättest du machen können!« »Unverantwortlich, was du da wieder gemacht hast, Junge, das geht überhaupt nicht, so was!«, schließt mein Vater die Standpauke ab. »Ab ins Bett, den Rausch ausschlafen«, fügt meine Mutter hinzu, »damit du morgen früh wieder arbeiten und uns helfen kannst.« Ohne Worte schleiche ich mit schlechtem Gewissen die Treppe hoch. Ich lege mich ins Bett und schlafe sofort ein.

Besoffene Tage an der Nordsee

Mit starken Kopfschmerzen werde ich irgendwann in der Nacht wach. Außerdem habe ich ein total schlechtes Gewissen. Wieder einmal habe ich meinen Eltern große Sorgen und Ärger gemacht. Deshalb habe ich starke Schuldgefühle. Schuldgefühle, wie ich sie schon seit der Kindheit verspüre. Schlechtes Gewissen und Schuldgefühle spüre ich immer, wenn ich etwas falsch gemacht habe. Immer wenn ich die Ansprüche anderer oder die, die ich mir selbst gestellt habe, nicht erfüllen kann. Diese Verfehlungen können kleiner oder großer Natur sein. Eine schlechte Note in der Schule, ein Fehlpass beim Fußball, ein Fehler beim Kuppeln des Traktors oder wie jetzt ein Alkoholexzess. Immer wenn ich etwas verkehrt mache, mache ich mir Vorwürfe. Diese Vorwürfe führen zu einem schlechten Gewissen.

Als ich jetzt wach in meinem Bett liege, kann ich meine Schuldvorwürfe nicht mehr aushalten. Ich stehe auf, gehe in die Garage und trinke drei Bierflaschen aus. Jetzt macht sich ein warmes beruhigendes Gefühl in mir bemerkbar. Dieses vom Alkohol ausgelöste Symptom entwickelt sich im Magen und

kommt schließlich im Gehirn an. Nun bin ich mit mir einigermaßen im Reinen und frei von Schuldgefühlen. Aber trotzdem
habe ich noch ein wenig Angst. Angst vor der Konfrontation
mit meinen Eltern. Schließlich werde ich mir morgen früh
einiges wegen meiner Trunkenheitsfahrt anhören müssen. Dieser Konfrontation möchte ich aus dem Wege gehen. Deshalb
flüchte ich in die Nacht.

Mit drei weiteren Bierflaschen im Rucksack laufe ich
Richtung Legden. Es ist eine angenehme lauwarme Nacht. Als
ich durch das Dorf schlendere, höre ich Mädchenstimmen.
Hinter dem Haus der Familie Roters in der Waldkrone sind
mehrere Mädchen am Zelten. Zwei davon, Sabine Roters und
Elisabeth Kotz, fand ich schon immer sehr hübsch und nett,
habe mich aber nie getraut, sie anzusprechen. Elisabeth, mit
deren Bruder Hansi ich jahrelang Fußball gespielt habe, hat
tatsächlich diesen unangenehmen Nachnamen. Jetzt, wo ich
betrunken bin, traue ich mich, die Mädels anzuquatschen.
Ich gehe einfach in den Garten und verwickle die insgesamt
drei Mädchen in ein Gespräch. Unter Alkoholeinfluss habe ich
eine lockere Stimme, und es gelingt mir, mit den Mädchen
einige Zeit zu flirten. Zum ersten Mal, dass ich den Ratschlag
des Psychiaters befolge und mich dem weiblichen Geschlecht
zuwende. Ob die Mädels das Ganze auch als Flirt ansehen, weiß
ich bis heute nicht. Wahrscheinlich sind sie jedoch froh, dass
ich besoffener Kerl nach knapp einer Stunde wieder aus dem
Garten verschwinde.

Morgens hole ich mir mehrere Dosen Bier von einer
Tankstelle. Dann stelle ich mich an die Straße und versuche
zu trampen. In den 80er-Jahren ist Trampen im Gegensatz zu
heute sehr beliebt. Ständig sieht man meist junge Leute an der
Straße, die versuchen, mit dem Auto kostenlos an ihr Ziel zu
kommen. Trotz meiner Alkoholfahne gelingt es mir schnell,
per Anhalter aus Legden wegzukommen. Ich habe Glück, und
nur mit drei angehaltenen Fahrzeugen komme ich weit nach
Niedersachsen hinein. Der dritte Fahrer, ein Farbiger mittleren

Alters mit rotem Sportwagen, der Sonnenbrille, der goldenen Halskette und den vielen Ringen an den Fingern, sieht wie ein Zuhälter aus. Doch es entwickelt sich ein freundliches Gespräch, und er nimmt mich bestimmt 150 Kilometer mit, bis er mich dann in Emden absetzt.

Später in Norden entwickelt sich ebenfalls ein unterhaltsames Gespräch, wobei ich schnell merke, dass der Fahrer auch weitergehende Interessen hegt, als mich nur mitzunehmen. Durchaus nett und auch charmant fragt er mich, ob ich bereit wäre, mich mit ihm am folgenden Tag zu treffen. Natürlich wird mir sofort klar, dass der ungefähr Anfang 30 Jahre alte Mann mit mir eine Beziehung oder Affäre eingehen möchte. Da ich aber zu 100 Prozent dem männlichen Geschlecht abgeneigt bin, sage ich natürlich Nein. Trotz meiner Absage entwickelt sich das weitere Gespräch nicht negativ. Der gut aussehende Mann fährt sogar einen Umweg und bringt mich an mein Ziel. Ich steige aus und bedanke mich freundlich.

Im Gegensatz zu meiner Flucht mit dem Fahrrad vor einem Jahr habe ich nun nach knapp zehn Stunden mein Ziel erreicht. Denn ich bin angekommen in Norddeich an der Nordsee. Als kleines Kind war ich oft mit meinen Verwandten hier. Mit den Familien Rabert und Ulmker waren meine Mutter und meine Brüder mehrmals in den Sommerferien hier. Dann wurde gemeinsam ein Ferienhaus gemietet und Urlaub gemacht. Nie war mein Vater dabei, der in seinen ersten 50 Lebensjahren auf Urlaub komplett verzichtet hat und dahin nicht einmal in einem fremden Bett übernachtete. Erst im Rentenalter wird er endlich mit meiner Mutter zusammen ausgiebig Urlaub machen.

Keine fünf Minuten in Norddeich, als ich mich gerade umsehen will, höre ich plötzlich eine Stimme: »Hallo, Hermann, was machst du denn hier?« Total erstaunt erwidere ich: »Ach Reinhold, Mann, was ist diese Welt klein. Ja, ich mache hier Urlaub.« »Bist du alleine hier? Und wo hast du dein Quartier?«, fragt mich Reinhold, der ebenfalls aus Legden kommt.

»Ja, alleine bin ich«, zögere ich, »aber eine Übernachtung, die muss ich mir erst noch suchen.« »Ach Hermann, dann komme doch mit, ich zelte hier auf dem Campingplatz, der Andreas, mit dem ich hier war, ist vorzeitig abgereist.« Den Andreas, den kenne ich auch, ein dicker Kumpel von Reinhold und auch ein ausgesprochen Netter. Total erstaunt über so viel Freundlichkeit weiß ich erst gar nicht, was ich sagen soll: »Okay, so ein Angebot kann ich nicht ablehnen, da komme ich mit.« Zwar kenne ich Reinhold schon sehr lange, aber eigentlich nur flüchtig, umso mehr bin ich überrascht, dass ich ganz spontan bei ihm übernachten darf. Das ist absolut großzügig von ihm. Mit Friedhelm und seiner Partnerin sind noch zwei weitere Freunde von Reinhold hier, die ich aus Legden kenne. Nachdem mir Reinhold sein Zelt gezeigt hat, empfiehlt er mir noch für den Abend die Diskothek Meta.

Nachdem ich mir noch eine Flasche Whisky geholt habe, tauche ich abends tatsächlich bei Meta auf. Was ich zu dieser Zeit absolut nicht weiß, Meta ist eine sehr bekannte Diskothek mit Kultstatus. 1961 übernahm Meta Rogall eine Milchbar von ihren Eltern und machte daraus den bekanntesten Tanzschuppen Ostfrieslands. Hier traten bekannte oder zu dieser Zeit auch noch nicht bekannte Bands und Interpreten wie die Scorpions, die Equals, Inga Rumpf, Howard Carpendale oder auch Otto auf. Als aus dem Liveschuppen in den 70er-Jahren eine Discothek wurde, legte Otto Waalkes hier ebenfalls Platten auf.

Aber als ich an diesem lauwarmen Abend hier auftauche, ballert New Orders »Blue Monday« aus den Boxen. Diese fast siebeneinhalbminütige Maxi-Single ist der absolute Sommerhit im Jahre 1983 und ein Vorläufer der sich bald ausbreitenden Elektronikmusik. Immer wieder knallt diese Scheibe heute Abend durch den Laden. Und immer wieder muss ich raus und mich in die Büsche zurückziehen. Hier habe ich meine Flasche Whisky versteckt, aus der ich regelmäßig einen kräftigen Schluck nehme. Kurz nach Mitternacht gehe ich zum

Campingplatz und tauche in Reinholds Zelt ein. Sofort schlafe ich ein. Als Reinhold später kommt und sich schlafen legt, werde ich nur kurz wach.

Am anderen Morgen fragt mich Reinhold: »Du hast teilweise sehr unruhig geschlafen und dich auch zwischendurch einmal sehr laut geräuspert. Was war los Hermann?« Ich weiß natürlich, dass das am Alkohol lag, aber ich lüge Reinhold an: »Keine Ahnung, ich habe gar nichts davon bemerkt!« Es ist sehr schlimm, dass ich wegen Alkohol Menschen anlüge, die es gut mit mir meinen. Doch diese Art, dieses für mich sehr unangenehme Phänomen gehört wohl zum Krankheitsbild eines jeden Trinkers.

Bevor ich zum Strand gehe, hole ich mir eine Flasche Weinbrand und leere sie halb. Dann lege ich mich in die Sonne und schlafe ein paar Stunden. Abends steht wieder Meta auf dem Programm. »Komm, wir geh'n zu Meta«, so heißt ein Musical, das sich auf diesen Laden bezieht und 30 Jahre später ein absoluter Erfolg wird. An diesem Abend fällt mir ein blondes junges Mädchen auf, das mich dauernd anlächelt. Mit Brandy gedopt, traue ich mich, das Mädchen anzusprechen. Angeregt unterhalten wir uns fast den ganzen Abend und verabreden uns den nächsten Tag für ein Date.

Vor unserem Treffen muss ich mir wieder Mut antrinken. Mit meinen 19 Jahren hatte ich noch nie eine Freundin und bin sehr unsicher und schüchtern. Doch mit Whisky im Blut verkaufe ich mich selbstsicher und souverän. Ich muss improvisieren, denn das meiste, was wir gestern gequatscht haben, ist mir dank des Weinbrands wieder entfallen. Zum Glück konnte ich mir merken, dass sie Sabine heißt. Wir gehen spazieren, legen uns ins Gras und halten ein wenig Händchen. Trotz meines hohen Alkoholpegels traue ich mich keineswegs zu mehr körperlicher Nähe.

Abends treffen wir uns wieder bei Meta. Reinhold ist ebenfalls hier. Auch er hat mit Karin ein nettes hübsches Mädchen hier an der Nordsee kennengelernt. Wir vier verstehen

uns ganz gut. Was ich nicht verstehe, dass mich niemand
auf meinen Alkoholkonsum anspricht, denn ich bin seit vier
Tagen hier ununterbrochen im Alkoholrausch. Sicher, wenn
man von morgens bis abends trinkt, hat man zwar einen
hohen Alkoholpegel, doch beim Gewohnheitstrinker gibt es
nicht die Ausfallerscheinungen, wie sie beim gelegentlichen
Vollrausch vorkommen. Der menschliche Körper stellt sich
auf den Alkohol ein. Er stellt seinen Stoffwechsel um, um
Zellgifte möglichst schnell loszuwerden. So funktioniere ich
einigermaßen, ohne groß aufzufallen. Aber jemand muss doch
meine Alkoholfahne riechen?

Sabine scheint nichts zu riechen. Sie erzählt mir, dass
sie wohl einen Verehrer hat, der mit Alkohol schon Probleme
hatte. Dieser Verehrer ist heute Abend auch anwesend, doch er
präsentiert sich sehr friedlich und nüchtern. Nach Mitternacht
bringe ich Sabine nach Hause. Ihre Eltern haben ein kleines
Hotel in Norddeich. Danach laufe ich zum Campingplatz und
lege mich zu Reinhold ins Zelt.

So vergehen bei wunderschönem Sommerwetter die Tage.
Als mir Sabine dann abends erzählt, dass sie morgen mit ihren
Eltern wegfährt, werde ich mutig und frage sie, ob ich sie
küssen darf. Einerseits versuche ich, sie zärtlich zu küssen,
aber andererseits habe ich immer Bedenken wegen meines
Alkoholgeruches. Als ich Sabine an unserem letzten Abend
nach Hause bringe, schaut sie mir traurig hinterher.

Eigentlich hatte ich geplant, mir Ende der Nordseewoche
noch ein Konzert reinzuziehen. Die Gruppe Karat tritt in der
Stadt Norden auf. Die DDR-Gruppe fand ich schon immer gut,
wobei ich den Hit »Über sieben Brücken musst du gehn« für
mich als krisengebeutelten Menschen sehr passend finde. Doch
leider reicht mein Geld nicht mehr für den Eintritt. Deshalb
entschließe ich mich, morgen nach Hause zu trampen. Da
Reinhold schon Richtung Heimat gefahren ist, entschließe ich
mich für ein mutiges Schlafquartier. Ich übernachte in einer
Telefonzelle.

Die heiße Rückreise

»Was ist denn hier los, was machen Sie denn hier, das gibt es doch gar nicht, da kann man ja nicht mal in Ruhe telefonieren« werde ich morgens unsanft geweckt. Erst weiß ich wirklich nicht, was los ist. Dann merke ich, dass ich absolut eng zusammengekauert in einer engen Telefonzelle liege und der unfreundliche Herr wohl telefonieren möchte. Da ich mich nicht in der Lage fühle, mich rasch zu erheben, zieht der ungeduldige Mann weiter. Langsam erhebe ich mich und entschließe mich, verkatert, wie ich bin, die Heimreise anzutreten.

Doch heute will ich nüchtern bleiben. Nach sechs Tagen Dauersaufen will ich zu Hause nicht wieder besoffen ankommen. Nachdem mich das erste Auto von Norddeich nach Norden gebracht hat, merke ich in der Sonne, wie heiß es heute ist. Weit über 30 Grad Celsius bringt dieser schwüle Augusttag. Der zweite Anhalter, der mich mitnimmt, ist ein etwas korpulenter älterer Herr, der mich die ganze Zeit nur ausfragt. Er fragt mich, ob ich eine Freundin habe und ob ich auf Frauen oder Männer stehe. Auch fragt er mich nach meinen sexuellen Vorlieben. Ich kann mir schon denken, worauf er hinaus will. Da ich in keiner Weise auf ihn eingehe, wird er sauer und lässt mich irgendwo mitten auf einer Schnellstraße raus.

Ein wenig wütend stehe ich hier völlig am falschen Platz. Erst versuche ich, hier wegzukommen. Doch bei einem Durchfahrtstempo von mindestens 130 km/h hält kein Auto an. Obwohl ich gar nicht weiß, wo ich bin, gehe ich einfach die Straße weiter. Nach einer knappen Stunde erreiche ich eine Kreuzung, wo nur 50 km/h erlaubt sind. Nach kurzer Zeit hält ein Mann mit einem alten Renault 4 an. Der Mann ist über 30 Jahre alt, sieht mit seiner Brille und den langen glatten Haaren aus wie früher John Lennon und ist ansonsten sehr nett. Dass er eine ökologische Einstellung hat, ist nicht zu überhören. So entwickelt sich ein interessantes Gespräch. Denn seit dem 15. Lebensjahr habe ich für einen angehenden

Landwirt eher untypische Ansichten, denn ich sympathisiere seit dem neunten Schuljahr mit den Grünen. Auch gibt er mir ein Mineralwasser aus, das ich gut gebrauchen kann, denn ich stand stundenlang ohne jeden Proviant in der Sonne. Der nette vermeintliche Grüne nimmt mich knapp 200 Kilometer mit, und ich erreiche bereits Nordrhein-Westfalen.

Durch die Hitze habe ich das Gefühl, dass sich der Alkohol wie von selbst aus meinem Körper verabschiedet hat. Der ist verdunstet und verdampft, denke ich mir. So stehe ich dann wirklich abends stocknüchtern auf dem Hof meiner Eltern. Diese sind keineswegs sauer, sondern freuen sich sehr, dass ich wieder daheim bin. Sie kennen meine Fluchtstrategien ja schon vom Vorjahr, wo ich ebenfalls nach knapp einer Woche von alleine zurückgekommen bin.

Sabine und ich schreiben uns mehrmals. Doch durch die große Entfernung und auch meine Probleme verläuft der Kontakt schnell im Sande. Wir sehen uns niemals wieder …

Die Ratte in meinem Bett

Nachts werde ich wach. Mit zittrigen Händen versuche ich meinen Wecker, der auf dem Nachttisch steht, zu greifen. Es dauert bestimmt zehn Sekunden, bis ich ihn endlich in den Händen halte. Der Wecker vibriert in meinen Fingern. Verschwommen erkenne ich, dass es zwei Uhr morgens ist. Total nass geschwitzt liege ich wie eine Ölsardine in meiner Unterwäsche. Der Schweiß perlt nur so auf meiner Stirn. Ich lege die Bettdecke zur Seite und schmeiße meine Unterwäsche in die Ecke, hole mir ein Handtuch aus dem Badezimmer nebenan, trockne mich damit ab und lege ich mich zurück ins Bett. Dann fange ich plötzlich an zu frieren und hülle mich in meine Bettdecke ein. Einige Minuten später ist mir wieder heiß. Wieder gehe ich ins Bad und tauche das Handtuch in kaltes Wasser ein. Dann lege ich mich erneut ins Bett und kühle mit dem nassen Handtuch meine heiße Stirn. Wenige Minuten später ist mir wieder bitterkalt, und ich hole mir eine zusätzliche Decke aus dem Schrank.

Neben dem Zittern, Frieren und Schwitzen habe ich heftige Kopf- und Magenschmerzen, Krämpfe in den Beinen und muss mich zwischendurch übergeben. Nach dem Kotzen fühle ich mich einen Moment besser, und ich versuche weiterzuschlafen. Das ist nicht einfach, denn ich habe ein total schlechtes Gewissen und starke Schuldgefühle gegenüber meinen Eltern. Plötzlich höre ich Stimmen, die meinen Namen rufen. Aber in einem fürchterlichen anklagenden Ton. Diese angeblichen Stimmen lösen nackte Angst und Beklemmungen in mir aus. Ein fürchterlicher Druck lastet auf meiner kranken schwarzen Seele. Dabei empfinde ich die psychischen Qualen viel schlimmer als die körperlichen Leiden. Als es mir dann einige Stunden später doch gelingt einzuschlafen, schrecke ich plötzlich hoch. Laut schreiend rolle ich aus meinem Bett. Eine fiese schwarze Ratte, die in mein Bett gesprungen war, hatte mich mit stechenden großen Augen angesehen, mich fürchterlich angequiekt und versucht, mich ins Gesicht zu beißen …

Das ganze Drama hier ist kein fieser schlimm-ätzender Alptraum. Nein, ich habe einen heftigen Alkoholentzug. Es ist das erste Mal, dass ich diese Entzugsqualen so heftig spüre. Ich weiß, ich bin jetzt auch körperlich extrem alkoholabhängig. Ich spüre in jeder Zelle meines Körpers diese hässlichen Symptome. Die psychische Abhängigkeit, wie sie wohl schon bestimmt zwei Jahre vorhanden ist, habe ich nun um die körperliche erweitert.

Es ist mein erster Rückfall nach meinem Nordsee-Trip. Nach der Rückkehr von der Nordsee bekam ich den Ausstieg noch einigermaßen locker hin, obwohl ich mich bestimmt eine Woche am Stück betrunken hatte. Doch jetzt ist alles anders. Diese widerliche Krake des Alkohols hat jetzt alle Greifer ausgefahren, um mich mit seinen übermächtigen brutalen Krallen in den Schwitzkasten zu nehmen. Ich drohe ganz elendig zu ersticken …

Back to the roots

Nach fünf bis sechs Tagen habe ich meinen ersten großen körperlichen Alkoholentzug endlich überstanden. Jetzt ist mir endgültig klar, wie ernst mein Alkoholproblem wirklich ist. Doch über Therapiemaßnahmen denke ich zu keiner Zeit nach. Stattdessen entschließe ich mich, zu meinen Wurzeln zurückzukehren, dem Sport. Systematisch plane ich meinen Aufstieg, zumindest in die Landesspitze. Zum allabendlichen Lauftraining erweitere ich mein Programm mit verschiedenen Trainingseinheiten. Aus einer Eisenstange und vier 17,5 Zentimeter Kalksandsteinen habe ich mir eine provisorische Hantel zusammengebaut. Damit mache ich, wenn ich während der Arbeit auf dem Hof an der Hantel vorbeikomme, mein Krafttraining. Ein wenig ungewöhnlich wohl, zwischen dem Melken der Kühe und dem Füttern der Bullen eine 40-Kilogramm schwere Hantel hochzustemmen oder auch Kniebeugen damit zu machen. Aber der Zweck heiligt die Mittel, und außerdem brauche ich abends nicht ins Fitnessstudio. Dafür ist absolut keine Zeit.

Mein Tag ist sorgfältig durchstrukturiert. Morgens um sechs Uhr geht die Arbeit mit dem Melken der Kühe und dem Füttern des Rindviehs los. Nach dem Mittagessen in der Mittagspause führe ich auf meinem Zimmer ein Zirkel- und Gymnastiktraining durch. Dieses Programm ist mit etlichen Liegestützen und Sit-up-Übungen gespickt. Abends nach dem Füttern komme ich dann endlich um 18:30 Uhr zu meiner geliebten Lauftrainingseinheit. Sonntags laufe ich sogar zweimal und gehe zwischendurch schwimmen oder fahre Rennrad. Mein Onkel Jupp aus Darup hatte mir ein Rennrad geschenkt, mit dem ich in hohem Tempo Berge hochbrettere. Bei den Laufeinheiten versuche ich, möglichst ausgewogen zu trainieren. Ich führe Crossläufe, Bergläufe, Straßenläufe, aber auch Tempoläufe auf der Bahn durch. Ich beteilige mich auch wöchentlich beim Training der Coesfelder Sprinter um Coach Ludger Klewes. Jeden Freitagabend fahre ich die 16 Kilometer mit dem Rennrad nach Coesfeld. Mit Schnelligkeits- und Koordinationsübungen möchte ich meine Grundschnelligkeit verbessern.

In Laufbüchern und -zeitschriften habe ich mich sehr gut informiert. Das Spiridon-Laufmagazin habe ich seit Jahren abonniert. Der Chefredakteur Manfred Steffny bringt hier sehr gute fachkundige Reportagen. Allerdings steckt mir mein Coesfelder Vereinskollege Uli Hörnemann, der dort eine Ausbildung zum Journalisten macht, dass seine menschlichen Qualitäten sehr zu wünschen übrig lassen.

27 Jahre später bekomme ich das selbst zu spüren, als mich Manfred Steffny im Rahmen einer Buchkritik wegen meiner Alkohol- und Drogenabhängigkeit auf das Übelste beschimpft. Natürlich habe ich danach nie wieder einen Blick in seine Laufzeitung geworfen. Auch so kann man seine Leser vergraulen …

Im Juli und August laufe ich viele lange Strecken und schule meine Ausdauer. Ende August starte ich dann bei den Kreismeisterschaften über zehn Kilometer in Coesfeld. Mit im Rennen – Dauerkonkurrent Michael Umlauf, der das Rennen bestimmt und in guten 32:25 Minuten sicher gewinnt. Um die Plätze dahinter kommt es zu einem spannenden Vierkampf, indem sich mit Heiner Althoff, Martin Terbeck und mir drei Athleten der LG Coesfeld befinden. Heiner und ich können das hohe Tempo am Ende nicht mehr mithalten. Doch wir beide helfen uns und wechseln uns bei der Tempoarbeit ab. Immerhin schaffe ich als Vierter mit 33:45 Minuten eine neue Bestzeit. Heiner Althoff erreicht mit 33:54 Minuten den fünften Platz.

Da wir im Rennen gut harmoniert haben und auch sonst die Chemie stimmt, beschließen wir gemeinsam zu trainieren. In den nächsten Wochen fahre ich ebenfalls wöchentlich mit dem Rad nach Coesfeld. Dort im Stadion machen wir gemeinsam Tempoläufe. Wir laufen zum Beispiel 15-mal 200 Meter in einem Tempo von unter 30 Sekunden mit 200 Metern lockeren Trabpausen. Ich wundere mich dabei sehr, immer vorne zu laufen und dass meine Grundschnelligkeit höher ist als die von Heiner. Dabei hat Heiner mit 14:51 Minuten über 5000 Meter und 31:10 Minuten über 10 000 Meter viel schnellere Bestzeiten als ich. Diese Zeiten lief Heiner in den Jahren 1980 und 1981. Damals arbeitete Heiner für die Deutsche Bundesbahn und hatte hier sehr gute Trainingsmöglichkeiten. So wurde er 1981 auch Deutscher Eisenbahnmeister über 10 000 Meter.

Dann kündigte er seine Beamtentätigkeit und versuchte Anfang 1982, nach Neuseeland auszuwandern. Dort, wo sein ein Jahr älterer Bruder Siggi schon einige Jahre lebte, wollte er sich auch niederlassen. Doch in Neuseeland wird man nicht so leicht aufgenommen wie in Deutschland. Da Heiner dort keinen Job fand, kehrte er im April 1982 enttäuscht nach Deutschland zurück.

Als Freund von biologischer Ernährung nahm er eine Tätigkeit im Coesfelder Naturkostladen Weiling auf. Hier ist Heiner seitdem im Einzelhandel tätig. Ein anstrengender Job mit oft über zwölf Arbeitsstunden täglich. Kein Wunder, dass er zurzeit weniger drauf hat und mir auf der Bahn hinterherläuft. Hinterherlaufen tue ich Heiner, aber bei den Waldläufen in den Baumbergen heizt er voll ein und zieht immer wieder voll das Tempo an, nimmt es wieder raus, um dann noch mal Vollgas zu geben. In diesem Waldgebiet zwischen Nottuln, Havixbeck und Billerbeck hat Heiner eine fast reine Naturstrecke zusammengestellt. Darin befinden sich über ein Dutzend kräftige Anstiege, bei denen es bis zu 20 Prozent steil hochgeht. Knapp 15 Kilometer laufen wir durch Laub, Moos, Wiesen und Waldwegen. Heiner, ein Meister des Rhythmuswechsels, fordert mich dabei ziemlich, sodass ich gerade so mithalten kann. Doch dieses gelingt mir bei einigem Einsatz ganz gut, und am Ende der Strecke sind wir beide sehr müde, aber auch zufrieden und glücklich.

Auch in der Landjugend bin ich aktiv und übernehme den Posten des Bezirksvertreters in der Bauernschaft Wehr. Viel Arbeit macht dieser Job nicht. Eine Hauptaufgabe der Bezirksvertreter ist es, das jährliche Erntedankfest zu organisieren. In den Vorjahren hatte dies immer ein ansässiger Stammtisch übernommen. Die Menschen in der Bauernschaft Wehr sind

zum Teil sehr sparsam. Deshalb wurde der Stammtisch oft
für überhöhte Eintritts- und Getränkepreise kritisiert. Dieser
Disput führte dazu, dass es 1981 und 1982 kein Erntedankfest
gab. 1983 schließlich kommt es unter der Regie der Landjugend Wehr wieder zu einem Erntedankfest, welches bei uns
auf dem Hof stattfinden soll. Im Gegensatz zum Stammtisch
bieten wir nachmittags schon eine Kinderbelustigung und ein
Kaffeetrinken für die ältere Generation an. Schließlich soll jeder
aus der Bauernschaft etwas von den Feierlichkeiten haben.
Mit 50 Pfennig für eine Tasse Kaffee oder ein Stück Kuchen
sowie einer DM für ein Bier oder eine Portion Pommes mit
Mayo oder Ketchup haben wir sehr humane Preise. So gelingt
es uns auch, die sparsamen Menschen der Bauernschaft zum
Erntedankfest auf den Hof Wenning zu bekommen.

Abends habe ich eine Rede zu halten. Dabei bedanke
ich mich bei allen Helfern, Sponsoren und auch bei Pastor
Hoinka, der den Erntekranz segnet. Vor dieser Rede, die keine
zwei Minuten dauert, bin ich sehr nervös. Sehr erleichtert bin
ich, dass ich nach meinem schüchternen Vortrag das Ganze
überstanden habe. Würde mir jemand erzählen, dass ich Jahrzehnte später als Buchautor mit meinen Vorträgen die Leute
ganz alleine über zwei Stunden unterhalten kann, den würde
ich für unzurechnungsfähig halten.

Als Bezirksvertreter habe ich den ganzen Abend zu tun,
denn ich habe ja die Hauptverantwortung, dass alles geregelt
abläuft. Das Ganze gelingt mir gut und hat den Vorteil, dass ich
nicht auf dumme Gedanken komme. Es fällt mir sehr leicht,
keinen Alkohol zu trinken, zumal ich ja auch unter der Aufsicht
meiner Familienangehörigen stehe, die natürlich inzwischen
alle wissen, dass ich Alkoholiker bin.

Mein Job hat auch noch einen anderen Vorteil. Da ich
organisationsmäßig aktiv bin, brauche ich nicht zu tanzen.
Vor dem Tanzen mit einer Partnerin habe ich großen Respekt
und ebenso große Angst. Den Tanzkurs während meiner
Schulzeit empfand ich als Horror. Als ich dann schließlich

beim Abschlussball mit meiner Tanzpartnerin Brigitte vor den ganzen Elternpaaren vortanzen musste, ist das bestimmt kein Highlight in meinem Leben gewesen. Da war ich froh, den Abend irgendwie überstanden zu haben.

Silvesterbesäufnis

Meine Disziplin im Sport hat positive Auswirkungen auf mein komplettes Leben. Ich denke, dass ich meinen Eltern auf dem Hof eine einigermaßen gute Stütze bin. Auch schaffe ich im Winter die Prüfung zum Landwirtschaftsgehilfen im zweiten Anlauf. Ohne Alkohol im Körper ist so eine Prüfung doch auf jeden Fall leichter zu absolvieren.

Gelegentlich fahre ich mit meinen vier Freunden Alfons, Ewald, Gerd und Josef zu Feierlichkeiten. Meistens bin ich dann Fahrer und brauche dann keinen Alkohol zu trinken. In Westfalen ist es üblich, dass man eine Ausrede haben muss, wenn man keinen Alkohol trinken möchte. Wenn jemand aber seinen Autoschlüssel aus der Hosentasche zieht und sagt, dass er seine angetrunkenen Weggefährten später nach Hause chauffieren möchte, dann hat die betroffene Person in der Regel gewonnen. In diesem Fall zieht die Frau oder der Mann mit der Schnapsflasche weiter. Das Rundgehen mit der Korn- oder der Likörflasche hat im westfälischen Münsterland eine große Tradition – bei vielen Feierlichkeiten wie zum Beispiel Hochzeiten, bei der Vorbereitung einer Hochzeit, dem Tannen- grünholen, der Herstellung des Kranzes aus dem Grünzeug oder auch beim Aufhängen des Kranzes. Ständig laufen die Gastgeber mit einer Flasche Weizenkorn oder Rotem, aber auch mit dem zurzeit sehr stark verbreiteten Apfelkorn herum. Der Gast wird dann angehalten, mindestens ein, aber am besten zwei Pinnchen zu leeren. Feierlichkeiten gibt es im ländlichen Raum nicht selten. Neben Hochzeiten stehen Verlobungen Geburtstage, Schützenfeste, Erntedankfeste, Landjugendfeste,

Karnevalsfeiern und das beliebte »Kind pinkeln lassen« auf
dem Programm. Beim »Kind pinkeln lassen« geht es natürlich
nicht um die Urinausschüttung des Säuglings, sondern es wird
die Geburt des neuen Erdenbürgers feuchtfröhlich begossen.

Als ich mit meinen vier Freunden dieses Jahr Silvester
feiere, werde ich nicht als Fahrer benötigt. Maria, die Mutter von Josef, bringt uns zu einer Jahreswechselparty nach
Gronau-Epe. Ich habe mir fest vorgenommen, keinen Alkohol
zu trinken. Mehrmals werde ich von Gästen aufgefordert,
einen mitzutrinken. Doch auf keinen Fall möchte ich hier
heute rückfällig werden. Denn ich weiß: Ein Bier, ein Wein
oder ein Sekt, und ich stürze wieder total ab. Ein Schluck, ein
Tropfen reicht und ich erleide Kontrollverlust. Kontrollverlust
bedeutet, ich als Alkoholiker habe dann keinerlei Kontrolle
mehr über mein Trinkverhalten. Ich bin nicht mehr in der Lage
zu steuern, was und wie viel ich trinke. Nur eins ist sicher,
es führt in einen exzessiven Vollrausch, der mit Filmriss und
Besinnungslosigkeit enden kann.

Immer wieder bekomme ich an diesem Abend Alkohol
angeboten. Allerdings nicht von meinen vier Freunden, die
akzeptieren, dass ich keinen Alkohol trinke. Sie wissen nicht,
dass ich Alkoholiker bin. Mehrmals habe ich ihnen schon
gesagt, dass ich als Sportler freiwillig auf Alkohol verzichte.
Was mir auch meistens gut gelingt. Doch wenn ein Alki an
20 geselligen Abenden trocken bleibt und am 21. dann doch
rückfällig wird, so hat sich der Alkoholiker in einer einzigen
Sekunde wieder alles kaputtgemacht.

Der Gastgeber und die Gäste an diesem Abend ahnen
natürlich nichts von meiner Alkoholabhängigkeit. Wer würde
auf die Idee kommen, dass ein junger sportlicher Hoferbe
aus gutem Hause schon ein eklatantes Alkoholproblem hat.
Die Wahrscheinlichkeit ist natürlich gegeben. Denn bei zwei
Millionen alkoholabhängigen Menschen in diesem Land ist die
Möglichkeit nicht gerade gering, dass bei 80 Silvesterpartygäs-
ten der eine oder andere süchtig ist.

In den ersten zwei Stunden auf der Party schaffe ich es, Nein zu sagen. Doch dann in einer schwachen Sekunde lasse ich mir ein Bier in die Hand drücken. Zuerst will ich es wegsetzen oder auskippen. Aber dann denke ich mir, »ein Bier macht doch nichts«. Natürlich weiß ich, wie dieser Abend dann endet. Nach langem Überlegen landet das schon nicht mehr frische Bier in meinem Magen. Danach reißen alle Stricke. Dem einen Bier folgen mindestens 20 weitere. Dazu Korn, Likör, Korn-Cola, Korn-Fanta, alles, was so im Angebot ist. Da bin ich unersättlich. Alles rein, was nur reingeht. Hauptsache es wirkt. Diese Wirkung hat natürlich Folgen. Ich werde locker, bin cool drauf und werde gesprächig. Auch Themen, die mich nicht interessieren, kann ich auf Alkohol stundenlang ausdiskutieren.

Um 24 Uhr dann strömen alle Gäste nach draußen, um das neue Jahr mit Böllern und Raketen ergiebig einzuleiten. Mich interessiert das weniger, denn ich gehöre zu den Menschen, die in ihrem Leben noch nie eine Mark oder einen Euro für Silvesterfeuerwerk ausgegeben haben. Auch das Händeschütteln und Umarmen sowie Küsschen hier und Küsschen da sind für mich als zurückhaltender Mensch nicht unbedingt prickelnd. Doch im Alkoholrausch macht mir das nichts aus, und ich ergebe mich der allgemeinen ausgelassenen Stimmung.

Bis in den frühen Morgen feiern wir ausgelassen weiter. Als meine vier Freunde und ich schließlich abgeholt werden, bekomme ich das panische Gefühl, für die Heimfahrt keinen Alkohol mehr zu haben. So befülle ich zwei leere Colaflaschen mit Bier. Ziemlich peinlich mein Verhalten, würde jeder halbwegs normale Mensch sagen. Doch in der Gier nach Alkohol sind mir das Kopfschütteln und die verächtlichen Blicke einiger der noch anwesenden Gäste relativ egal, zumal ich bei meiner verschobenen Wahrnehmung davon kaum etwas mitbekomme. Da meine Freunde auch ziemlich betrunken sind, wird das von mir abgezapfte Bier während der Rückfahrt nach Legden kaum mehr angerührt. Volltrunken lande ich schließlich zu Hause im Bett.

Teamchef des Landjugendteams

Zusätzlich zum Bezirksvertreter-Job werde ich 1984 auch Sportwart in der Landjugend. Eigentlich auch eine Tätigkeit, bei der nicht viel zu tun ist. Doch ich besitze sofort den Ehrgeiz, eine Fußballmannschaft aus dem Boden stampfen zu wollen. Tatsächlich bekomme ich ein Team zusammen, das sich Anfang des Jahres beim Hallenturnier in Heek der Konkurrenz stellt. Da wir alle keine aktiven Vereinsspieler sind, stelle ich unser Team sehr defensiv ein. Da jeder mitspielen soll und ich Kräfte sparen möchte, setze ich auf Rotation und wechsele zur Halbzeit alle fünf Feldspieler aus. Mit diesem später auch von Otmar Hitzfeld bei Bayern München praktizierten Wechselprinzip sind wir sehr erfolgreich. Mit einem einzigen Tor, einem Stolpertor von mir, kommen wir tatsächlich ins Finale. Das Hauptverdienst daran hat unser Keeper Alfred. Als Keeper ohne einschlägige Erfahrungen rettet er uns gegentorlos durch die Vorrunde. Mit Alfred, Hermann, Werner, Richard und Martin von den beiden Familien mit Nachname Löhring sowie den Nachbarsöhnen Matthias und Hermann und mit meinen beiden Brüdern habe ich fast die ganze Jugend der Nachbarschaft mit Blockbildung in unser Landjugendteam integriert. Zwar verlieren wir das Finale, doch der Vizepokal wird trotzdem ausgiebig gefeiert, wobei ich heute auf Alkohol verzichte.

Leider stirbt unser Torwart Alfred wenige Jahre später bei einem tragischen Verkehrsunfall in der Bauernschaft Wehr. Bei einem Frontalzusammenstoß auf der Landstraße von Legden Richtung Heek hatte er keine Chance zu überleben.

Da jeder bei mir mitspielen darf, hole ich auch absolut ungeübte Spieler ins Team. Dazu gehören Rudi, mein Freund aus der Landwirtschaftsschule, und dessen Bruder Heini. Gelegentlich kommt Heini, der sein Alkoholproblem noch nicht gelöst hat, mit einer Fahne zum Training. Doch bei Turnieren ist er immer nüchtern. Heini ist nicht der große Fußballer, aber er besitzt ähnliche Qualitäten wie der Gladbacher Profi und

Nationalspieler Uli Borowka. Beide sind knallharte Defensiv-
spieler, die alles weghauen und umholzen, wobei jeder linke
Trick dafür miteinbezogen wird. Wenn zum Beispiel eine hohe
Flanke in den Strafraum gesegelt kommt, dann stellt Heini sich
direkt hinter den Gegenspieler. In dem Moment, in dem der
Angreifer zum Kopfball hochspringen will, hält Heini ihn mit
beiden Händen an der Taille fest. Der Gegenspieler kommt nicht
hoch und fängt an, laut zu schimpfen. Da Heini das Ganze sehr
unauffällig macht, hat der Schiedsrichter von dieser Aktion
nichts mitbekommen. Manchmal bekommt der gefoulte Gegenspieler für sein Meckern und Lamentieren sogar noch eine
Gelbe Karte aufgebrummt. Ebenso wie Uli Borowka wird Heini
eines Tages seine Alkoholsucht erfolgreich hinter sich lassen.

Wir nehmen nicht nur an Landjugendturnieren, sondern
auch an Turnieren von Thekenmannschaften teil, wobei diese
oft genauso viel drauf haben wie Vereinsmannschaften. Doch
beide Arten des Fußballteams haben eines gemeinsam: Die
Kiste Bier nach dem Spiel darf nicht fehlen. Diese Tradition
ist im Fußball fest verwurzelt. Obwohl wir regelmäßig bei
Turnieren von Thekenmannschaften teilnehmen, verzichten
wir weitgehend auf Alkohol. Man kann auch ohne Alkohol
Fußball spielen. Die sportlichen Erfolge dagegen sind eher
bescheiden, denn unsere Hobbytruppe hat gegen die oft mit
Vereinsspielern gespickten Landjugend- und Thekenteams
meistens keine Chance. Nie wieder erreichen wir ein Finale.

Tanz in den Mai

Wie jedes Jahr findet der Tanz in den Mai in der Gaststätte Reers
in Asbeck statt. Unter den Partyexperten hier in der Gegend
wird die beliebte Kneipe einfach nur Mampie genannt. Es ist
die Zeit der All-inclusive-Feten. Man zahlt einmal Eintritt und
darf den ganzen Abend alles saufen, was man runter bekommt.
Die 20 DM Eintritt an diesem Abend habe ich schnell wieder

rein. Denn in den ersten zwei Stunden habe ich mir bestimmt schon 15 Bier reingekippt. Zwischendurch gehe ich auch mal eine Runde tanzen. Wenn ich betrunken bin, dann tanze ich gerne. Als nüchterner Mensch traue ich mich nicht. Da fehlt mir das Selbstbewusstsein, vor den Blicken anderer Partygäste rumzuzappeln. Aber besoffen ist mir das ziemlich egal.

Zum späteren Abend taucht auch Stefan mit seiner Clique auf. Das sind Stefans Freunde Michael, einfach nur Kamikaze genannt, und Ralf. Dazu gehören deren hübsche Freundinnen Iris und Rosi. Inzwischen bin ich zu Korn-Cola gewechselt. Das nimmt weniger Platz weg und geht schneller in den Kopf. Auf jeden Fall trinke ich so schnell und viel von diesem Getränk, dass der Körper überhaupt keine Chance mehr hat, den Alkohol abzubauen. Die Folge für mich: ein Filmriss ...

Da ich mich an wirklich überhaupt nichts erinnern kann, erfahre ich später von Stefan und seinen Freunden die Story: Plötzlich gibt es im Saal laute Randale. Stefan, Kamikaze und Ralf gehen in die Ecke, wo das Theater augenscheinlich abläuft. In diesem Handgemenge bin ich mit einer Gruppe von vier bis fünf anderen Jugendlichen verwickelt. Diese aus dem Ort Gescher stammende Gruppe bedrängt mich. Aber ich gebe auch nicht nach, sondern provoziere und gieße zusätzlich Öl ins Feuer. Worum es eigentlich geht, ist nicht bekannt, und das werde ich später auch nie erfahren.

Bevor die herzueilende Gruppe meines Bruders eingreifen kann, hat mir einer der Gescheraner Gruppe schon eine Glasscherbe durch das Gesicht gezogen. Unten am Kinn habe ich eine Platzwunde, die heftig blutet. Michael, Ralf und Stefan bringen mich nach draußen. Da ich immer noch aggressiv bin, folgen die Jugendlichen aus Gescher uns. Inzwischen sind viele Asbecker zu Hilfe geeilt. Sie verstärken die Clique meines Bruders und können die aggressiven Gescheraner abdrängen.

»Du musst sofort zum Arzt, denn die Wunde muss auf jeden Fall genäht werden«, erklärt mir Iris »Ich brauche keinen Arzt!«, erkläre ich immer noch sturzbetrunken. Auch die anderen aus der

Clique meinen, dass die Verletzung auf jeden Fall im Krankenhaus behandelt werden muss. Kamikaze und Stefan nehmen mich in die Mitte und führen mich zum Auto, das von Kamikazes Freundin Iris gefahren werden soll. Im Auto angekommen, sitze ich dort auf der Rückbank ebenfalls in der Mitte. Die Bewachung ist durchaus nötig, da ich immer noch Anstalten mache auszusteigen. Kurz nachdem wir losgefahren sind, schlafe ich ein.

Am Ahauser Krankenhaus angekommen, haben meine beiden »Bodyguards« alle Hände voll zu tun, um mich aus dem Auto herauszukriegen. Die beiden schleppen mich ins Krankenhaus. Plötzlich bekomme ich Wind davon, was man mit mir vorhat. »Ich will nicht ins Krankenhaus!«, schreie ich laut durch die Eingangshalle. Die beiden haben weiterhin sehr viel Mühe, mich zum Notfallarzt zu transportieren.

Plötzlich hangele ich mich mit den Armen an den Schultern und Köpfen meiner beiden Begleiter fest. Dann hebe und strecke ich zur Überraschung meiner Helfer meine Beine schwungvoll nach vorne. Mit den ausgestreckten Beinen schließlich trete ich voll in die vor uns hängende Glastür hinein. Die Tür zersplittert in über 1000 Teile, sodass absolut gar nichts mehr von der ehemaligen Tür zu erkennen ist. Es dauert nun nur wenige Sekunden, bis der vormals leere Flur mit bestimmt einem Dutzend Menschen in weißen Kitteln gefüllt ist. Aus allen Richtungen kommen Ärzte, Pfleger und Schwestern angelaufen. »Was ist denn hier los?«, schreit ein Arzt laut in den Flur. Doch dem restlichen Krankenhauspersonal scheint durchaus klar zu sein, was hier augenscheinlich abgeht. Ein betrunkener, aggressiver und verletzter junger Mann dreht durch und randaliert. Trotzdem gelingt es Stefan und Kamikaze, mich in den Operationssaal zu schleifen. »Narkose braucht der nicht«, sagt der Arzt, der meine immer noch blutende Wunde nähen möchte.

Aber trotz der Verletzung und meiner geistigen Abwesenheit bin ich mit keiner Behandlung einverstanden. Meine beiden »Bodyguards« benötigen weiterhin alle Kraft, um mich auf dem OP-Tisch festzuhalten. Kamikaze geht sogar auf die

Knie, damit er mit den Armen meinen Oberkörper fixieren kann. Tatsächlich schaffen es die beiden, dass der Chirurg mir trotz meiner Kampfbereitschaft erfolgreich die Wunde näht.

Nach der nächtlichen Behandlung führt Iris noch ein Telefongespräch mit meiner Mutter, um die notwendigen Krankenkassendaten für das Krankenhaus einzuholen. Schließlich bringen mich die drei nach Hause, wobei Stefan und Kamikaze mich sogar noch in mein Bett legen.

Von dieser ganzen traurigen Aktion habe ich absolut nichts mitbekommen und kann mich nur auf die Aussagen meiner Helfer berufen, denen ich dafür immer noch sehr dankbar bin. Zwar ist keine Erinnerung an diesen unrühmlichen Abend da, doch eine kleine Narbe unten am Knie erinnert mich daran, die trage ich heute noch bei mir. Diese kleine Narbe erinnert mich daran, wie der Alkohol das Verhalten eines Menschen beeinflusst und negativ verändert. Wie aus einem ruhigen, zurückhaltenden jungen Mann ein lautstarker, aggressiver Randalierer und Schläger werden kann.

Zehn Mark: »Frei saufen« oder die ersten »Flatrate-Abende«

Solche All-inclusive-Partys wie am 1. Mai in Asbeck gibt es schon länger. Schon Ende der 70er-Jahre kommen die ersten 10-Mark-frei-Saufen-Partys zu uns aufs Land. Mein Freund Helmut kann sie als regelmäßiger Partygänger sehr gut dokumentieren:

»Man muss sich das so vorstellen: Ein recht geschäftstüchtiger, meist jugendlicher Dorfbewohner wollte eine öffentlich zugängliche Privatfeier durchführen. Durch Mundpropaganda wurden der jeweilige Termin und die Location bekanntgegeben. Das waren in der Regel Samstagabende, Start 20:00 Uhr, in irgendeiner Bauernscheune oder Garage im Dorf. Zielgruppe: Dorfbewohner, Freunde, Bekannte usw. zwischen 15 und 25 Jahren. Er rechnete sich aus, dass jeder, der daran teilnimmt, zehn DM an ihn zahlen musste. Damit durfte der Besucher so viel Bier und alkoholfreie Getränke trinken, wie er mochte. Die Rechnung ist ganz einfach: Fassbier kostete beim Getränkehändler Anfang der 80er-Jahre in etwa zwei DM pro Liter. Wenn der Besucher oder die Besucherin also circa 25 Glas Bier a 0,2 Liter trinken würde, wären das eben die zehn DM Eintritt an Kosten. Die meisten männlichen Besucher aber tranken so im Schnitt geschätzte zehn bis 15 Glas Bier am Abend. Damit ist man ›hackezu‹. Hinzu kommt, dass auch ein Anteil an weiblichen Begleiterinnen zugegen war, die ebenfalls zehn DM zu zahlen hatten, aber auch weniger Mengen an Bier tranken. Einige Ausrichter besorgten sich günstig hochprozentigen Schnaps, der den Bierkonsum reduzierte und den Gewinn steigern ließ. Der junge Veranstalter hatte nur minimale Personalkosten. Denn der oder die Zapfer, die gleichzeitig auch spülten, waren meistens noch minderjährig. Für die Ehre, an der Fete teilzunehmen, und für Freigetränke, wenn denn Zeit vorhanden gewesen wäre, halfen sie umsonst mit. Für die Musik sorgte ein Plattenspieler irgendwo in der Ecke. Und somit hatte ein Ausrichter oft satte 40 bis 50 Prozent der Einnahmen als Gewinn.

Nebenbei kam kein Erwachsener oder Erziehungsberechtigter auf die Idee, mal vorbeizuschauen oder als Aufsicht zu fungieren. GEMA-Gebühr? Nie gehört! Ordnungsamt? Nie gesehen! Allerdings waren zu der Zeit auf dem Land alkoholbedingter Vandalismus, Sachbeschädigung oder Ruhestörung die absoluten Ausnahmen.

Doch eine Fete auf einem Bauernhof in Asbeck möchte ich besonders erwähnen. Ein junger Mann hatte sich als Veranstalter mächtig verkalkuliert. Er bemerkte um ca. 23:00 Uhr, dass seine Vorräte an Bier aufgebraucht waren. Er zählte sein Geld und stellte fest, dass er zu diesem Zeitpunkt keinen Gewinn, aber auch keinen Verlust hatte. Was tun? Jetzt noch Bier von der Dorfkneipe nachzukaufen führte natürlich zu finanziellen Verlusten. Also beschloss er, sich auf dem elterlichen Hof zu verstecken. Das gelang ihm auch, denn mehrere von den Besuchern organisierte Suchtrupps konnten ihn nicht ausfindig machen. Er blieb für diesen Abend spurlos verschwunden. Auch die nächsten Wochen hatte man ihn kaum im Dorf gesehen, er war quasi ›abgetaucht‹. Der Abend endete damit, dass man wütend nach Hause ging oder noch irgendwo bei einem Mitstreiter einkehrte, um nach alter Tradition Spiegeleier zu essen.

Im Gegensatz zur heutigen Zeit fand man sich tatsächlich um 20 Uhr ein. Meistens endete die Fete um ein Uhr, und man ging nach Hause. Unvorstellbar für die heutige Zeit, wo sich die Heranwachsenden samstags um acht Uhr erst mal privat treffen. Denn dort wird mit günstigem Alkohol aus dem Sonderangebot erst mal ›vorgetrunken‹ oder wie es auch so schön heißt ›vorgeglüht‹, um erst gegen 24 Uhr mit dem Taxi in die Disco zu fahren.«

Party bei uns auf dem Bauernhof

Auch wir Brüder der Familie Wenning kommen auf die Idee, so eine Frei-Saufen-Party zu veranstalten. Da das Rindvieh im Sommer auf der Wiese zu Hause ist, steht uns die ganze Tenne als Partyraum zur Verfügung. Nur die Kühe müssen natürlich im angrenzenden Kuhstall gemolken werden. Aber sechs Uhr morgens werden die Partygäste wohl verschwunden sein. So beschließen wir, mithilfe der Clique von Stefan eine 10-DM-frei-Saufen-Party zu organisieren. Da wir drei Brüder bei solchen Anlässen gut zusammenhalten, kriegen wir das auch mit Sicherheit hin. Der Hof wird sauber gemacht und die Tenne mit Grünzeug und einem Bundeswehrnetz geschmückt. Paul Melchers, der Bierlieferant aus dem Dorf, liefert uns Getränke einschließlich Kühlwagen dafür. Schließlich erwarten Stefans Freunde, die noch durch Kamikazes Cousin Lutz und unseren Nachbarn Werner verstärkt werden, sowie meine Brüder und ich gespannt, wie der Abend sich entwickelt.

Die jugendlichen und jungen erwachsenen Gäste kommen pünktlich und zahlreich auf unseren Hof. Über 300 Leute sind hier bereits um 21 Uhr versammelt. Ich stehe an der Kasse und kassiere die zehn DM Eintritt. Einige sind zu geizig, das Geld zu zahlen, und haben Helfer, die ihnen kostenloses Bier nach draußen schmuggeln wollen. Mit wachen und nüchternen Augen weiß ich, das zu unterbinden. Einige versuchen, umsonst hereinzukommen, mit der Ausrede Auto fahren zu müssen. Doch wie will man das kontrollieren? Nein, da lasse ich nicht mit mir reden und schicke die Bittsteller höflich wieder vor die Tür.

Doch einer schleicht sich hinter meinem Rücken heimlich auf unsere Tenne. Es ist Michael Büter, Sohn des Erfinders und Erbauers des Freizeitparks Dorf Münsterland in Legden. Doch den Sohn des Gründers des Millionenprojektes schmeiße ich eigenhändig wieder raus. Hier haben auch Promikinder keine Vorrechte auf freien Eintritt oder freies Saufen. Die Fete läuft sehr gut. Kamikaze legt die Platten auf und heizt den Leuten mit populärer und vor allem rockiger Musik gut ein.

Zwischendurch müssen wir einen Krankenwagen bestellen. Ein Fetengast hat mit dem Messer an seinen Pulsadern geritzt. Dieser verschwindet zwischendurch in einem Maisfeld. Als der Krankenwagen auf den Hof fährt, taucht er dann wieder auf. Die Sanitäter verbinden den vermeintlichen Selbstmörder und verzichten darauf, ihn mitzunehmen. Anscheinend war der Selbsttötungsversuch doch wohl nicht ganz so ernst gemeint.

Insgesamt verläuft die Feier absolut friedlich. Nur haben wir versäumt, genügend Helfer einzusetzen. Zwar sind genug junge Leute zum Bierzapfen im Einsatz, doch wir haben vergessen, Einsatzkräfte zum Gläsersammeln loszuschicken. Die Folge sind um die 600 zerstörte Gläser. Dieses Phänomen, dass Gläser einfach auf den Boden gelegt oder auch fallen gelassen werden, ist in Bauernschaften weitverbreitet. Bei Landjugendfesten registriert man zum Teil einige Tausend zerbrochene Gläser. Der unschöne Begriff »Kristallnacht« entsteht zu dieser Zeit neu.

Weiterhin sorgt Kamikaze mit fetziger Musik für anhaltend gute Partystimmung. Aber gegen vier Uhr meinen wir, dass es gut sei. Deshalb beschließen Kamikaze und ich, die Gäste rauszuekeln. Kamikaze legt das unpopuläre Album »Brainticket« von der Gruppe Cottonwood Hill auf. Ein Ticket zum Nachhausegehen quasi. Wenn man nicht gerade Fan dieser schrägen Musik ist, dann kann sie jemanden schon so nerven, dass er schlagartig den Raum verlässt. Jedenfalls ist die Tenne innerhalb weniger Minuten leer.

Wir, Veranstalter und Helfer, sind auf einmal wieder unter uns, und es wird wieder umgänglichere Musik aufgelegt. Während die anderen noch ein paar Stunden feiern, hole ich die Kühe auf die Tenne, um sie zu melken. Denn ich habe keine Lust, mich erst kurz hinzulegen und dann nach einer Stunde Schlaf wieder rauszumüssen. Die Kühe glotzen wegen der angetrunkenen Menschen und der lauten Musik ein bisschen blöd. Doch ansonsten bleiben sie ruhig und geben genauso viel Milch wie sonst auch.

Als wir dann am Sonntag Tenne und Hof aufräumen, kommt es zwischenzeitlich zu einem spektakulären Unfall. Martin Kösters, der Kamikaze in dessen »Trinkpausen« als DJ vertreten hatte, versucht sich als Stuntman-Mofafahrer. Beim Ritt über eine Sprungschanze stürzt er mit dem Mofa und überschlägt sich. Sofort rufen wir einen Rettungswagen herbei. Martin wird ins Krankenhaus gefahren und dort mit Gehirnerschütterung und Schleudertrauma behandelt. Zum Glück kann er sehr schnell wieder entlassen werden.

Insgesamt machen wir bei unserer Frei-Saufen-Party weder Gewinn noch Verlust. Trotzdem gibt es ein Jahr später eine weitere Party, wobei wir dann 15 DM Eintritt von den männlichen Teilnehmern kassieren. Auch in diesem Jahr machen wir keinen großen Gewinn. Aber insgesamt sind wir, die Veranstalter und auch die Partygäste, doch einigermaßen zufrieden.

Tempobolzer

Heiner ist schon ein Verrückter, denn statt durch wunderschöne Naturstrecken locker und genussvoll zu laufen, gibt er vom ersten Moment an Gas. Da ich mich in einer sehr guten läuferischen Verfassung befinde, kann ich die Angriffe Heiners stets kontern. Dies können viele Mitläufer, die »zur Probe« in den Baumbergen mal mitlaufen, nicht. Viele gehen beim Tempodruck des Heiner Althoffs unter und laufen niemals wieder mit uns beiden diese Strecke. Oft ermahne ich Heiner, das Ganze lockerer zu sehen und nicht aus jeder Trainingseinheit einen Wettkampf machen zu wollen. Zumal er sich mit solchen Eskapaden auch gelegentlich selbst isoliert. Doch Heiner kann nicht anders. Er ist Tempoläufer durch und durch, der nur in der Spitze und mit vollem Speed laufen kann.

Meine Wettkämpfe in dieser Zeit beschränken sich überwiegend auf die Mittelstrecke. Mit dem Hindernislauf habe ich abgeschlossen, da ich meine Hürdentechnik für nicht ausreichend halte. Die Langstrecke, mein eigentliches Ziel, lasse ich außen vor, da ich zuerst über die Mittelstrecke meine Grundschnelligkeit schulen möchte. In späteren Jahren, dann mit einer gewissen Schnelligkeit ausgestattet, möchte ich auf der Langstrecke zuschlagen.

So starte ich diese Saison fast ausschließlich auf der Mittelstrecke. Über 800 Meter belege ich in 2:00,5 Minuten den zweiten Platz hinter Michael Umlauf bei den Kreismeisterschaften. Bei den Münsterlandmeisterschaften werde ich Vierter in 4:09 Minuten über die 1500 Meter. Die 400 Meter laufe ich in dieser Saison in 54,6 Sekunden und auch die 1000 Meter Ende der Saison in Dülmen in guten 2:36,5 Minuten, jeweils in Bestzeit.

Eigentlich ist es eine sehr schöne Zeit, denn ich habe wenig Stress. Die Verantwortung für den Hof haben meine Eltern, und mit Mädchen habe ich auch keine Probleme, da ich keine näher kenne. So kann ich mich ganz auf meinen Sport konzentrieren.

Doch insgesamt trainiere ich zu hart. Dreimal, oft auch viermal mache ich Tempoläufe auf dem Legdener Sportplatz oder in Coesfeld mit Heiner Althoff und Uli Hörnemann zusammen. Dann werden schon mal die 1000-Meter- Intervallläufe weit unter drei Minuten gelaufen. Teilweise laufen wir die 1000er um die 2:50 Minuten. Ein absolutes Wahnsinnstempo. Diese hohen Trainingsbelastungen führen oft dazu, dass ich übertrainiert und im Wettkampf ausgebrannt bin. Auch häufen sich dadurch bei mir Verletzungen.

Die Play-back-Panne

Unser Nachbar Ludger Evelt versucht in diesem Jahr, in der Gaststätte Düstermühle eine Karnevalsparty zu organisieren. Als Volksmusik- und Schlagerfan will er die Musik selbst auflegen. Doch er sucht noch Darsteller und Interpreten für diesen Abend. Die Bauernschaft Wehr ist nicht gerade eine Karnevalshochburg, deshalb scheint es schwierig, ein Programm auf die Beine zu bekommen.

Spontan habe ich die Idee, die Gruppe Trio einzuladen, die ja schließlich mit »Da da da, ich lieb dich nicht, du liebst mich nicht, aha aha aha« einen Welterfolg landen konnte. Natürlich nicht die echten Interpreten, sondern eine Coverband oder besser gesagt Play-back-Band. Diese dreiköpfige Play-back-Band sollte aus drei Brüdern der Familie Wenning bestehen. Als ich Stefan und Uli von meiner Idee erzähle, sind sie sofort dafür zu begeistern, bei dem Projekt mitzumachen. Wir sind zwar so ziemlich die unmusikalischste Familie im Münsterland. Denn niemand aus unserer Familie hat je ein Musikinstrument in der Hand gehabt. Auch hat niemand aus unserer Familie je irgendwo in einem Chor mitgesungen. Obwohl unsere Familie jeden Sonntag komplett die Kirche besucht, halten wir uns beim Mitsingen der Kirchenlieder diskret zurück.

Trotzdem schnappe ich mir ein altes Mikrophon und Stefan sich zwei Holzstöcke und einen Eimer. Uli nimmt sich ein in gitarrenform geschnittenes Brett, auf dem gespannte Strohbänder aufgenagelt sind, die Gitarrensaiten darstellen sollen. Dann starten wir den Kassettenrekorder, und ich bewege die Lippen zu Stefan Remmlers Sprechgesang. Uli gibt den Gitarristen Kralle Krawinkel, und Stefan spielt den Stehschlagzeuger Peter Behrens alias Karl Knapp.

Unser Auftritt ist auf Altweiberfastnacht. Morgens gehe ich noch zum Friseur und verpasse mir den »Remmlerschnitt.« Meine stets fast schulterlangen lockigen wuscheligen, dichten schwarzen Haare, die bei gewisser Länge fast einen Afrolook erreichen, habe ich auf exakt zwei Millimeter gekürzt. »Die schönen lockigen Haare«, trauert meine Mutter ein wenig. »Ach, die wachsen von alleine wieder nach«, spende ich ihr Trost.

Abends an der Düstermühle trage ich zuerst eine Mütze, damit niemand meinen neuen Look erkennt. Lutz Evelt, der Bauer aus der Nachbarschaft, legt die Musik auf. Er ist ungefähr so alt wie mein Vater, und er ist fasziniert von volkstümlicher deutscher Musik. Wir sind die einzigen künstlerischen Darsteller, die er für diesen Abend verpflichten konnte.

Dann kommen meine Brüder und ich als »Trio« auf die Bühne. Die Leute aus der Bauernschaft sind schon sehr erstaunt, als sie mich in Sakko, T-Shirt und Turnschuhen sowie fast kahl rasiertem Schädel auf der Bühne sehen. Während ich den »Remmler« mache, isst Stefan in Karl Knapp-Manier einen Apfel, während er mit der anderen Hand auf der provisorischen Trommel rumhaut. Für »Da da da« bekommen wir großen Applaus. Danach »performen« wir noch »Anna, lass mich rein, lass mich raus« und den eher schnulzigen Titel »Turaluraluralu – Ich mach BuBu, was machst du«. Insgesamt ein gelungener Auftritt. Wir Brüder sind zwar alle drei total unmusikalisch, aber für eine gute Show und Klamauk durchaus immer gerne zu haben. Das haben wir von unserem Vater geerbt. Eigentlich ein ruhiger, zurückhaltender Mensch. Aber wenn Tönne, so sein Rufname, auf Feiern etwas getrunken hat, dann gibt er den großen Entertainer.

Irgendwie bekommen hohe Landjugendleute wohl Wind von unserem gelungenen Auftritt. Denn ich werde von Bernhard Mess dem Kreislandjugendvorsitzenden und dem Kassierer der Kreislandjugend, Ludger Preckel, kontaktiert. Die beiden schlagen uns einen Auftritt in der Ahauser Gaststätte Enning vor, der am 1. April als April-Scherz laufen soll. Und zwar soll das echte Trio in der Presse angekündigt werden und wir dann quasi als Ersatz erscheinen. Zuerst frage ich skeptisch: »Die Leute kommen doch dann mit falschen Vorstellungen, die denken doch die echten Trio-Stars kommen?« »Wer am 1. April auf so was reinfällt, der ist selbst schuld!«, entgegnet mir Ludger Preckel vehement. »Okay, dann machen wir den Spaß mit«, willige ich ein, ohne meine beiden Brüder vorher zu fragen.

Die sind natürlich dabei, als wir am 1. April abends in der Gaststätte auftauchen. Der Saal ist mit weit über hundert Trio-Fans gefüllt. Die zumeist Landjugendmitglieder erwarten mit Spannung den Liveact. Die beiden Landjugendgrößen Mess und Preckel begrüßen uns erwartungsvoll. Zum Play-back-Auflegen wurde der Aushilfs-DJ unserer Hofparty, Martin Kösters, engagiert.

Als wir die Bühne betreten, ist der Saal abgedunkelt, damit nicht jeder sofort erkennt, dass wir die »Falschen« sind. So beginnen wir unter dem Applaus der Zuschauer unseren Auftritt. Mit dem »Da da da« begeistern wir die Landjugend aus dem Ahauser Raum. Ein weiblicher Fan überreicht mir sogar eine Rose. Doch zwischen dem zweiten und dritten Titel hat DJ Martin Kösters Probleme, die richtige Platte zu finden. Diese Panne verrät uns schließlich, denn einige Zuschauer sagen mir später, sie hätten mich wirklich anfangs für den richtigen »Remmler« gehalten. Auch wenn wir nicht die »Echten« sind, gehen doch auch die Trio-Fans zufrieden nach Hause. Am nächsten Tag schreibt Bernhard Mathmann von der lokalen Presse: »Play-back-Panne verrät Trio-Aprilscherz.«

Rückkehr des Bruders

Im Mai erklärt mir Heiner plötzlich: »Siggi kommt zurück!«
Siggi ist der Bruder von Heiner, der vor vier Jahren nach
Neuseeland ausgewandert war und nun wieder zurück nach
Coesfeld kommt. Heiner freut sich sehr darüber, denn er hat
mit seinem Bruder in der Vergangenheit viel unternommen.
Vor allen in Sachen Laufen waren die beiden deutschlandweit
unterwegs. Beide waren mit Marathonbestzeiten weit unter
2:40 Stunden ausgestattet und auf vielen Meetings unterwegs.
Siggi kommt braun gebrannt und topfit vom anderen Ende der
Welt zu uns geflogen.

Nach dem ersten gemeinsamen Trainingslauf lädt er uns
zu einer Aerobicstunde ein. Diese vor einigen Jahren populär
gewordene Fitnessart hat er in Neuseeland fast täglich trainiert.
Aber diese Trainingsstunde mit Siggi hat es in sich. Heiner und
ich sind danach gut bedient. Auch in die Baumberge will Siggi
mit uns fahren. Siggi, der wieder bei seinen Eltern in Coesfeld
einzieht, setzt sich an den Lenker von Papas Wagen und will mit
Heiner und mir Richtung Baumberge fahren. »Stopp, Siggi,
stopp!«, schreit Heiner ihn an. »Was ist los?«, fragt Siggi cool.
»Du bist auf der falschen Seite«, erkläre ich Siggi. »Wir sind
hier in Deutschland, und da fährt man rechts«, fügt Heiner
dazu. Siggi, der die linke Fahrspur noch von Neuseeland kennt,
schwenkt den Wagen sofort auf die rechte Spur um. Nach vier
Jahren in Ozeanien muss er sich erst einmal wieder an den
deutschen Verkehr gewöhnen.

Allerdings, später in den Baumbergen braucht Siggi
keine Eingewöhnungszeit. Toptrainiert kann er die knackigen
Steigungen und auch die Tempoverschärfungen von Heiner
locker mitgehen.

Der Tanzbär

Im Herbst 1985 bekommt Heiner plötzlich mitten in einer Nacht von Freitag auf Samstag einen Anruf. »Du musst mir helfen, Heiner. Du musst mich hier rausholen!« Der Anrufer bin ich. Es ist zwei Uhr nachts, und ich bekomme von dieser nächtlichen Aktion nichts mit, denn ich habe mal wieder einen Filmriss. Immerhin kann ich Heiner mitteilen, dass ich mich in der Gaststätte Hermannshöhe befinde. Die Kneipe liegt an der Bundesstraße zwischen Holtwick und Legden und ist somit für Heiner leicht zu finden.

In der Gaststätte findet eine Tanzveranstaltung statt und Heiner einen Tanzbären vor, der sich nicht mehr artikulieren kann. Dieser Tanzbär mit den unrhythmischen Bewegungen und den lächerlichen Slapstickeinlagen bin ebenfalls ich. Die anwesenden Gäste lachen sich kaputt, denn sie haben Spaß an meinen Ausfallerscheinungen. Heiner ist sehr sauer darüber, dass ich mich zum Narren mache und zum Gespött der Leute erniedrige. Kurz entschlossen packt er mich am Kragen und schleppt mich raus aus der Hermannshöhe. Dann legt er mein Rennrad noch in den Kofferraum und bringt mich nach Hause.

Als mir Heiner am nächsten Tag von meinen unrühmlichen Aktivitäten erzählt, bin ich geschockt. Wieder kann ich mich an nichts erinnern. Wieder habe ich mich blamiert, und wieder war ich auf die Hilfe eines Freundes angewiesen, um überhaupt sicher nach Hause zu kommen. Doch auch Heiner ist geschockt. Er kannte mich bis jetzt nur als jungen ehrgeizigen Menschen, der für seinen Sport lebt. Doch nun kennt er auch mein zweites Gesicht.

Nach diesem erneuten Alkoholabsturz fordern meine Eltern mich vehement auf, dass ich mich einer Selbsthilfegruppe anschließen solle. Um nicht weiteren Ärger und Stress zu Hause zu haben, willige ich schließlich ein. Am nächsten Tag sehen wir gemeinsam in die Zeitung. Dort steht, dass sich die Anonymen Alkoholiker immer Donnerstagabend in einem Pfarrheim in Ahaus treffen.

Donnerstag dann fahre ich mit dem Rad nach Ahaus. Zwar habe ich meinen Eltern erzählt, dass ich mich meiner Sucht stellen wolle und auf jeden Fall die Selbsthilfegruppe besuchen möchte, doch ich denke keine einzige Sekunde daran, dies in die Tat umsetzen zu wollen. Denn ich schäme mich ganz abscheulich für meine Sucht. Ich will und kann mit niemandem darüber reden. Dieses Thema möchte ich weiter unter den Tisch kehren, denn es geht niemanden etwas an, dass ich ein Alkoholproblem habe. Außerdem fühle ich mich immer noch in der Lage, das Problem der Alkoholabhängigkeit alleine zu lösen.

Statt zur Selbsthilfegruppe gehe ich ins Schwimmbad. Mit Sport will ich die Sucht bekämpfen. Da ist Schwimmen ein weiteres gutes Trainingsmittel. So erzähle ich meinen Eltern jeden Donnerstag die Legende von den Anonymen Alkoholikern. Diese gewiss sehr gute Selbsthilfegruppe in Ahaus werde ich niemals aufsuchen.

Feuchtfröhliche Theaterauftritte

Anfang 1986 möchte die Legdener Landjugend ein plattdeutsches Theaterstück aufführen. Da meine Eltern zwar untereinander, aber nie mit uns Kindern diese Sprache gesprochen haben, kann ich nur unvollkommen Plattdeutsch sprechen. Trotzdem schließe ich mich der Theatergruppe an, denn für eine kleine Rolle werden meine Plattkenntnisse wohl reichen. Bei der Vorbesprechung bekomme ich dann eine Nebenrolle zugeteilt. Ich soll einen Landstreicher spielen, der bei einem Bauern in die Küche eindringt und eine Flasche Bier klaut. Ich ahne nicht, dass aus dieser Theaterrolle eines Tages Realität werden wird. Denn in dieser Zeit meines Lebens verschwende ich keinerlei Gedanken daran, dass ich 13 Jahre später als obdachloser Junkie meinen Drogenkonsum durch Einbrüche finanzieren könnte.

Die Proben laufen ganz gut. Gaby und Ulla, die beiden Schwestern aus der Nachbarschaft, sind zwei talentierte und erfahrene Laienschauspielerinnen, die auch mehr oder weniger die Regie übernehmen. Ebenfalls ist Josef Honermann, mein ehemaliger Mitschüler und Klassensprecher vom zehnten Schuljahr, dabei. Als Landjugendvorsitzender hat er natürlich auch eine Leaderfunktion bei unserer Theatervorführung. Momentan sind wir beide noch als Hoferben in der Landwirtschaft eingeplant. Doch auch das wird ein Jahrzehnt später anders verlaufen. In der Drogenentzugsklinik, wo ich, inzwischen lange arbeitslos, entgiften werde, wird Josef als Krankenpfleger arbeiten. Es kommt immer anders, als man denkt …

Um die Nervosität ein wenig zu lindern, wird vor der Generalprobe und Premiere ein wenig Alkohol konsumiert. Ich möchte auf jeden Fall eisern sein und auf Alkohol verzichten. Da ich die kleinste Rolle habe, bin ich auch nicht nervös. Mein Part ist es, in den Bauernhof einzubrechen, dann in der Küche den Kühlschrank zu plündern und eine Flasche Bier auf Ex wegzutrinken. Weil sich in der Flasche ein Schlafmittel befindet, nicke ich dann weg und werde schließlich von Bauer und Knecht weggetragen. Da meine Haare wieder lang und wuschelig sind, passen sie gut zur Rolle. Außerdem habe ich mich über eine Woche nicht rasiert und trage alte, viel zu weite Klamotten. Mit anderen Worten: Die Rolle ist mir auf den Leib geschnitten. Den Monolog, den ich am Kühlschrank führe, bekomme ich gut hin. Auch die mit Wasser gefüllte Bierflasche kann ich locker in einem Zug leeren. Am Ende bekommt unsere Theatergruppe großen Applaus vom Publikum.

Bei der zweiten Vorstellung kann ich nicht widerstehen und greife zu den überall bereitstehenden alkoholischen Getränken hinter der Bühne. Auch alkoholisiert kriege ich meine Rolle gut hin. Dabei baue ich meinen Monolog noch aus und sorge noch für ein paar zusätzliche Lacher. Nach der Vorstellung ermahnt mich Ulla, meine Rolle nicht zu sehr zu verändern. Doch ich registriere das gar nicht, denn ich bin in einer anderen Welt, wieder einmal sturzbesoffen. Von den Getränken wie Schnaps, Likör und Bier, die »backstage« großzügig angeboten werden, habe ich reichlich gekostet.

Voll auf Alkohol, bin auch die nächsten Tage nicht in der Lage, mich auszunüchtern. Heimlich bediene ich mich an den Spirituosen meiner Eltern. Zwar haben sie den Keller mit den Schnaps-, Wein- und Sektflaschen verschlossen, doch ich habe den eigentlich gut versteckten Schlüssel schnell gefunden. So saufe ich tagelang heimlich, um meinen Pegel zu halten. Auf keinen Fall möchte ich auf Entzug kommen, denn am nächsten Wochenende stehen die letzten beiden Vorstellungen an. Ich habe große Angst vor dem Alkoholentzug, auf Entzug kann ich auch nicht Theater spielen, rede ich mir ein. Heimlich saufe ich weiter und komme auch schon ziemlich betrunken bei den letzten beiden Vorstellungen an. Als inzwischen gut trainierter Alkoholiker kann ich einiges wegstecken, sodass ich nicht wackelig auf den Beinen bin oder lalle. Nur nicht auffallen, das ist mein einziger Gedanke.

Ein Los, welches zwei Millionen Alkoholiker in Deutschland mit mir teilen. Der Alkoholiker trinkt heimlich auf Toiletten, hinter einer Hecke, einer Bushaltestelle oder wenn er kurz alleine im Raum ist. Niemand darf ihn beim Trinken sehen. Er schämt sich für seine Sucht und tut alles, um sie zu verheimlichen. Er versteckt den Alkohol in kleinen Flachmännern in der Jacke oder in der Tasche. Er erfindet Verstecke für seine Flaschen zu Hause, im Büro oder woanders am Arbeitsplatz. Er füllt sich morgens schon den Schnaps in den Tee oder den Kaffee, um sich unauffällig zwischendurch einen genehmigen zu können. Er kaut Kaugummi, isst Lakritz oder wendet andere Tricks an, um seine Alkoholfahne zu vertuschen. Er führt ein Doppelleben, und seine größte Sorge ist es, enttarnt zu werden.

Während der Theatervorstellungen kann ich offen weiter saufen. Das fällt keineswegs auf, denn die anderen trinken auch reichlich. Nach der letzten Vorstellung fahren wir noch zu einem »Schauspielerkollegen« auf den Hof zum

Spiegeleieressen. Spiegeleieressen hat eine große Tradition im Münsterland. Ein Brauch, der nach Schützenfesten oder anderen Feierlichkeiten auf dem Lande oft praktiziert wird. Die Stimmung in unserer Theatertruppe war die ganze Zeit sehr gut, und wir möchten das Ganze noch mit einem gebührenden gemeinsamen Abschluss krönen. So werden noch einige Liter Alkohol und etliche Spiegeleier auf dem Hof verzerrt.

Irgendwann zwischen sechs oder sieben Uhr komme ich am Sonntagmorgen volltrunken zu Hause an. Nach wenigen Stunden Schlaf werde ich wieder wach. Obwohl der Alkoholpegel im Körper noch sehr hoch ist, ist das Verlangen nach neuem Stoff schon wieder akut. Doch ich habe vorgebaut und unter dem Bett einige Flaschen Korn versteckt. In einem Zug haue ich mir eine halbe Flasche Korn weg. Ich habe Glück, denn mein Magen rebelliert zwar, aber er stößt das Gift nicht wieder ab. Mir ist zum Kotzen, aber ich kotze nicht, und der Schnaps bleibt drin. Das Zeug schmeckt absolut widerlich, wirkt sehr schnell, denn meine Unruhe ist sofort weg. Im Schädel und im Bauch macht sich ein entspannendes, wärmendes Gefühl breit. Diese wirklich kurzen schönen Momente möchte ich genießen. Ich schmeiße den Kassettenrekorder an. Aus dem Gerät kommt schnulzige, sentimentale Schlagermusik. Im Suff träume ich von einer schönen heilen Welt und nicke sofort weg.

»Willst du denn heute gar nicht aufstehen!«, hallt es durch den Raum. Als ich die Augen aufmache, sehe ich, dass meine Mutter in der Tür steht. »Da stimmt doch was nicht. Du hast doch bestimmt wieder Alkohol getrunken!« Als ich auf den Wecker sehe, erkenne ich, dass es schon 15 Uhr nachmittags ist. »Nein, Mama, ich habe nichts getrunken. Ich konnte nicht einschlafen und bin deshalb noch so müde«, entgegne ich. Lügen, lügen, lügen, das ist das tägliche harte Brot eines jeden Alkoholikers. Nur nichts zugeben. Immer wieder neue Geschichten und Legenden erfinden, dies gehört zum täglichen Tagesgeschehen einer jeden Suchtgeschichte. »Aber zum Füttern und Melken der Kühe bist du gleich unten, Hermann Josef!«, fordert mich meine Mutter auf. »Ja, Mama, mache ich«, versuche ich zu beschwichtigen. So gegen 16:30 Uhr stehe ich auf und kippe mir ein halbes Fläschchen Korn rein, um arbeitsfähig zu sein. Dann ziehe ich meine Arbeitsklamotten an, um die Stallarbeit erledigen zu können.

Täglich arbeiten Millionen Menschen in diesem Land unter Alkoholeinfluss. Der Maurer zieht angetrunken die Mauer hoch. Der Finanzbeamte stöbert im erhöhten Promillebereich in seinen Akten. Der Topmanager erklärt den leitenden Angestellten im Vollrausch seine neue Unternehmensstrategie, oder der Oberarzt leitet betrunken eine lebenswichtige Operation. Alkoholiker gibt es in allen Berufs- und Lebensbereichen.

Da ich nur das Vieh zu versorgen habe, kann ich bei meiner Arbeit keine für Menschen lebensgefährlichen Aktionen durchführen. Als ich nach dem Melken und Füttern der Tiere ins Wohnhaus gehen will, steht meine Mutter im Flur, und ich erstarre förmlich vor Schreck. Denn in der Hand hält sie drei Schnapsflaschen. Zwei dieser Schnapsflaschen sind leer, während die dritte noch halb voll ist. Die Flaschen lagen oben in meinem Zimmer unter dem Bett, und meine Mutter hat sie gefunden. »Warum tust du uns das schon wieder an?«, stellt mir meine Mutter vorwurfsvoll die Frage. »Ich weiß auch nicht, Mama«, versuche ich kleinlaut ein wenig auf Mitleid zu machen. »Mama, ich gehe wieder ins Bett, ich kann nicht mehr«, sage ich noch, als ich die Treppe hochschleiche. »Schlaf dich aus, damit du morgen wieder arbeiten kannst«, bekomme ich noch nachgerufen.

Sofort schlafe ich ein, aber schon nach zwei Stunden werde ich wieder wach. Dass ich jetzt nicht wieder einschlafen kann, ist klar, denn ich bin voll auf Entzug. In meinem weiteren Leben werde ich noch viele Entzüge kennenlernen. Den Nikotinentzug, den Amphetaminentzug, den Heroinentzug oder auch einmal den Methadonentzug. Doch der Alkoholentzug ist der mit Abstand heftigste, körperlich und auch psychisch. Neben den Magen-, Kopf- und Gliederschmerzen spielt die

Seele total verrückt, wobei das erbärmlich schlechte Gewissen, die quälenden Schuldgefühle und die panisch große Angst die Hauptrollen in meinem persönlichen Horrorszenarium spielen.

Nach einer Stunde halte ich es nicht mehr aus. Ich stürze die Treppe hinunter. »Mama, ich brauche Alkohol, bitte gib mir was. Ich kann nicht mehr, bitte gib mir was, bitte, bitte, bitte«, flehe und heule ich wie ein kleines Kind. »Nein, Hermann Josef, ich kann dir nichts geben, dann hört das nie auf. Du musst jetzt durchhalten, morgen geht's dir schon besser. Ich koche dir einen Tee und gebe dir eine Kopfschmerztablette«, versucht meine Mutter mich zu beschwichtigen. Nachdem ich Tee und Tablette verzerrt habe, schlürfe ich enttäuscht die Treppe wieder hoch. Ich verbringe eine schlaflose Nacht und erhebe mich auch morgens nicht zum Versorgen der Tiere. Meine Eltern wissen inzwischen, wie sich mein Alkoholentzug abspielt. Drei bis fünf Tage liege ich wie ein Häufchen Elend im Bett, bis der Alkoholentzug überstanden ist. Danach versuche ich kleinlaut und geläutert, mich zu ändern. Ich versuche es wirklich mit bestem Willen, leider bleibt es immer bei Versuchen …

Frank Zappa

Nach meinem neuerlichen Alkoholabsturz besinne ich mich in den Sommerferien wieder aufs Training. Dabei beziehe ich den Baggersee mit ein, der ungefähr einen Kilometer von unserem Hof entfernt liegt. Hier laufe ich barfuß durch den weißen Sand, mache Gymnastik- und Aerobicübungen und gehe zum Abschluss noch ein wenig im See schwimmen. Dabei werde ich meistens von unseren zwei Hunderüden begleitet. Rocky, ein kleiner Mischling aus Terrier, Pudel und auch möglicherweise Dackel. Rambo, unser Boxer, ist aus der reinrassigen Zucht von Onkel Jupp aus Nottuln. Die beiden Hunde kommen meistens mit zum See und kühlen sich gerne bei der Hitze ab. Als Sylvester-Stallone-Fan war ich maßgebend bei der Wahl der Hundenamen beteiligt. Seit Jahren sehe ich mir die Rockyfilme an. Die Filmfigur Rocky ist eine Art Vorbild für mich. Der anfangs kaputte Rocky Balboa schafft in seinen Filmen den Durchbruch oder immer wieder das Comeback. Ich als kaputter Alkoholiker träume auch davon, zumindest sportlich irgendwann einmal den Durchbruch zu schaffen.

Natürlich sind auch Badegäste am See, die eher zur Entspannung und nicht wie ich zu Trainingszwecken unterwegs sind. Nach Beendigung meiner Einheiten geselle ich mich gelegentlich zu den meistens aus meinem Heimatdorf kommenden Jugendlichen. Einer davon ist Heinrich. Der langhaarige Landwirtssohn, der auch bei uns in der Bauernschaft wohnt, ähnelt in seinem Look ein wenig dem im US- Staat Maryland geborenen Sänger Frank Zappa. Heinrich, mit dessen Schwester Gertrud ich die Grundschule besuchte, ist öfter mal abends am Baggersee. Dabei raucht er gelegentlich ein kleines Pfeifchen. »Was rauchst du da mit der kleinen Pfeife?«, frage ich neugierig. »Das ist Dope, Hermann«, erklärt mir Heinrich. »Was ist Dope?«, frage ich immer noch total unwissend. »Das ist Cannabis, auch Haschisch genannt. Es entspannt und macht gute Laune«, klärt mich Heinrich auf.

Bis dahin hatte ich nie Kontakt mit Haschisch oder irgendwelchen anderen illegalen Drogen. Da mich Drogen nie interessiert haben, bin ich in dieser Beziehung auch total unwissend. »Darf ich auch einmal probieren?«, setze ich vorsichtig nach. »Ja, Hermann, ich mache dir eine schöne Mischung fertig!« Im gleichen Moment nimmt er einen kleinen braunen Klumpen aus der Tabakdose. Diesen vielleicht einen halben Zentimeter dicken Haschischbrocken erhitzt er mit einem Feuerzeug, sodass der halbe Klumpen auseinanderfällt. Den gebröselten Stoff mischt er dann mit Tabak und befüllt damit sein kleines Pfeifchen. Heinrich entzündet die Pfeife und nimmt einen tiefen Zug. Nachdem er den Rauch ausgeatmet hat, gibt er mir den Tipp. »Hermann, ganz tief inhalieren und lange drin lassen, das kommt gut!« Neugierig befolge ich seinen Rat. Doch ich merke gar nichts. »Ja, Hermann, das Dope kommt manchmal erst viel später«, versucht Heinrich mich zu beschwichtigen. Doch es kommt nichts, aber auch gar nichts. Weder werde ich stoned, breit, dicht oder sonst was noch habe ich Halluzinationen oder andere Bewusstseinserweiterungen, wie man es oft so hört.

Mein erster vermeintlicher Drogenrausch bleibt ein Reinfall. Die Folge ist, dass ich das Haschischrauschen oder Kiffen für eine Legende halte. An dieser nutzlosen Droge verliere ich somit jedes Interesse. Es dauert neun Jahre bis ich mich wieder mit diesem Thema beschäftige. Erst viel später erfahre ich, dass sich bei einigen Menschen erst ein THC-Depot bilden muss, bevor er einen Rausch verspürt. Dieses Depot füllt sich letztendlich nach mehrmaligem Haschischkonsum. So ist die Situation, dass Heinrich gut breit ist und ich nichts, aber auch gar nichts merke, durchaus nachvollziehbar.

Einige Wochen später treffe ich Heinrich an einem Sonntag in Ahaus. Der Zufall will es, dass ich mal wieder voll rückfällig bin und Heinrich sich ebenfalls auf einer Sauftour befindet. Heinrich ist für seine Eskapaden in der Bauernschaft bekannt. Die lokale Presse berichtete schon einige Male, als er Probleme mit der Polizei hatte. Vor einigen Monaten wurde er von der Polizei angehalten, die wohl einen Alkoholtest mit ihm machen wollte. Doch Heinrich verschloss einfach von innen seine Autotür, um diesen Test zu umgehen. Ein Polizist schließlich löste den Fall, indem er einfach die Seitenscheibe des Autos zerschlug. Da der anschließende Alkoholtest positiv ausfiel, war neben dem defekten Auto auch noch der Führerschein weg.

Trotz seiner vielen Eskapaden gilt Heinrich als eigentlich netter, charmanter Gesprächspartner, der auch mal gerne andere Menschen, vor allem weibliche, elegant um den Finger wickeln kann. So gehe ich auf Heinrichs Vorschlag ein, mit ihm gemeinsam um die Häuser zu ziehen. Dabei haben Heinrich und ich zwei Dinge gemeinsam. Wir sind beide bereits sternhagelvoll, und andererseits haben wir kein Geld mehr im Portemonnaie. Doch Heinrich lässt sich nicht entmutigen. »Hermann, wir müssen sehen, dass wir einen Sponsor finden«, fordert er mich auf. »Was für einen Sponsor suchst du? Hast du jetzt auch mit Sport angefangen, Heinrich, und willst internationaler Profiläufer werden?«, frage ich ein wenig, um ihn – gelinde gesagt – auf die Schüppe zu nehmen. Entspannt antwortet er: »Ne, Hermann, ich suche Sponsoren, die uns heute Abend das Saufen bezahlen!« Dann geht er in eine Telefonzelle, denn Handys gibt es 1986 immer noch nicht, und fängt an, Nummern zu wählen. »Du, Hermann, meine Schwägerin ist zu Hause, da müssen wir nun hin.« Gesagt, getan, und nach einer halben Stunde Fußweg erreichen wir Heinrichs Verwandte. Die sind nicht unbedingt davon erbaut, dass wir uns so frech eingeladen haben. Ich kann kaum verheimlichen, dass mir unsere Aktion peinlich ist. Heinrich dagegen bittet dreist erst einmal um Getränke. Mit seiner charmanten unverschämten Art zieht er unseren Aufenthalt auf über eine Stunde hin. Das Ganze wird mit Schnittchen und etlichen Flaschen Bier gekrönt.

Eine ähnliche Aktion können wir bei anderen Bekannten Heinrichs noch einmal durchziehen. Danach gehen wir in eine Ahauser Kneipe und bestellen einfach, ohne dass wir eine müde Mark in der Tasche haben. Dann fragt mich Heinrich: »Du als Topläufer hast doch bestimmt auch einen liquiden Sponsor?« Mit einem schlechten Gefühl rufe ich dann schließlich bei meinen Freunden Hans und Isolde in Stadtlohn an. Am Telefon erzähle ich Isolde von unseren finanziellen Nöten. Die merkt natürlich, dass ich total betrunken und absolut unzurechnungsfähig bin. Es ist schon spät in der Nacht, und für Isolde wirkt die Sache mysteriös. Schließlich lehnt sie ab, uns Geld zu bringen. Eine absolut richtige Entscheidung von Isolde. Denn oft machen Angehörigen und Freunde den Fehler, dass sie dem Süchtigen immer wieder mit Alkohol, Geld oder anderen Hilfeleistungen unterstützen wollen. Dabei spricht man auch gerne von Co-Abhängigkeit. Dieses

Verhalten ist falsch, denn damit fördern die dem Süchtigen nahestehenden Menschen weiterhin nur dessen Sucht und nicht die Heilung.

Im Laufe der Nacht werde ich so betrunken, dass ich mal wieder einen Filmriss erleide. Heinrich ruft schließlich bei meinen Eltern an. Die kommen dann, zahlen unsere Zeche und bringen mich und auch Heinrich nach Hause. Am nächsten Tag wundere ich mich, dass Heinrich einen sehr positiven Eindruck bei meiner Mutter hinterlassen hat. Mit seinem Charme hatte er sich trotz Vollrauschs sehr positiv verkauft. Auf jeden Fall sind meine Eltern sehr dankbar, dass Heinrich sich an diesem Sonntag sehr um mich gekümmert hat. Und dass ich dank seiner Hilfe nicht ganz unter die Räder gekommen bin …

Höhere Landbauschule

Ab August besuche ich die Höhla, wie sie in Fachkreisen genannt wird. Auf diese Höhere Landbauschule gehen Landwirtsgehilfen, die mindestens ein Jahr Praxis nach ihrer Ausbildung hinter sich haben. Ich aber habe schon fast drei Jahre Praxis hinter mir. Vorher war nie das Interesse da, auf diese für landwirtschaftliche Hoferben einschlägig bekannte Schule zu gehen. Da mein Cousin Georg, ebenfalls Hoferbe, sowie dessen Eltern mir die Ausbildung empfohlen haben und ich auch von Kollegen aus der Landjugend viel Positives gehört habe, lasse ich mich schließlich dort einschreiben.

Mein persönliches Interesse hält sich in Grenzen, aber immerhin gibt es sogar 528 DM Bafög im Monat. Da ich bisher nie in meinem Leben eigenes Geld verdient habe, motiviert mich dieser finanzielle Anreiz doch ein wenig. Es werden zwei Klassen gebildet. Eine, die sich auf Milchvieh spezialisiert hat, und eine andere, bei der der Schwerpunkt auf Schweinezucht liegt.

Immerhin sind zwei Mädchen bei uns in der Klasse. Heike aus dem Ort Schermbeck, die sich anfangs ein wenig schwertut, und Sybille, die immerhin sogar Abitur hat. Mit beiden verstehe ich mich ganz gut. Vielleicht weil ich unter den herkömmlichen Landwirten, wie die beiden Mädels auch, ein wenig ein Exot bin. Während die anderen Landwirtssöhne mit ihren eigenen Pkws oder auch dem Mercedes des Vaters zur Schule gefahren kommen, bevorzuge ich ein anderes Verkehrsmittel. Täglich fahre ich mit dem Rennrad die 16 Kilometer von Legden zur Schule nach Coesfeld.

Bereits um 5:30 Uhr stehe ich auf und melke unsere Milchkühe. Nach kurzem Frühstück radle ich dann zur Landwirtschaftsschule. Nach der Schule, der Rückfahrt und dem Mittagessen helfe ich dann auf dem Hof mit. Abends dann folgt noch meine Trainingseinheit im Laufen. Von 5:30 Uhr morgens bis oft abends 21 Uhr bin ich aktiv. Ein langer Tag natürlich, aber mir macht das wenig aus. Dadurch, dass ich gut beansprucht bin und immer etwas zu tun habe, komme ich auf keine dummen Gedanken. Tatsächlich es geht mir gut, und ich lasse die Finger von der Flasche.

Die Schule selbst empfinde ich zum Teil als sehr schwierig. Besonders die Fächer Tierproduktion, Landtechnik und Betriebswirtschaftslehre verlangen sehr viel von mir, wobei diese hohen Ansprüche an uns Hoferben in der heutigen Zeit absolut gerechtfertigt sind. Denn als selbständiger Landwirt führt man einen großen Wirtschaftsbetrieb, der oft seit vielen Jahren in Familienhänden ist und durchaus weit über eine Million DM wert sein kann. Während früher die Milchbauern oft höchstens zehn bis 15 Milchkühe im Stall hatten, sind heute 40, 50 oder 60 Milchkühe Normalität. Einerseits hat sich die Produktion drastisch erhöht, andererseits ist die Zahl der Arbeitskräfte auf den Bauerhöfen rapide zurückgegangen. Früher hatte jeder Bauer seine Knechte und Mägde, und es arbeiteten oft auch unverheiratete Familienmitglieder ihr Leben lang mit auf dem Hof.

So etwas gibt es heute überhaupt nicht mehr. Wenn der Landwirt keinen Hofnachfolger hat und auch nicht verheiratet ist, dann bewirtschaftet er in der Regel ganz alleine seinen Betrieb. Während es im Jahre 1950 noch um die zwei Millionen Bauernhöfe in Deutschland gab, ist die Zahl der Betriebe im Jahre 2012 auf weniger als 300 000 Höfe geschrumpft. »Wachsen oder Weichen« ist das Prinzip, das die Landwirtschaft in der Neuzeit bestimmt. Auf diesen harten »Ausscheidungswettkampf« werden wir hier gezielt vorbereitet. Aber wer dann von uns diese zwei Jahre auf der Höheren Landbauschule gut übersteht, der hat eine ähnliche Qualifikation wie ein Landwirtschaftsmeister. So darf er dann auch Lehrlinge auf dem eigenen Hof ausbilden.

Für mich selbst habe ich nur ein Ziel: Irgendwie die Schule überstehen. Auf keinen Fall möchte ich so ein Desaster erleben wie auf der Höheren Handelsschule. Zwar schreibe ich bei meiner ersten Landtechnik-Arbeit eine glatte Sechs, doch es soll die einzige Klassenarbeit sein, die mangelhaft oder ungenügend ausfällt. Einige Lehrer wie Herr Adams oder Herr Ambrassat sind sehr streng und teilweise auch knallhart zu uns Schülern, während andere Lehrerpersönlichkeiten wie die Herren Faltmann und Lütke-Entrup uns sehr sozial und überaus fürsorglich behandeln. Leider ist es hier auch so wie an allen anderen Schulen. Bei den strengen Lehrern kuschen die Schüler, und das Verhalten der netten, liebenswürdigen Lehrer wird oft ausgenutzt. So wird beim Wirtschaftspolitiklehrer Lütke-Entrup, der niemals einem Schüler ein Mangelhaft geben würde, oft der Unterricht geschwänzt. Manchmal ist nur die halbe Besatzung am Start. Als Entschuldigung für die Fehlzeiten werden dann betriebliche Gründe angegeben. Doch statt zu Hause im Stall oder auf dem Acker zu helfen, wird in dieser Zeit in einer Coesfelder Spielhalle fleißig Billard gespielt. Ich hingegen halte mich der Spielhalle fern. Ich fahre während des Schwänzens lieber in die Coesfelder Heide und mache dort Waldläufe. Wenn Uli Hörnemann oder die Althoffbrüder gerade freihaben, begleiten sie mich oft bei den Trainingseinheiten.

Ansonsten nehme ich die Schule doch recht ernst. Aber aus einem mittelmäßigen Schüler wird natürlich von heute auf morgen kein Musterschüler. Der beste Schüler unserer Klasse ist übrigens mein Cousin Bernhard. Bernhard, dessen Eltern Bernhard und Hilde einen Hof im benachbarten Nienborg haben, ist absolut kein Streber. Doch er hat grundsätzlich immer die beste Klassenarbeit. Also meistens sind seine Noten »sehr gut«, manchmal auch »gut«. Ein Befriedigend wird er sich im Laufe des Schuljahres nicht einfangen. Ich bewundere Bernhard dafür, denn er ist, wie gesagt, kein Streber. Er ist auch nicht überheblich oder arrogant. Nein, er kann es einfach.

Auch wenn ich mich sorgfältig auf die Klassenarbeiten vorbereite, muss ich trotzdem ein wenig nachhelfen, um einen einigermaßen ordentlichen Notendurchschnitt zu bekommen. Vor Klassenarbeiten stelle ich mir kleine Spickzettel zusammen. Darauf habe ich Formeln und andere Wissenslücken, die ich nicht behalten kann, zusammengestellt. Wenn ich in der Klassenarbeit nicht weiterweiß, dann hole ich mir den Zettel aus dem Ärmel und schreibe davon ab. Da ich neben Heike hinten in der Klasse sitze, fällt mir das Mogeln nicht schwer, und ich werde nie erwischt.

Der Talentwettbewerb

Anfang der 1980er-Jahre entstand in Legden ein neues Freizeitzentrum, das »Dorf Münsterland«. In diesem aus Fachwerken errichteten Freizeitpark entwickelte sich ein kleines Partydorf. Hier findet man Kneipen, Restaurants und auch eine Festscheune, in der am Wochenende Discoveranstaltungen stattfinden. Dieses von der Familie Büter aufgebaute Großprojekt hat sich zu einem der größten Partydörfer in Westdeutschland entwickelt. Der Sohn Michael war schon immer mit Leib und Seele Diskjockey. Zuerst machte er Musik auf privaten Feten. Danach legte er jeden Freitag im

Lindenstübchen, einer kleinen Kneipe in Legden, auf. Dort bin ich damals auch oft nachts versackt.

Heute managt Michael die Festscheune und legt auch die Platten auf. Gelegentlich treibt es mich am Wochenende zum Feiern in die Scheune. Doch an diesem Abend passiert etwas Außergewöhnliches. Stefan Rölver, auch mit Spitzname »Bimbo« genannt, hat eine Bitte an Michael Büter. Der erfüllt ihm diese Bitte auch prompt, indem er ihn auf die Bühne lässt. Dann kündigt Michael Büter die Pet Shop Boys an. Aus den Boxen dröhnen die Anfangstöne des aktuellen Superhits »Suburbia«. Bimbo fängt an zu tanzen und bewegt passend zum Liedtext die Lippen. Zur großen Überraschung sind die Besucher der Festscheune fasziniert von der Play-back-Einlage Bimbos. Nach tosendem Applaus verlangen die Leute sogar lauthals Zugabe. Bimbo bringt gekonnt mit »West End Girls« den zweiten Pet Shop Boys Superhit.

Michael Büter, ein Kenner in Sachen Disco- und Partystimmung, fängt diesen Ball sofort auf und animiert weitere Gäste zu solchen Play-back-Einlagen. Obwohl ich an diesem Abend stocknüchtern bin, traue ich mich danach auf die Bühne und bringe den aktuellen Funkyrenner »Word Up« von der Gruppe Cameo. Wie alle vermeintlichen »Künstler« bekomme ich ebenfalls großen Applaus.

Auch mein Bruder Uli tritt dann mit seinem Freund Thomas auf. Die beiden bringen das Lied »An der Nordseeküste« vom Duo Klaus & Klaus. Dabei treten sie als eingespieltes Team auf, denn sie sind schon gemeinsam beim Erntedankfest aufgetreten. Auch ähneln sie dem Duo ein wenig. Der eine rundlich, der andere dünn, wobei die körperlichen Unterschiede noch viel gravierender sind als bei dem richtigen Duo. Dabei spielt Uli, der keine 1,70 Meter groß ist, natürlich den Part des schmächtigen Klaus. Die Leute sind begeistert. Wieder einmal hat Michael die richtige Nase. Er spricht uns Interpreten an und versucht uns schmackhaft zu machen, an einem Talentwettbewerb mitzumachen. Begeistert willigen wir alle ein.

Anfang 1987 kommt es dann zum großen Talentwettbewerb im Dorf Münsterland. Im Gegensatz zu den vielen großen Castingshows der Neuzeit reicht es bei diesem Wettbewerb, einfach nur die Lippen zu bewegen und so zu tun als ob. Aber das Ganze ist natürlich auch ein riesengroßer Gag. Ich trete mal wieder als kahl rasierter Stefan Remmler an und singe den Karnevalshit »Alles hat ein Ende, nur die Wurst hat zwei«. Als Mikrophon reicht mir eine große Fleischwurst. Begleitet am Schlagzeug werde ich von unserem Nachbarn Werner, der in einer bunten kurzen Regenbogenhose auftritt.

Ebenfalls dabei ist Heinrich, der seinem Aussehen entsprechend als Frank Zappa mit »Bobby Brown« auftritt. Heinrich hat einmal mehr gut getankt, während ich bei dieser Veranstaltung zur Abwechslung einmal nüchtern auftrete. Der nüchterne bzw. besoffene Zustand nützt uns beiden nichts, denn klarer Sieger werden Klaus & Klaus mit der »Nordseeküste«. Absolut verdient, denn die beiden treten inzwischen wirklich professionell auf und haben den Hauptpreis, eine Reise nach Paris, durchaus verdient.

1989 wird diese Veranstaltung ohne mein Mitwirken wiederholt. Nochmals erringen mein Bruder und Thomas alias Klaus & Klaus den Sieg. Dieses Mal mit eigenem Fanklub angetreten, sichern sie sich die 500-DM-Siegprämie.

Silberhochzeit auf dem Bauernhof

Insgesamt komme ich sehr gut durch das Schuljahr, und meine Versetzung ist zu keiner Zeit gefährdet. Auch sportlich bin ich sehr gut. Die zwei Radsporteinheiten morgens und mittags und dazu mindestens noch 15 Laufkilometer täglich ergeben eine gute Grundlagenausdauer. Den ganz großen Durchbruch erreiche ich zwar noch nicht, aber ich habe Geduld. Auch beim Saufen bin ich nicht rückfällig geworden, und ich fühle mich relativ gefestigt.

Dann steht Anfang Juli eine Silberhochzeit an. Meine Eltern sind 25 Jahre verheiratet und wollen das gebührend bei uns auf dem Bauernhof feiern. Knapp 300 Leute werden zur Feier erwartet. Nachbarn, Verwandtschaft, Kegelklub, Stammtisch, Landfrauenverein, aber auch Geschäftspartner wie der Landhändler oder Viehhändler, die Gästeliste nimmt kein Ende. Die Feierlichkeiten selbst fangen schon ein paar Tage vorher an. Besser gesagt: die Vorbereitungen auf die eigentliche Feier – das bekannte Grünholen, das Kranzbasteln und das Aufhängen des Hochzeitskranzes. Diese sicherlich nötigen Vorbereitungsarbeiten werden wie üblich mit gebührendem Alkoholausschank unterstützt.

Wieder einmal kann ich der Forderung, doch endlich mal einen mitzutrinken, nicht widerstehen. Wie schon erwähnt, braucht sich bei diesen Trinkgelagen niemand zu rechtfertigen, wenn er weit mehr trinkt, als er verträgt. Im Gegensatz dazu muss sich der Nichttrinker für seine Abstinenz entschuldigen. Da meine Nachbarn keine Kenntnisse vom Ausmaß meiner Alkoholabhängigkeit haben, denkt sich natürlich niemand etwas dabei, mich zum Alkoholgenuss zu animieren. Irgendwann habe ich keine Kraft mehr, »Nein« zu sagen. So werde ich direkt am Abend vor der Silberhochzeit rückfällig. Ich bin wieder mittendrin im Teufelskreislauf. Die Alkoholmaschine läuft. Dabei verhalte ich mich betont vorsichtig. Denn niemand aus meiner Familie soll von meiner Rückfälligkeit etwas mitbekommen. Da wir einen Getränkekühlwagen auf dem Hof haben, kann ich dort zwischendurch einsteigen und meinen Alkoholbedarf decken. Inzwischen bin ich über fünf Jahre alkoholabhängig, und da benötige ich inzwischen einiges an Stoff. Drei bis vier Liter Bier brauche ich schon an einem Abend, um meine Sucht zu befriedigen.

Total verkatert werde ich morgens mit großen Kopfschmerzen wach. Vor dem Melken der Kühe muss ich mich erst einmal stärken. Das heißt den Entzug platt machen. Da mir das mit dem Bier zu lange dauert, haue ich mir im Kühlwagen

erst einmal eine halbe Flasche roten Likör weg. Der Johannis-
beerlikör wirkt sofort, und ich bin in der Lage, die Kühe zu
füttern und zu melken.

Als Nächstes steht die Fahrt mit dem Rad zur Landwirtschaftsschule an. Wie immer habe ich im Alkoholrausch keine
Motivation für sportliche Aktivitäten. Die vier Kilometer bis
zum Dorf schaffe ich noch, doch dann stelle ich mein Rad
frustriert an der Tankstelle ab und versuche, nach Coesfeld zu
trampen. Ich habe Glück, denn im nächsten Moment kommt
mit Hermann Schlichtmann ein Schüler aus der Parallelklasse
angefahren, zu dem ich ins Auto steige. Kurz danach werden
wir von der Polizei angehalten, und Hermann, ein Nachbar
meines Cousins Bernhard, hat erhebliche Probleme, der Polizei
seine Mängel an seinem alten Audi zu erklären. Schließlich
zahlt er zehn DM Geldstrafe, und die Polizisten lassen uns mit
viel Wohlwollen weiterfahren.

Der heutige Schultag dagegen ist ganz locker, denn in
einem Ausflugslokal in Coesfeld werden die Jahresabschluss-
zeugnisse ausgegeben. Während die älteren Schüler feierlich
den Höhla-Abschluss überreicht bekommen, erhalten wir das
Zeugnis für die einjährige Landwirtschaftschule. Damit ich die
Veranstaltung gut überstehe, habe ich mir eine Flasche roten
Likör in den Rucksack gepackt. Doch da wir hier im Lokal
auch Bier bestellen können, brauche ich nicht allzu oft zum
heimlichen Trinken auf die Toilette zu verschwinden.

Hermann nimmt mich anschließend wieder mit bis
Legden, und ich bedanke mich dafür. Da mein Rad noch an
der Tankstelle steht, komme ich pünktlich zu Hause an, denn
schon um 15 Uhr ist die feierliche Hochzeitsmesse meiner
Eltern. Doch vorher muss ich noch in den Kühlwagen, um
mich zu stärken. Die Messe selbst wird von Pfarrer Hoinka
sehr feierlich gestaltet. 25 Jahre Ehe, das ist ja auch schon was,
schafft in der modernen Zeit nicht jedes Paar. Obwohl … in
meiner Verwandtschaft ist das die absolute Regel. Von den zehn
Geschwistern meiner Mutter haben neun geheiratet. Alle Ehen

haben die Silberhochzeit erreicht, und keine einzige ist bis zum heutigen Tag geschieden. Irgendwie eine absolute Ausnahme.

Mit seinem weißen Mercedes Cabrio fährt mein Onkel Otto das Silberpaar zurück zum Hof. Schnell melke ich noch die Kühe und tanke heimlich mein Alkoholdepot wieder auf. Wie es sich gehört, gibt es ein typisch münsterländisches Vier-Gänge-Menü, welches vom Gasthof Düstermühle geliefert wird. Nach der leckeren Hochzeitssuppe wird Suppenfleisch mit einer würzigen Zwiebelsauce aufgetischt. Beim Hauptgang gibt es neben Kartoffeln, Kroketten, Salaten und einem halben Dutzend Gemüsesorten auch Schweinbraten, Rinderbraten, Filet und selbstverständlich Schnitzel. Als krönender Abschluss werden zum Nachtisch Herrencreme sowie Vanilleeis mit Himbeersauce gereicht.

Allerdings, je länger das ausgiebige und auch leckere Hochzeitsmahl dauert, desto weniger kann ich mich daran erfreuen, denn inzwischen bin ich absolut sternhagelvoll. Beim Essen nehme ich alles an Getränken mit, was die Kellner so auf dem Tablett haben. Dabei trinke ich auch einige Schnäpschen mit meiner Großtante Mia aus Recklinghausen, die neben mir sitzt. Tante Mia ist als Stimmungskanone bekannt, die auf jeder Feier ein Gedicht oder einen anderen künstlerischen Beitrag leistet. Meine Leistungen hingegen nehmen immer mehr ab, außer dass ich mir Aussetzer leiste.

Nach dem Brauttanz meiner Eltern ist die Hochzeitsfeier für mich bereits gelaufen. Denn kurz nach 21 Uhr bringt man mich auf mein Zimmer und legt mich ins Bett. Davon bekomme ich aber angesichts meines Blackouts nichts mehr mit …

Als ich am nächsten Morgen gegen fünf Uhr mein Bewusstsein wiedererlange, bekomme ich sofort mit, dass die Feier noch nicht zu Ende ist. Auf der Tenne läuft noch laute Musik. Mir bleibt nichts anderes übrig, als aufzustehen, denn der Alkoholentzug tobt in meinem ganzen Körper. Heimlich gehe ich wieder in den Kühlwagen. Dieses Mal haue ich mir eine halbe Pulle Korn rein, die benötige ich auf jeden Fall, um meinen heftigen Entzug zu betäuben. Ich habe Glück, der Stoff bleibt drin. Das ist nicht immer der Fall, denn so ein Magen hat irgendwann keinen Bock mehr auf Alkohol und will das Gift wieder herauswürgen. Doch, indem ich an etwas anderes, Angenehmeres denke, kann ich meinen Magen überlisten. Ohne mich übergeben zu haben, verlasse ich erleichtert den Kühlwagen. Jetzt, wo der Promillegehalt wieder stimmt, bin ich in der Lage, mich mit den noch verbliebenen Hochzeitsgästen zu unterhalten. Die meisten haben natürlich auch gut getankt. Bevor die Letzten gegangen sind oder sich irgendwo bei uns auf den Hof niedergelegt haben, melke ich die Kühe und versorge auch das restliche Vieh.

Als mittags die Verwandtschaft und einige Nachbarn zur Nachfeier erscheinen, werde ich gelobt. Denn trotz meiner Trinkfreudigkeit konnte ich noch selbständig das Vieh versorgen.

Unter Müllmännern

Diese für mich selbst absolut peinliche Blamage sowie die danach folgenden schrecklichen Entzugssymptome führen tatsächlich dazu, dass ich über ein Jahr keinen Alkohol mehr anrühre. Auch gelingt es mir, mit durchaus intensivem Lernen und einigen Pfuschereien bei den schriftlichen Prüfungen mit der Note »befriedigend« meinen Abschluss zum staatlich geprüften Landwirt zu bestehen. Dieser Abschluss ist für mein Ego sehr wichtig. Die Höhere Handelsschule und auch die Prüfung zum Landwirtsgehilfen hatte ich beim ersten Mal versemmelt. Doch dieses Mal habe ich die zwei Jahre eisern durchgehalten, worauf ich ein wenig stolz bin. Außerdem überstehe ich die Abschlussfeier, bei der ich die Ausbildungsurkunde überreicht bekomme, nüchtern und ohne Skandale.

Doch dieser Abschluss ist nicht der Beginn einer Karriere als Landwirt, sondern der Anfang vom Ende als solcher. Denn in den zwei Jahren auf der Höhla in Coesfeld bin ich auf den Geschmack gekommen. Es gefällt mir, jeden Tag rauszufahren und außerhalb des Hofes etwas zu leisten und natürlich auch das Geld, das ich mir selbst verdiene.

Deshalb hatte ich mich schon Monate vor meiner Abschlussprüfung nach einer anschließenden Tätigkeit umgesehen. So stieß ich in den Stellenanzeigen der Zeitung auf eine interessante Annonce. Hier wurde eine Ausbildung zum Gymnastiklehrer angeboten. Im Gegensatz zu einem herkömmlichen Sportlehrer, wie er an einer staatlichen Schule lehrt, ist hier kein Abitur nötig. Ohne mir groß über die Ausbildung und das Betätigungsfeld dieses Berufes Gedanken zu machen, habe ich mich an der Timmermeisterschule in Münster eingeschrieben. Diese Berufsausbildung soll drei Jahre dauern.

Gerade haben die Ferien für mich begonnen, da sehe ich, als ich morgens mit meinen Eltern am Frühstückstisch sitze, wieder eine Anzeige in der lokalen Zeitung. Die Müllabfuhr sucht einsatzbereite Aushilfen für die Urlaubszeit. Spontan unterbreite ich meinen Eltern: »Die Müllabfuhr sucht Aushilfskräfte für die Sommerferien. Mama und Papa, da würde ich mich gerne bewerben.« »Meinst du denn, ob das das Richtige für dich ist, Hermann Josef?«, fragt mich meine Mutter. »Die sind immer richtig flott, wenn man die auf der Straße sieht, ob du da wohl geschickt genug für bist?«, stellt mein Vater die Fähigkeit, dort arbeiten zu können, infrage. »Ich rufe da einfach mal an«, lasse ich mich nicht beirren. Als ich dann bei der Firma Stenau anrufe, bekomme ich auch schon für den nächsten Tag ein Vorstellungsgespräch.

Mit dem Rad fahre ich die sieben Kilometer nach Ahaus. Dort ist der private Müllentsorger, die Firma Stenau, im Industriegebiet angesiedelt. Frau Stenau, die Chefin persönlich, empfängt mich zum Vorstellungsgespräch. Die elegant gekleidete, dunkelhaarige Frau redet nicht lange drumherum und erklärt mir Folgendes: »Bei uns sind Zuverlässigkeit und Pünktlichkeit sehr wichtig. Sie müssen morgens um Viertel vor sechs hier

sein, denn die Lkws fahren Punkt sechs Uhr raus, damit die
Touren auch gut geschafft werden können. Die Arbeit bei uns
ist anstrengend, und Sie müssen anpacken können und sehr
flexibel sein.« »Also, ich bin als gelernter Landwirt das frühe
Aufstehen gewohnt, denn morgens um halb sechs werden
bei uns auf dem Hof die Kühe gemolken. Außerdem bin ich
harte körperliche Arbeit durchaus gewohnt«, versuche ich eindringlich klarzustellen. »Gut, dann probieren wir es einfach,
Herr Wenning. Sie bekommen zehn DM die Arbeitsstunde und
werden heute Nachmittag telefonisch Bescheid bekommen,
wann es losgeht.« Zufrieden über die Zusage traue ich mich
noch eine Frage zu stellen: »Wie lange sind die Arbeitszeiten,
wann habe ich Feierabend?« »Zwischen 15:30 Uhr und 16
Uhr werden Sie zu Hause sein. Wenn Sie dann noch nicht zu
müde sind, können Sie gerne dann auf dem Hof noch die Kühe
melken und das Vieh versorgen.« Nachmittags teilt mir eine
Frau Barbie von der Disposition mit, dass ich morgen schon
um fünf Uhr bei der Firma Stenau erscheinen soll, da die Tour
bereits um 5:15 Uhr beginne.

Da ich an meinem ersten Arbeitstag unbedingt pünktlich
erscheinen möchte, stelle ich den Wecker auf 4:15 Uhr. Bei
nervösem Schlaf werde ich mehrmals in der Nacht wach. Sehr
müde stehe ich dann um 4:15 Uhr auf. Da ich meine Brote
bereits am Vorabend geschmiert habe, kann ich mich zeitig auf
den Weg machen. Als ich kurz vor fünf Uhr bei dem Entsor-
gungsunternehmen auftauche, erlebe ich eine Überraschung.
Einen der Müllmänner kenne ich. Es ist Uli Renger, mit dem
ich beim SUS Legden in der Jugend in einer Fußballmannschaft
gespielt habe und dessen Elternhaus auch in der Bauerschaft
Wehr steht. »Hermann, du fährst als Lader bei uns mit. Wir
fahren die Bauerntour in Emsdetten«, empfängt mich Uli
freundlich. »Alles klar, Uli, ich zieh mich nur schnell um!« Der
orange Arbeitsanzug und die Arbeitsschuhe liegen für mich
in der Umkleidekabine bereit. Kurz nach fünf Uhr fahren wir
zu dritt vom Hof. Der dritte Mann in der Fahrerkabine ist

Alfred Appelmann. Später erzählt mir Uli, dass Alfred schon
ein Pensionsgehalt bezieht. Er hat 18 Jahre für Frankreich als
Fremdenlegionär gekämpft und bekommt somit eine kleine
Pension vom französischen Staat für diese Tätigkeit.

Als wir Viertel vor sechs Uhr irgendwo in der Bauernschaft
aussteigen, erklärt mir der ehemalige Fremdenlegionär sehr
freundlich, worum es geht. »Die Mülltonne ranziehen, das
geht leichter als schieben. Die Schüttung runterlassen, und die
Tonne einhaken. Dann die Schüttung mit Gefühl hochlassen,
denn sonst kann die Tonne von der Schüttung auf die Straße
fliegen. Immer seitlich von der Tonne, sonst kann die dir ins
Gesicht fliegen. Besser, wenn die Tonne in ein Auto fliegt, das
zu dicht aufgefahren ist, als in deine Visage, Hermann. Wenn
die Tonne oben ist, mit dem Hydraulikhebel kräftig kloppen,
bis alles raus ist. Dann runterlassen und von der Straße run-
terschieben. Wenn du das alles gut beherrscht, dann bist du
staatlich ausgebildeter Lehrer, Hermann. Dann bist du Müll-
tonnenleerer!« Ich nicke, bin aber zu nervös, um über diese
sehr humorvolle Arbeitsanweisung zu lachen.

Anfangs habe ich sehr große Probleme. Denn die Schüttung ist sehr schnell, und durch mein unbeholfenes ruckartiges
Bedienen fliegt so manche volle, teilweise überfüllte Mülltonne
auf die Straße. Das Aufsammeln macht zusätzliche Arbeit und
kostet Zeit. Zeit, die wir heute nicht haben, denn neben den
Mülltonnen entsorgen wir heute auch noch den Sperrmüll.
Nicht alle Bauern haben Sperrmüll. Wenn jedoch größere Teile
dabei sind, die nicht durch das Loch passen, dann wird der
Trommelwagen hinten komplett geöffnet. Somit können wir
auch Schränke, Sofas, Matratzen, Bettgestelle oder auch Fahrrä-
der reinschmeißen. 1988 gibt es noch keine Mülltrennung. Der
Umweltschutz steckt noch in den Kinderschuhen. Wir nehmen
alles mit, ob Metall, Holz oder Plastik, aber auch Papier und
Elektrogeräte wie Fernseher, Stereoanlagen, Elektroherde,
Kühlschränke und schwere Waschmaschinen. Alles, außer
Siloplane, Autoreifen oder leere Farbtöpfe. Doch für diesen

Sondermüll gibt es eine »Ausnahmegenehmigung«. Denn wenn die Kunden in der Bauernschaft Getränke neben die Mülltonne stellen und Geldscheine auf die Mülltonne kleben, dann bleibt uns nichts anderes übrig, als diese unerlaubten Sachen letztendlich auch zu entsorgen ...

Alfred und Annemarie klären mich gut und schnell auf, wie der Job bei der Müllabfuhr abläuft. Annemarie, das ist der Spitzname für Uli. Denn Uli heißt mit Nachname Renger, so wie die erste deutsche Bundestagspräsidentin Annemarie Renger. So wurde aus Uli Annemarie. Wie ich später feststellen werde, haben viele bei der Müllabfuhr einen Spitz- oder Kosenamen. Auch ich werde bald davon betroffen sein. Der Name Alfred Appelmann hingegen ist so originell, da braucht es keinen Spitznamen.

Gegen halb zehn Uhr fahren wir auf einen Reiterhof. Heinz, der Inhaber, lädt uns alle drei zum Frühstück ein. Er und seine Mutter bereiten uns ein liebevolles üppiges Frühstück mit Eiern, Schinken, Speck und einem sehr guten Kaffee. Wir lassen es uns gut gehen. So macht Müllabfuhr Spaß! Kurz nach dem Frühstück ist der Müllwagen voll. Wir fahren Richtung Mülldeponie, die sich ungefähr 15 Kilometer entfernt in Altenberge befindet. Zum ersten Mal in meinem Leben bin ich auf einer Deponie. Die Mülldeponie in Altenberge hat sich über Jahrzehnte quasi zu einem Berg entwickelt, den wir mit über zehn Tonnen Ladegewicht mühsam hochfahren. Bevor wir den Wagen auskippen, übergeben wir einige der schon erhaltenen Getränkegeschenke an den Radladerfahrer, der uns entgegenkommt. Denn wenn er gleich den Müll auseinander-schiebt, den wir entladen haben, dann sieht er natürlich die Autoreifen und die Siloplane. Durch unsere kleine Spende wird er uns dann immer noch wohlgesonnen sein. Schnell merke ich, wie in den Müllfahrerkreisen der Hase läuft ...

Extreme, endlose Mülltouren

Unsere Tour zieht sich, und auch am späten Nachmittag zeichnet sich kein Ende ab. Kurz vor 17 Uhr erreichen wir nochmals die Deponie, denn um diese Zeit machen die hier Feierabend. Der Fahrer eines entgegenkommenden Fahrzeugs der Firma Stenau erklärt uns, dass er uns einige Mülltonnen abgenommen hat. Trotzdem ist unsere Tour noch lange nicht beendet. Annemarie gibt Gas. Wenn er mit 60 bis 70 km/h durch die Bauernschaft rast, müssen Alfred und ich uns schon hinten richtig festhalten. Denn sonst würden wir in einer Kurve oder bei einem Schlagloch ganz schnell vom Trittbrett herunterfliegen. Bei längeren Fahrstrecken holt Annemarie uns in die Fahrerkabine rein. Darüber sind wir nicht böse, denn es staubt ganz schön in der Bauernschaft, und hinten kriegt man den Dreck so richtig in die Fresse.

Da unsere Fahrerkabine inzwischen mit geschenkten Bierflaschen total überfüllt ist, beschließt Alfred, dagegen anzukämpfen. Zwischen dem Entleeren der Mülltonnen leert er die eine oder andere Bierflasche. Auch mich lädt er zu dieser Abwechslung ein. Ich lehne entschlossen ab. Auf keinen Fall will ich am ersten Tag bei meinem neuen Job rückfällig werden. Dass ich Alkoholiker bin, kann ich den beiden auf keinen Fall stecken. Denn ich schäme mich dafür und würde niemals freiwillig jemandem erzählen, dass ich dieses Problem habe. Deshalb erzähle ich, dass ich Sportler bin und nicht trinke. Alfred, der Biertrinker und Roth-Händle-Raucher, akzeptiert mein Argument ohne zu murren. »Was du mir nicht wegsäufst, Hermann, das habe ich alles für mich alleine«, grinst Alfred mich an.

Gegen 20 Uhr erklären mir die beiden, dass wir bald fertig sind. Tatsächlich um 20:45 Uhr leeren wir den letzten Mülleimer der Bauerntour in Emsdetten. 21:20 Uhr erreichen wir endlich den Betriebshof der Firma Stenau. Die beiden fragen mich noch, ob ich einige der noch vorhandenen 20 vollen Bierflaschen mitnehmen möchte. Ich lehne dankend ab. Allerdings verzichte ich nicht auf die Dusche, denn ich habe viel Dreck bei der Arbeit abbekommen.

Als ich kurz vor 22 Uhr den elterlichen Hof erreiche, gehen meine Eltern mich rabiat an. Sie vermuten, ich hätte die Arbeit nicht hinbekommen und dann wieder aus Frust zur Flasche gegriffen. Sie können sich absolut nicht vorstellen, dass ich solange gearbeitet habe. Schließlich habe ich 16 Stunden am Stück durchgearbeitet. Solche Arbeitszeiten gibt es eigentlich schon über hundert Jahre in Deutschland nicht mehr. »Nein, Mama und Papa, ich habe nichts getrunken, wirklich nicht. Wir waren den ganzen Tag unterwegs. Dabei haben wir Mülltonnen und gleichzeitig Sperrmüll eingeladen und dabei den Außenbereich von Emsdetten komplett entsorgt. Aber wenn ihr mir nicht glaubt, ruft doch bei Renger an. Der Sohn, der Uli, der hat den Müllwagen gefahren«, versuche ich verzweifelt zu erklären. Einem Alkoholiker, der oft gelogen hat, dem glaubt man nicht mehr. Erst als ich mir die Brote für den nächsten Tag bei der Müllabfuhr schmiere, kann ich meine Eltern überzeugen.

Viertel vor fünf Uhr klingelt schon wieder der Wecker. Am Vorabend habe ich auf dem Arbeitsplan für heute gelesen, dass ich mit Schöneberg die Stadttour in Alstätte fahre. Dieses Mal Stadt und dann ganz alleine hinten auf dem Trittbrett. Wieder bin ich total nervös. »Bist du Wenning?«, fragt mich ein kleiner untersetzter, bärtiger Mann nicht gerade freundlich und zuvorkommend. »Ja, der …« »Okay, mitkommen, einsteigen. Wir essen zeitig«, erwidert er, ohne mich ausreden zu lassen.

»Ich bin übrigens Grobi, wie der Typ aus der Sesamstraße«, sagt er während der Fahrt, »da ich gerade am Bauen bin und die Handwerker jeden Abend bei mir sind, müssen wir ein wenig Gas geben, denn wir haben die Dörfer Graes, Alstätte und auch noch halb Wessum, das sind 1200 Mülleimer, die wir leermachen müssen. Ich hoffe, Hermann, du hast keinen Pudding inne Arme und Beine.« »Ich gebe mein Bestes«, sage

ich mit zittrigen Händen und weichen Knien. Denn dieser
Grobi, der wirklich eine Menge Ähnlichkeit mit dieser Se-
samstraßenfigur besitzt, hat mich frühmorgens schon ziemlich
eingeschüchtert.

Erst jetzt merke ich, was Müllabfuhr eigentlich bedeutet. In
der Bauernschaft, wo alle hundert Meter eine Tonne steht, fährt
man viel spazieren. Doch hier in den Siedlungen steht Tonne an
Tonne. Und die Dinger sind voll und schwer. Da es noch keine
Biotonnen gibt, hauen die Bürger den ganzen Gartenkram
mit in den Eimer. Rasen, Laub, Sträucher oder Mutterboden,
der nicht mehr gebraucht wird. Da einige wohl Samba mit
ihren Füßen im Mülleimer getanzt haben, ist das festgepresste
Gartenzeug schwer rauszukriegen. Hin und wieder kloppe ich
mit der Schüttung die Tonne fast ein Dutzend Mal, bis endlich
alles rausgefallen ist.

Grobi treibt mich ziemlich an, und ich komme erst zum
Frühstücken, als wir erstmals auf der Deponie in Alstätte den
Wagen leer machen. Wieder staune ich, wie groß der Haufen
ist, den wir hinterlassen. Aber ich staune auch über Grobi,
denn der kleine dicke Mann ist topfit. Wenn mindestens drei
Mülleimer in der Nähe sind, dann springt Grobi aus der
Fahrerkabine raus und zieht mir die Eimer an die Schüttung.
Dadurch sparen wir Zeit, denn ich kann den Schüttungshebel
pausenlos bedienen. Auch spare ich Meter, denn wenn Grobi
mir einige Hundert Eimer ranschleppt und auch zurückbringt,
dann habe ich viel Kraft gespart. Trotzdem bin ich schon gegen
Mittag total platt. Tonne holen, Tonne wegbringen, aufsprin-
gen, abspringen, linke Straßenseite, rechte Straßenseite. Die
Tour nimmt kein Ende.

Wieder überrascht mich Grobi, denn der grobe rabia-
te Müllwagenfahrer entpuppt sich im Laufe des Tages als
freundlicher, hilfsbereiter Mensch. Er motiviert mich und
lobt mich auch, als wir nach elf Stunden Arbeitszeit endlich
Feierabend haben. Ehrlich teilt er das Trinkgeld, das wir im
Laufe des Tages bekommen haben. So handeln längst nicht

alle Müllwagenfahrer, denn später erfahre ich, dass einige fest angestellte Mitarbeiter den Aushilfen wie mir nichts abgeben. Obwohl ja eigentlich der Mann hinten drauf die Zusatzleistungen macht, sprich den Extramüll hinten reinwirft, geht er leer aus. Heute entschließe ich mich auch, die Hälfte der über 20 Bierflaschen mitzunehmen. Allerdings bin ich entschlossen, keine einzige zu trinken und sie komplett zu Hause abzuliefern. Meine Eltern wundern sich natürlich über die Biervorräte, die ich nun täglich mit nach Hause bringe. Aber sie freuen sich sehr, dass ich die Arbeit gut durchhalte und auch nicht rückfällig werde.

Allein unter Mädchen

Schnell habe ich mich als schlanker sportlicher Typ an die knochenharte Arbeit und die extrem langen Touren gewöhnt. Nach wenigen Wochen macht mir die Arbeit sogar tierischen Spaß. Ich bin den ganzen Tag unterwegs, komme mit den Müllfahrern sehr gut klar und verdiene gutes Geld. Es gibt zehn DM die Stunde, dafür kann man sich Ende der 1980er-Jahre noch drei Schachteln Zigaretten kaufen. Auch bekommt man ein Bier, eine Portion Pommes oder drei Tafeln Schokolade für 1 DM. Da ich jeden Tag zehn bis zwölf Stunden arbeite, kommen im Schnitt 55 Stunden pro Woche zusammen. Nach sechs Wochen Ferienjob habe ich über 3000 DM verdient. So viel Geld habe ich noch nie in meinem Leben besessen.

Zufrieden und selbstbewusst trete ich nach dieser Tätigkeit meine neue Berufsausbildung an. Diese beginnt Ende August an der Timmermeisterschule in Münster. Die Schule liegt an der Sentruper Höhe, ganz in der Nähe vom Allwetterzoo, direkt am Aasee. Kein schlechtes Ambiente, denke ich mir. Ich hatte mich wenig über den Beruf, den ich erlernen möchte, informiert. Gymnastiklehrer, das wird irgendetwas mit Sport und auch Fitnessstudio zu tun haben, denke ich mir. Zwar sind diese Studios momentan noch selten und haben auch oft eine bescheidene Mitgliederzahl, aber der Trend der Menschen in Deutschland, Sport außerhalb der Sportvereine zu treiben, zeichnet sich immer mehr ab.

Mit dem alten weißen Peugeot 504 meiner Eltern fahre ich nach Münster. An dieser Schule werden auch Krankengymnasten und Ergotherapeuten ausgebildet. Als ich dann in der Klasse der neuen Gymnastiklehreranwärter sitze, da trifft mich der Schlag. Einen Hammer, wie ich ihn seit Jahren nicht erlebt habe. Immer und immer wieder schaue ich in die Gesichter der Mitschüler, doch ich kann keinen männlichen Mitschüler entdecken. Ich bin geschockt, kein Junge, kein Mann in meiner Klasse, ich bin allein unter Mädchen. Es kommt noch besser. Da der einzige männliche Schüler der Vorgängerklasse die Schule abgebrochen hat, bin ich der einzige Mann in allen drei Jahrgangsstufen. Wenn ich wirklich selbstsicher und selbstbewusst wäre, würde mich das bestimmt erfreuen. So als Hahn im Korb, da würde ich bestimmt von vielen beneidet werden. Doch ich habe kein Selbstbewusstsein im Umgang mit Frauen. Auf jeden Fall nicht so viel, um hier alleine unter Mädchen einen Frauenberuf erlernen zu wollen.

Doch ich bin niemand, der sofort die Flinte ins Korn wirft. Auch merke ich, dass die Mädchen eigentlich ganz nett sind. Einige haben schon Berufe gelernt oder auch schon ausgeübt. Ob Zahnarzthelferin, Krankenschwester oder Tennislehrerin, hier sind unterschiedliche berufliche Karrieren zu finden. Die meisten jungen Damen kommen natürlich von unterschiedlichen Schulen. Einige Mädchen wissen auch noch nicht so konkret, was sie machen wollen, und sind hier irgendwie hingeraten.

Obwohl ich sehr motiviert bin, merke ich sofort, dass ich hier in einigen Fächern Probleme bekommen werde. Es sind die Fächer, die Frau Henser unterrichtet. Die attraktive

Sportlehrerin lehrt uns Bewegungsbildung, Bewegungsgestaltung und Tanz/Rhythmik. Das Ganze hört sich relativ neutral und harmlos an. Doch dahinter stecken Tanz, rhythmische Sportgymnastik und viele andere Elemente, die dem Ballett sehr ähnlich sind. Frau Henser, die ziemlich streng, aber auch sehr freundlich ist, erklärt mir, dass ich mir eine Gymnastikhose und Ballettschuhe zulegen soll. Da ich noch nie ein Bewegungs- oder auch Koordinationstalent gewesen bin, fallen mir diese künstlerischen und tänzerischen Elemente ausgesprochen schwer. Zumal ich mich mein Leben lang als Nichttänzer durchgeschlagen habe.

Dagegen liegen mir die Fächer Leichtathletik und Freizeitsportspiele, die der Schulleiter Herr Timmermeister gibt, sehr gut. Gemeinsam mit seiner Frau gründete Timmermeister 1974 die Timmermeisterschule, die auch 2014 durch die Nachfolgegeneration immer noch in Familienhand ist. Herr Timmermeister ist ein kleiner drahtiger Mann. Er trägt eine Brille und einen Bart. Mit Witz und Enthusiasmus versucht er, uns Schülern sportliche Freude zu vermitteln. Diese Fächer gefallen mir natürlich besser als die Lernfächer Sportmedizinische Grundlagen oder Sportphysiotherapie.

Da ich in den Jahren auf dem Bauernhof nie als Arbeitnehmer beschäftigt war, wurde auch nicht in die Arbeitslosenversicherung eingezahlt. So wird mein Antrag auf Förderung für diese Berufsausbildung und auch auf Bafög berechtigterweise abgelehnt. Die 170 DM Schulgeld monatlich muss ich selbst finanzieren. Meine Eltern unterstützen mich und stellen mir auch den Wagen zur Verfügung, um jeden Tag nach Münster fahren zu können.

Zwar helfe ich weiterhin auf dem Hof, wobei ich zeitweise wieder morgens um 5:30 Uhr schon die Kühe melke. Trotzdem habe ich wegen der Kosten, die ich verursache, ein schlechtes Gewissen. Ein schlechtes Gewissen, wie ich es seit der Pubertät habe. Es sind immer wieder die Gedanken, den Erwartungen meiner Eltern nicht entsprechen zu können, kein guter Sohn und, vor allem, kein würdiger Hofnachfolger sein zu können. Das schlechte Gewissen war und ist ganz oft der Grund für meine Alkoholexzesse.

Die Freiheit auf dem Rad

Um Geld zu sparen, fahre ich die 45 Kilometer nach Münster gelegentlich mit dem Rennrad. Da ich durch den Laufsport, den ich weiterhin jeden Abend betreibe, sehr fit bin, machen mir die knapp zwei Stunden Radfahren vor und nach der Schule wenig aus.

Ein Cousin meines Vaters, wir nennen ihn Onkel Adolf, hatte mich schon oft eingeladen, dass ich ihn endlich besuche. Schließlich entscheide ich mich dann, es an einem Wochenende einmal zu tun. So fahre ich an einem Freitag direkt nach der Schule weiter mit dem Rad Richtung Nieheim. Nieheim liegt in Ostwestfalen im Kreis Höxter, und die Entfernung beträgt von Münster aus knapp 130 Kilometer. Da der Wind gut steht, erreiche ich über Warendorf sehr schnell Gütersloh. Danach, Richtung Detmold, merke ich, dass es hier hügelig wird, wobei die letzten 30 Kilometer im Kreis Höxter besonders kräftezehrend sind.

Als ich dann schließlich bei Adolf und seiner lieben Ehefrau angekommen bin, freuen sie sich sehr über meinen Besuch. Die beiden leben mit ihrer Adoptivtochter im schönen 6000-Einwohner-Dorf Nieheim, das sich auch Kurort nennen darf. Nach einem guten Abendessen trinken wir noch etwas zusammen. Als Adolf mir ein Bier anbietet, erkläre ich ihm, dass ich lieber eine Apfelschorle trinke, um meine verbrauchte Energie wieder aufzutanken. Der Sport hilft mir oft, dass ich Alkohol ablehnen kann.

Samstagmorgen stehe ich bereits um halb sieben Uhr auf, um mein Lauftraining durchzuführen. Auch wenn ich unterwegs oder irgendwo auf Besuch bin, habe ich meine

Laufutensilien dabei. Denn ich möchte immer im Training bleiben, da ich nach wie vor große sportliche Ziele verfolge.

Nach einem schönen Wochenende bei meinen Verwandten mache ich mich am Sonntag direkt nach dem Frühstück auf die Heimreise. Dieses Mal sind es über 170 Kilometer, denn ab Münster muss ich ja noch weiter nach Legden radeln. Es wird eine der längsten Radtouren meines Lebens, und die ganze Strecke lang habe ich Gegenwind. Der Westwind ist zwar nicht besonders stark, doch er nervt und zehrt ganz schön an den Kräften. Kurz vor Münster bin ich schon total platt, und ich habe noch fast 50 Kilometer vor mir. Doch ausgezehrt und müde, aber auch stolz und erleichtert, erreiche ich am späten Nachmittag mein Elternhaus. Während beim intensiven Langstreckenlauf bei mir eine hohe Dosis von Glückshormonen, die sogenannten Endorphine, erzeugt wird, empfinde ich das Gefühl nach einer langen Radtour in Sachen Glückshormone nicht so intensiv. Es verleiht mir aber eine Spur von Freiheit und Unabhängigkeit. Das Gefühl zu haben, nicht auf ein Auto angewiesen zu sein, dafür hingegen mit eigener Muskelkraft eine lange Strecke überwunden zu haben − ein berauschendes tolles Lebensgefühl, welches nicht käuflich zu erwerben ist, sondern das man sich nur erstrampeln kann.

Klassenfahrt in die Eifel

Im November fahren alle drei Jahrgangsstufen der Gymnastiklehrerklassen zu einem Klassenausflug in die Eifel. Hier stehen Wanderungen und Besichtigungen auf dem Programm. Das Schullandheim in dem kleinen idyllischen Eifeldorf liegt oben auf dem Berg. Abends sitzen wir bei Musik und Getränken zusammen. Je später der Abend, desto mutiger werden die Mädchen, und sie versuchen gelernte Tänze aus der Schule künstlerisch darzubieten. Da ich weder etwas Künstlerisches drauf habe noch Alkohol getrunken habe, würde ich nie auf die Idee kommen, hier irgendwie aufzutreten.

Am dritten Abend fragt mich plötzlich Elke, eine Mitschülerin, ob ich mit ihr zusammen einen Tanz aufführen möchte. Da ich nicht tanzen und ich mich auch nicht lächerlich machen möchte, lehne ich zuerst ab. Doch Elke bohrt weiter: »Komm, Hermann, sei kein Spielverderber. Bei dem Lied und bei dem Tanz brauchst du nicht viel zu machen. Den Titel ›Music was my first love‹ von John Miles, den kennst du bestimmt!« »Ja, den kenne ich ganz gut, aber ich weiß bestimmt nicht, wie ich mich dazu bewegen soll«, erwidere ich. »Ganz einfach, ich tanze die ganze Zeit um dich herum und wenn die schnellen Stellen, die mit dem Schlagzeug kommen, dann bewegst du dich einfach schnell.« »Okay, du gibst ja doch keine Ruhe«, willige ich schließlich ein.

Zu Beginn des Liedes, das als Ballade beginnt, tanzt die blonde Elke um mich herum. Ich stehe nur blöd herum. Erst als der Sound ins Rockige wechselt, tanze ich wie ein Derwisch. Tanzen ist wohl zu viel gesagt. Ich springe und hopse wie ein Bauerntrampel. Trotz unserer seltsamen Darbietung bekommen wir tosenden Applaus. Mir ist das sehr peinlich, denn ich weiß natürlich, dass meine Darbietung künstlerisch absolut wertlos ist. Obwohl ich mich nicht wohl in meiner Haut fühle, schaffe ich es an diesem Abend, nicht rückfällig zu werden.

Am nächsten Abend nehme ich mir vor, mich auf keinen Fall wieder zum Gespött zu machen. Aber die johlenden Weiber fordern mich so lange auf, bis ich wieder schwach werde. Und wiederum bekommen Elke und ich einen tosenden Applaus. Doch heute Abend werde ich auch in Sachen Alkohol schwach. Auch wenn wir alle als Sportschüler hier interniert sind, stehen trotzdem reichlich Bier und Wein zur Verfügung. Zum Abschluss des Abends lasse ich mich richtig volllaufen.

Als Alkoholiker in Aachen

Nachdem ich morgens entzügig wach werde, erhebe ich mich schnell zum Joggen. Ich tue natürlich so, als würde ich joggen. Ich renne nur nach unten ins Dorf, um mir eine Flasche Wodka zu besorgen. Wodka, wenn man ihn mit Orangensaft verdünnt, ergibt nicht so eine Alkoholfahne, habe ich einmal gehört. Denn auf keinen Fall will ich hier als Alkoholiker auffallen.

Nach dem Frühstück fahren wir nach Aachen. Hier in dieser schönen Stadt steht uns der ganze Tag zur freien Verfügung. Ich erfinde eine Ausrede. Um alleine unterwegs sein zu können, erzähle ich den anderen, dass ich einen Freund aus dem Sportverein hier in Aachen besuchen möchte. Ich kenne mit Guido wirklich einen Läufer meines Leichtathletikvereins, der hier in Aachen studiert. Doch der Rest ist Legende, denn ich weiß gar nicht, wo er wohnt, und Aachen ist groß. Im Prinzip will ich mich hier nur ungestört besaufen.

Ziemlich alleine laufe ich den ganzen Tag durch Aachen. Nur in Begleitung meines Partners, dem Alkohol. Von der schönen Stadt Aachen nehme ich rein gar nichts auf. Nachdem ich gut Alkohol getankt habe, setze ich mich auf die Treppe eines Hinterhofes. Da ich einen Walkman dabeihabe, vertreibe ich mir die Zeit mit Musik von der Gruppe U2. Die Gruppe, die gerne auch mal dunklere Musik einspielt, passt gut zu meiner düsteren Stimmung.

Nachdenklich, betrunken und betrübt hänge ich auf der Treppe herum, bis mir plötzlich einfällt, dass unser Bus um 17 Uhr zurückfährt. Leider weiß ich nicht genau, wo ich bin, und nur ungefähr die Stelle, wo wir abfahren. Panisch renne ich durch Aachen, um den Bus zu finden. Die Zeit wird immer knapper. Doch irgendwie erreiche ich doch noch den Bus. Dort erzähle ich die Fortsetzung meiner Lügengeschichte: dass ich meinen Lauffreund tatsächlich getroffen habe. Ob meine Mitschülerinnen mir das glauben? Ob sie merken, dass ich vollkommen betrunken bin? Abends verschwinde ich schnell und unauffällig im Bett. Besoffen, wie ich bin, möchte ich auf keinen Fall in eine erneute Tanzeinlage verwickelt werden.

Am nächsten Tag fahren wir mit dem Zug zurück nach Münster. Da meine Mitschülerinnen auch einige Flaschen Bier trinken, fällt mein Alkoholkonsum heute nicht so auf. In Münster holt uns die Mutter von Martina ab. Martina ist eine nette Mitschülerin aus Ahaus, die Anfang und Ende der Woche bei mir im Auto den Schulweg mitfährt. In der Woche wohnt sie in ihrer Studentenwohnung in der Innenstadt von Münster.

Salto über die Kühlerhaube

Am Tag danach, an einem Samstag, helfe ich meinem Vater auf dem Acker. Die Runkelernte steht an. Die Runkelrüben, die von einer Maschine aus dem Boden gezogen wurden, sind nun mit der Gabel per Hand auf den Wagen aufzuladen. Die Arbeit fällt mir heute absolut schwer, aber die frische Luft und die Bewegung erleichtern ein wenig meine Entzugsqualen.

Anfang der Woche erscheine ich auf jeden Fall wieder nüchtern in der Schule. So wie in der Landwirtschaftsschule schaffe ich es auch auf dieser Sportschule, dass ich niemals betrunken im Unterricht erscheine. Die Abschlussfeier mit Zeugnisübergabe an der Landwirtschaftsschule will ich hier mal dezent unterschlagen. Anfang der 80er-Jahre hatte ich bestimmt ein Dutzend Alkoholrückfälle im Jahr, die ich aber Ende der 80er-Jahre auf zwei bis drei mehrtägige Alkoholexzesse jährlich reduzieren kann. Da ich aber immer noch zu keinerlei Therapiemaßnahmen bereit bin, gibt es für mich absolut keine Chance, auf Dauer trocken zu bleiben.

Im Frühjahr fahre ich wieder einmal mit dem Rennrad nach Münster. Hinter Roxel, einem Vorort von Münster, bin ich bereits an die 40 Kilometer gefahren. Es ist ein milder Frühjahrsmorgen, und ich fahre gut gelaunt die letzten Kilometer Richtung Timmermeisterschule. Nachdem ich die breite, gut ausgebaute Roxeler Straße verlassen habe, benutze ich einen engen Radweg, der links der Landstraße angelegt ist. Bis zur Schule sind es vielleicht noch drei Kilometer. Der Radweg ist links von mir sehr gut mit Straßengrün bewachsen. Diese Begrünung ist auch an den Höfen und Firmeneinfahrten, die dort ansässig sind, sehr üppig. So ist der Radweg für Autofahrer nicht einsehbar, wenn sie von der Einfahrt auf die Landstraße einbiegen wollen.

Wie fast alle Rennradfahrer benutze ich 1989 keinen Schutzhelm. Sogar im Profiradsport, wie zum Beispiel bei der Tour de France, sieht man kaum jemanden mit einem Kopfschutz. Erst als der Kasache Andre Kivilev im März 2003 bei der Tour Paris – Nizza stürzt und an den erlittenen Kopfverletzungen stirbt, beschließt man ab 2004, die Helmpflicht im Profiradsport einzuführen.

Ein wenig unwohl ist mir schon, denn ich fahre gut 30 km/h. Jederzeit kann ein Fahrzeug, eine Person oder auch nur ein Hund hinter der Hecke hervortreten, um den Radweg zu überqueren.

Gerade fahre ich an einem Grundstück vorbei, das mit einer Mauer begrenzt ist. Hinter dieser Mauer ist alles mit Sträuchern zugewachsen. Als ich das Ende der Mauer erreiche, schießt ein schwarzer Pkw mit hoher Geschwindigkeit aus der Einfahrt heraus, um vor der Landstraße zu halten. Da ich mich in diesem Moment weniger als einen Meter vor dem Fahrzeug befinde, habe ich keinerlei Chance zu bremsen. Ich habe nicht mal Zeit, ans Bremsen zu denken, geschweige denn, die Bremshebel zu betätigen. Mit immer noch knapp 30 km/h pralle ich mit dem Vorderrad gegen den Kotflügel des schwarzen BMW. Nun hebe ich ab. Mit einer Flugrolle geht es über die Motorhaube des Fahrzeuges. Das Ganze geht so schnell, dass ich gar nicht realisiere, was jetzt gerade mit mir abgeht. Irgendwie stütze ich mich geistesgegenwärtig mit den Händen auf der Motorhaube ab, um hier nicht mit dem Kopf aufzukommen. Nach dem Abdrücken auf der Kühlerhaube folgt ein wenig eleganter Salto. Diesen Salto beende ich mit einer noch weniger erfolgreichen Landung. Ich lande auf dem Kopf. Trotz des Aufpralls mit der Stirn auf der Straße verspüre ich kaum Schmerzen.

Der BMW-Fahrer springt sofort aus dem Auto und hilft mir auf die Beine. »Sorry, ich habe Sie nicht gesehen. Ist Ihnen etwas passiert? Tut mir leid. Sind Sie verletzt?«, fragt er sich entschuldigend. Da er mit hoher Geschwindigkeit direkt an die Landstraße herangefahren ist, hatte er keine Chance, mich zu sehen. Trotzdem akzeptiere ich seine Entschuldigung: »Das kann schon mal passieren. Nein, ich bin nicht verletzt. Alles in Ordnung mit mir.« Da ich aber eine große blutende Platzwunde habe und ein wenig benommen wirke, beschließt der BMW-Fahrer, der von seiner Frau begleitet wird, mich zu einem Arzt in der Nähe zu bringen.

Dieser Allgemeinmediziner legt mir einen Kopfverband an. Dann besteht der Hausarzt darauf, die Polizei anzurufen, damit der Verkehrsunfall aufgenommen wird. Der BMW-Fahrer, ein dunkelhaariger Mann mit Schnauzbart, ungefähr 40 Jahre alt, nimmt alle Schuld auf sich. Er verabschiedet sich und wünscht mir gute Besserung. Der Hausarzt verständigt danach einen Rettungswagen, der mich in die Notfallambulanz der Uniklinik Münster bringt. Dort ist Entwarnung angesagt, denn man kann neben der Platzwunde nur eine leichte Gehirnerschütterung bei mir feststellen.

Von der Klinik aus bestellt man mir ein Taxi. Der Fahrer freut sich über die fast 50 Kilometer lange Tour. Es ist ein typischer Taxifahrer, wie er an den Bahnhöfen von größeren Städten oft zu finden ist. Längere Haare, unrasiert und locker, leger mit Jeans und T-Shirt bekleidet. Möglicherweise ein Studienabbrecher wie Joschka Fischer, vermute ich, der danach aber als Außenminister der Bundesrepublik noch die

Kurve gekriegt hat. Auf keinen Fall möchte ich hier über den Beruf des Taxifahrers herziehen. Es ist ein sehr wichtiger und auch sehr schwieriger Beruf. Man muss sich örtlich sehr gut auskennen und vor allem hat man sich mit vielen bekloppten, aber auch betrunkenen Zeitgenossen auseinanderzusetzen.

Dieser Taxifahrer auf jeden Fall ist sehr nett. Wir haben unterwegs ein gutes Gespräch, und er ist auch bereit, mein total verformtes Rad einzuladen. Das defekte Rennrad hatte ich noch schnell an einem Verkehrsschild in Roxel angekettet. Nachdem er mich nach Hause gebracht hat, gebe ich dem Taxifahrer ein gutes Trinkgeld. Trinkgeld gebe ich Taxifahrern oder auch Servicepersonal grundsätzlich. In diesem Fall fällt es mir besonders leicht, denn die Fahrt bekomme ich von der Krankenkasse ersetzt.

Insgesamt werde ich für eine Woche krankgeschrieben. Ich bin danach aber sehr schnell wieder fit und verfüge über keinerlei bleibende Schäden. Im Bekanntenkreis empfiehlt man mir, einen Anwalt zu nehmen, damit ich mein Rennrad auch ersetzt bekomme. Dieser rät mir, Schmerzensgeld zu beantragen. So bekomme ich neben dem Zeitwert des Rennrades noch 1000 DM Schmerzensgeld erstattet.

Auch über ein Vierteljahrhundert später bin ich immer noch unsicher bei unübersichtlichen Einfahrten und Kurven, die man nicht einsehen kann. Deshalb fahre ich aus Vorsichtsgründen auch heute noch ganz langsam im Schritttempo an die gefährlichen Stellen heran. So habe ich schon manchen Unfall verhindert, denn sehr viele Autofahrer in diesem Land schneiden ständig Radler auf Radfahrwegen.

Nachts mit der Bahn nach Salzburg

Im Winter lese ich eine Anzeige, dass die Marktforschungs-firma, Forschungsgruppe Hagen, freie Mitarbeiter sucht, die in Zügen der Deutschen Bundesbahn die Fahrgäste zählen. Toller Job, denke ich und bewerbe mich dafür. Es kommt sogar eine schriftliche Zusage, der dann auch eine Einladung zu einer eintägigen Schulung folgen soll, doch dann passiert monatelang nichts.

Endlich im April bekomme ich die Einladung zu der Schulung, die in Dortmund in einem Raum am Hauptbahnhof stattfindet. Gespannt fahre ich dorthin. Über 20 Leute jeden Alters und auch sonst sehr verschieden treffen sich hier. Aber alle reden über das gleiche Thema. Sie fragen sich, wann es denn endlich losgeht mit dem tollen Job.

Ein wenig unpünktlich taucht dann ein Mitarbeiter dieser Forschungsgruppe Hagen auf und vertröstet uns weiterhin. Da die Deutsche Bundesbahn die Aufträge noch nicht ausge-schrieben hat, kann er als Einsatzleiter sie auch nicht an uns weitergeben. Das leuchtet sogar dem Dümmsten von uns in der Runde ein. Als er von unserem Stundenlohn redet, trifft mich fast der Schlag. Denn uns werden 30 DM Stundenlohn versprochen. Allerdings nur für die Zeit, in der wir Reisende zählen. Die Rückfahrt, auch wenn diese dann den ganzen Tag dauern sollte, würde nicht honoriert werden. Kein schlechter Job, denke ich mir nach der Schulung. Doch die versprochenen Einsatzangebote kommen nicht. Was nützt einem der beste Stundenlohn, wenn man keine Stunden machen darf ...

Doch Ende Mai kommt dann ein schriftliches Angebot für eine Fahrt der Deutschen Bundesbahn von Emmerich nach Salzburg. Da die Tour an einem Samstagabend geht, kann ich diese, ohne Schule zu schwänzen, durchführen. Freundlicher-weise bringt meine Mutter mich mit dem Pkw nach Emmerich. Ein wenig nervös melde ich mich beim Zugbegleiter an. Dieser ist sehr nett und bietet mir auch einen Platz in seiner Personalkabine an. »Hier kannst du deine Klamotten aufbewahren und dich zwischendurch ausruhen, denn die Nacht wird lang«, erklärt er mir zuvorkommend. Da die Zugfahrt mit dem EC um 22 Uhr beginnt und wir erst um zehn Uhr morgens in Salzburg eintreffen werden, hat er da durchaus recht.

Die Arbeit hingegen ist sehr leicht, denn das Einzige, was ich machen muss, ist das Zählen der Reisenden zwischen zwei Bahnhöfen. Danach notiere ich die Zahlen auf einem Block der Deutschen Bahn und habe eine längere Pause bis zum nächsten Bahnhof. Als mich eine Reisegruppe nach der Bezahlung für meine Tätigkeit fragt, mache ich einen Fehler. Als ich ihnen erkläre, dass ich 30 DM pro Stunde bekomme, drehen die förmlich ab. Sie meinen, dass dieses Gehalt viel zu hoch für eine derlei leichte Tätigkeit ist. Auch als ich ihnen erkläre, dass ich weder Übernachtung noch die Zeit der Rückfahrt vergütet bekomme, können sie sich nicht einkriegen. Ich weise sie daraufhin, dass sich jeder auch ohne Qualifikation für eine derartige Beschäftigung bewerben kann. Darauf gehen die Reisenden aber auch nicht ein. Oft ist es in diesem Land so, dass Menschen, die nichts versuchen und nichts machen, neidisch sind auf Leute, die etwas wagen, etwas leisten und dafür belohnt werden.

Insgesamt gesehen ist es ein toller Job und eine phantastische Nacht. Im Dunkeln fahren wir am Rhein entlang. Über Köln, Koblenz weiter nach Baden-Württemberg und Bayern. In München ist es bereits hell. Hier haben wir einen kurzen Boxenstopp und ich kann mir an diesem riesigen Bahnhof Brötchen und Kaffee besorgen. Kurz danach beim Zählen treffe ich wieder die schon erwähnte Reisegruppe. Einer fragt mich hämisch: »Bis du schon Millionär?« »Nein«, sage ich trotzig, »das dauert bestimmt noch zwei Stunden!«

Als wir dann pünktlich um zehn Uhr in Salzburg eintreffen, bin ich müde aber auch glücklich. »Fährst du gleich wieder zurück«, fragt mich der Zugbegleiter, als ich mich bedanken und verabschieden will. »Nein, die Bundesbahn gibt mir die

Möglichkeit, dass ich für die Rückreise zwei Tage Zeit habe. So habe ich die Möglichkeit, mir Salzburg anzusehen und heute Abend erst zurückzufahren.«

Trotz Übernächtigung kann ich erkennen, dass Salzburg eine wunderschöne Stadt ist. Doch nicht nur die Stadt, auch der Salzburgring interessiert mich. Denn an diesem Sonntag findet der Motorrad Grand Prix auf der Rennstrecke statt. Ich habe noch nie ein Weltmeisterschaftsrennen im Motorsport gesehen und bin sehr gespannt darauf. In der Nähe des Salzburgrings fallen mir schon die vielen Zelte auf. Viele Motorradfreaks aus Europa sind mit ihren Maschinen zum Ring gekommen und campen hier schon seit Tagen.

Beim Rennen selbst geht es, wie erwartet, sehr laut zu. Die Motorräder machen einen Heidenkrach. Es ist schon erstaunlich, mit welch hoher Geschwindigkeit sich die Rennfahrer in die Kurven legen. Die Motorsportfans sind begeistert. Plötzlich sehe ich zwei dieser Fans, die mir sehr bekannt vorkommen. »He, was macht ihr denn hier?«, frage ich die beiden, die mich staunend ansehen. Die beiden Personen sind mein Bruder Stefan und sein Rennsportkumpel Adolf. »Das könnten wir eher dich fragen«, kontert mein Bruder, »denn im Gegensatz zu uns warst du noch nie bei so einem Rennen.« »Das stimmt«, sage ich und erkläre ihnen, wie ich eher zufällig hierhin gekommen bin. Stefan und Adolf dagegen sind in der Saison europaweit fast monatlich auf solchen Events. Die beiden sind nicht nur Motorsportfans. Nein, die beiden Freunde träumen sogar von einer eigenen großen Rennsportkarriere.

Müde schleiche ich abends zurück zum Bahnhof. Kostenlos fahre ich nachts mit der Bahn zurück nach Nordrhein-Westfalen. Im Nachtzug kann ich mich in einer Schlafkabine ein wenig ausschlafen. Morgens um sechs Uhr erreiche ich Münster. Inzwischen ist es Montagmorgen und die Schule steht wieder an. Ziemlich müde fällt mir der Schultag ein wenig schwer. Doch die tolle Bahnfahrt und die 360 DM, die ich verdient habe, entschädigen mich dafür.

Wenige Wochen später fahre ich eine Tour von Münster nach München. Hier kann ich meine Cousine Andrea besuchen. Andrea studiert hier und lebt mit einer anderen Studentin in einer WG. Sie ist sehr gastfreundlich und wie selbstverständlich darf ich bei ihr übernachten. Da ich meine Laufklamotten wie immer dabei habe, gehe ich am anderen Morgen joggen. Bei strömenden Regen laufe ich eine Stunde durch München. Nach einem gemeinsamen Frühstück bedanke ich mich und fahre zurück.

Danach erledige ich noch einen Kurzeinsatz von Münster nach Hamburg, der nur 2,5 Stunden dauert. Es ist mein letzter Einsatz in dieser interessanten lukrativen Tätigkeit. Die Forschungsgruppe Hagen zahlt zwar pünktlich, meldet sich aber nie wieder bei mir.

Gefühlter Außenseiter

In der Sportschule bin ich gut in den Fächern Deutsch, Leichtathletik und Psychologie. In den Fächern, wo es um Tanz, Rhythmus und Bewegungsgestaltung geht, reicht es gerade für eine Vier. In den restlichen Fächern bin ich Durchschnitt, und es ergibt sich immerhin ein Notenschnitt von »Drei« auf dem Zeugnis. Dieses ist aber zu wenig für mein mangelndes Selbstbewusstsein. Ich brauche gute Ergebnisse und vor allem Erfolgserlebnisse, um persönliche Defizite wettmachen zu können.

Deshalb habe ich neben der Schule mehrere Jobs angefangen. Nachmittags und samstags arbeite ich in Legden in der Firma Zebra-Druck. In dieser vom etwas chaotischen, aber liebenswürdigen Chef »Bohne« geführten Druckerei, fühle ich mich sehr wohl. Hier gibt es mit sieben DM pro Stunde zwar wenig Kohle, aber auch als Aushilfe habe ich immer das Gefühl, dazuzugehören. Mehr Geld verdiene ich dann in den Osterferien und in den Sommerferien, denn ich bin wieder als Mülllader bei der Firma Stenau unterwegs.

Doch das größte Erfolgserlebnis des Jahres 1989 erreiche ich Pfingsten im Legdener Dahliendorfstadion. Sieben Mal hatte ich vergeblich versucht, seit 1981 das 10 000-Meter-Rennen beim Legdener Volkslauf zu gewinnen. Zweimal wurde ich Dritter und auch als Zweiter bin ich zweimal über die Ziellinie gelaufen. Doch den Sieg verpasste ich meistens recht deutlich, wobei mir mein Erzrivale Michael Umlauf auch einmal in die Quere kam. Doch dieses Jahr schaffe ich es endlich. Mit 33:11 Minuten gewinne ich in neuer Bestzeit überlegen dieses Heimrennen. Es ist schön, als Lokalmatador endlich vorne zu sein, zumal ich mir immer den Druck selbst gemacht habe, hier gewinnen zu müssen. Beim Citylauf in Haltern kann ich meine Bestzeit über 10 000 Meter noch auf 32:40 Minuten herunterschrauben.

Nach all diesen beruflichen und sportlichen Erfolgserlebnissen freue ich mich Ende August wieder auf die Timmermeisterschule in Münster. Als gefeierter Sportler und geschätzter Mitarbeiter wird es mir doch auch hier gelingen, endlich Fuß zu fassen, hoffe ich. Das soeben erworbene Selbstvertrauen will ich positiv für das neue Schuljahr einsetzen.

Doch alles kommt ganz anders. Sofort merke ich, dass ich hier nur eine kleine Leuchte bin. Dieses angebliche Selbstbewusstsein in mir ist innerhalb weniger Tage erloschen. Ich besitze nicht die Fähigkeit, es zu ertragen, schlechte Leistungen zu bringen. Und meine Fähigkeit für Tanz und Rhythmus sind, von mir selbst gefühlt, immer noch gleich null. Wie ein ungehobelter Bauerntölpel fühle ich mich, wenn ich in Ballettschuhen und Gymnastikhose eine Choreographie vorführen soll. Für mein »Performen« wäre ich in einer dieser neuzeitlichen Castingshows gnadenlos zerrupft worden.

Jedoch, die Lehrerinnen und Mitschülerinnen gehen ganz milde und auch feinfühlig mit mir um. Trotzdem fühle ich mich als einziger Mann und fataler Nichttänzer als ziemlicher Außenseiter. Auch wenn mir die Gruppe nicht das Gefühl gibt, trotzdem habe ich es. Ich gehöre nicht dazu! Dieses Gefühl, nicht mitten in der Gruppe zu sein, kann ich nicht ertragen. Einerseits bin ich Individualist und Einzelgänger, komme aber auch nicht klar, wenn ich mich nicht zur Gemeinschaft dazugehörig fühle. Ich bin schon ein sehr komplizierter seltsamer Vogel. Was ich zusätzlich sehr schlimm finde, ist, dass ich schlechte Ergebnisse, Leistungen und berechtigte Kritik nicht aushalten kann. Ich verfüge über keinerlei Frustrationstoleranz. Plötzlich ziehe ich die Notbremse.

»Hallo, Herr Stresewski, ich habe da eine Frage?« »Ja bitte, Herr Wenning.« Dieter Stresewski ist Geschäftsführer bei der Firma Stenau, und ich bin gerade in sein Büro geplatzt. Fragend und ein wenig ängstlich sehe ich ihm in die Augen. »Ja, Herr Stresewski, ich möchte Sie fragen, ob ich bei der Firma Stenau eine Festeinstellung bekommen kann?« »Sie sind doch auf einer Sportschule, Wenning. Für eine Tätigkeit bei uns wollen Sie das so einfach aufgeben?«, fragt er mich erstaunt. »Genau, das möchte ich!«, kontere ich. »Haben Sie sich das gut überlegt, Wenning?« »Ja, das habe ich mir, Herr Stresewski! Und wie sieht es aus?« »Ja, wenn das so ist, dann können Sie sofort Montag, am 2. Oktober, bei uns anfangen. Denn zuverlässige Mitarbeiter wie Sie, Herr Wenning, können wir jederzeit gebrauchen.« Nach dieser positiven Antwort bin ich ziemlich erleichtert.

Direkt danach unterzeichnen wir den Arbeitsvertrag. Am nächsten Morgen melde ich mich bei der Schule ab und verabschiede mich von den Mitschülerinnen und den Lehrern. Ein wenig traurig scheint vor allem Karin zu sein. Sie ist ähnlich wie ich Einzelgängerin, und wir sind regelmäßig nach der Schule um den Aasee gelaufen. Aber im Prinzip haben die meisten Mitschülerinnen und auch Lehrer Verständnis für meinen Schulabbruch. Nur ich selbst habe das Empfinden, wieder einmal früh aufgegeben und versagt zu haben.

Müllabfuhr forever

Da ich bereits 14 Wochen aushilfsweise bei der Müllabfuhr tätig war, weiß ich natürlich, was ich zu tun habe. Sehr schnell schaffe ich den Sprung von einer Aushilfskraft zu einem motivierten unbefristeten Festangestellten. In den 80er-Jahren gibt es noch nicht so viele Zeitverträge oder Zeitarbeiter wie in der heutigen Zeit. Gute zuverlässige Mitarbeiter sind noch eine attraktive längerfristige Investition für fast jede Firma. Die Zeit der Ausbeutung und der Dumpinglöhne setzt sich erst in den späten 90er-Jahren durch.

Bei der Firma Stenau werden sehr viele Überstunden gekloppt, doch zusätzlich zum guten Stundenlohn von fast 20 DM werden diese Überstunden mit 30 Prozent Zuschlag honoriert. Außerdem zahlen uns die Stenaus noch ein 13. und 14. Monatsgehalt. Die drei Arbeitsanzüge, die jeder Mitarbeiter neben Handschuhen und Arbeitsschuhen gestellt bekommt, werden wöchentlich im Wechsel gewaschen.

Wie bereits erwähnt, besitzen viele Kollegen bei der Firma Stenau einen Spitznamen. Neben Grobi und Annemarie, die ich schon gut kenne, gibt es einen Jammerlappen, den Katsche, die Beule, den Turbo, den Kojak, das Bübchen. Auch fährt neuerdings die Lok Leipzig für uns, Holger, ein netter Sachse aus Leipzig. Ebenfalls neu im Team ist die Schwuchtel. Mit dieser Schwuchtel, die heterosexuell und glücklich verheiratet ist, fahre ich die ersten Wochen gemeinsam. Warum er den Namen Schwuchtel bekommen hat, weiß er selbst nicht. Aber es stört ihn auch keineswegs. Wir haben beide den gleichen Humor und kommen auch sonst sehr gut klar. Wenn man sich auf dem Wagen gut versteht, dann bekommt man den Tag auch gut zusammen hin. Dann sind die zehn, elf, zwölf oder auch manchmal 13, 14 auch 15 Stunden, die täglich gemeinsam zu leisten sind, leicht getan. In diesem langen Zeitraum sind Mitarbeiter oft länger mit ihren Arbeitskollegen zusammen, als abends mit der Ehefrau

Zeit verbracht wird. Deshalb ist es durchaus wichtig, gut miteinander zu kooperieren.

Viele Jahre später werde ich ähnliche, aber viel extremere Lebenserfahrungen machen. Dann werde ich jahrelang als Gefangener in einer Justizvollzugsanstalt sitzen. Dort ist man oft 23 Stunden am Tag in einer engen Zelle mit einem fremden Menschen zusammen. In diesen extremen Lebenssituationen ist es besonders wichtig, zwischenmenschlich miteinander auszukommen.

Als ich eines Abends mit einigen Kollegen nach dem Duschen im Umkleideraum sitze, kommt Dieter Stresewski aufgeregt herein. Hastig zieht er an seiner Zigarette. Im Büro ist Rauchverbot, deshalb qualmt er öfter bei uns im Umkleideraum. »Du, Piet, Annemarie und Jammerlappen haben beide gekündigt, was machen wir jetzt?« Piet ist ein stattlicher gutaussehender Mann. Sein Spitzname ist Engelbert, denn mit seinen graumelierten Haaren, dem Schnauzbart und den braunen Haaren sieht Piet dem englischen Schmusesänger Engelbert Humperdinck durchaus ähnlich.

»Das geht mir am Arsch vorbei, Dieter«, formuliert Piet in seiner lässigen Art. »Ja, aber Piet, der Alex ist krank, und keiner weiß, wann und ob der wiederkommt. Dann kennt sich keiner in deinen Bauerntouren aus. Was machen wir, wenn du krank oder im Urlaub bist?« »Na und?«, antwortet Piet lächelnd, der es zu genießen scheint, für die Firma unabkömmlich zu sein.

Plötzlich sieht Stresewski mich an: »He, Wenning, Sie sind doch ein pfiffiges Kerlchen. Ab morgen fahren Sie mit Piet. Sie stellen sich hinten drauf und merken sich die Fahrstrecken, damit Sie die Touren irgendwann auch alleine hinkriegen!« »Wie, ich?«, frage ich ziemlich überrascht. »Das ist gar nicht so einfach«, wirft Piet ein. »Keine Widerworte! Befehl ist Befehl!«, stellt Dieter Stresewski klar und verlässt zügig den Raum.

Am nächsten Morgen blicke ich gespannt auf den Arbeitsplan. Diesem Plan, der auf der Fensterbank liegt, kann man alles entnehmen. Welche Tour man mit wem fährt und mit welchem Auto diese zu fahren ist. Bauernschaft Emsdetten, Fahrer Piet Reinköster und Lader Hermann Wenning, steht drauf. Wieder zum Einstieg Emsdetten, schmunzele ich ein wenig. Heute geht's um halb sechs Uhr los, aber ohne Sperrmüll, aber wieder mit Frühstück bei Heinz. Dazu gibt es noch ein großzügiges Mittagessen auf einem Ferienhof. Piet hat es raus. Er, der seit 20 Jahren die Bauerntouren kennt, kann als eingeschworener Stadtmensch sehr gut mit der Landbevölkerung. Neben Emsdetten fahren wir auch die Bauerntouren Ahaus, Gescher, Laer, Stadtlohn, Ochtrup 1 und Ochtrup 2, die alle zwei Wochen dran sind. Dazu wöchentlich die Stadttouren in Laer und Gescher.

Ich stehe hinten auf dem Trittbrett und versuche, mir den Weg zu merken. Der Haken ist, von hinten sehe ich kaum etwas. Erschwerend kommt hinzu, dass wir die ersten zwei bis drei Stunden morgens noch im Dunkeln fahren. Auch lässt die Konzentration im Laufe des Tages nach, denn wir sind bei jeder Tour zehn bis zwölf Stunden unterwegs. Ohne Pausen wohlgemerkt. Pause machen wir nur, wenn Kunden uns zum Essen, zum Kaffee oder sonst was einladen. Nach zwei Wochen habe ich alle Touren gefahren, und ich habe mir noch nichts gemerkt.

Piet ist zwar sehr nett, lässt aber auch als Fahrer den Lader merken, dass er der Chef ist. Mich stört das aber nicht. Mein großes Ziel ist es, mir die Touren zu merken. Denn hier auf den Bauerntouren habe ich deutlich weniger Arbeit. Ob ich 1200 Tonnen in der Stadt oder hier nur 400 bis 500 Tonnen leere, das ist schon ein Unterschied.

Außerdem möchte ich abends gerne noch locker nach Hause laufen. Denn ich habe mir angewöhnt, täglich zur Arbeit zu joggen. Kurz nach halb fünf Uhr stehe ich auf und laufe die sieben Kilometer von unserem Hof zur Firma Stenau. Abends laufe ich noch einen zwei Kilometer langen Umweg, so komme ich dann auf insgesamt 16 Kilometer täglich. Meine

Arbeitskollegen schütteln ein wenig den Kopf über so viel sportliches Engagement. Einmal sieht mich der Chef Theo Stenau abends loslaufen. »Herr Wenning, ich staune immer über Sie, dass Sie das nach so einem harten Arbeitstag noch können«, ruft er mir hinterher.

Als ich nach acht Wochen immer noch keinen Plan habe, frage ich im Büro nach Karten, in denen die Touren eingezeichnet sind. Frau Barbie, die nette Disponentin, händigt mir diese Kartenpläne aus. Dann setze ich mich mehrmals sonntags in den Wagen meiner Eltern und fahre die Touren nach diesen Karten alle einzeln ab. Wenn man selbst fährt, merkt man sich einfach mehr. An den schwierigen Stellen mache ich mit weißer Farbe Markierungen auf die Straße. Mit allen Mitteln möchte ich vermeiden, dass ich den Weg der Tour nicht weiß, wenn ich irgendwann ohne Piet fahre.

Marktforschung unter Bauern

Nachdem die Forschungsgruppe Hagen sich nicht mehr bei mir gemeldet hat, halte ich Ausschau nach anderen Marktforschungsfirmen. Ich habe Geschmack an dieser körperlich leichten Arbeit gefunden, die ja durchaus lukrativ bezahlt wird. Im landwirtschaftlichen Wochenblatt, auf dem Land zumeist nur »Bauernblatt« genannt, stoße ich auf eine interessante Annonce. Es werden Interviewer gesucht, die Befragungen unter Landwirten durchführen.

An einem Samstagmorgen fahre ich zu einem Bewerbungsgespräch nach Lüdinghausen. Genau in die Gegend, wo ich vor sechs Jahren ganz jämmerlich in meiner Ausbildung zum Landwirt gescheitert war. Während der Fahrt durch Seppenrade bekomme ich ein ganz mulmiges Gefühl. Doch als ich fünf Minuten später im Industriegebiet am Firmensitz der Marktforschung Kleffmann auftauche, kann ich meine negativen Gefühle verdrängen.

Firma ist wohl ein wenig übertrieben, denn außer einem kleinen Büro in einem ansonsten leeren Gebäude ist hier nicht viel anzutreffen. Als sich der Firmeninhaber mir vorgestellt, werde ich noch skeptischer. Es ist ein junger Spund, ungefähr im gleichen Alter wie ich, um die Mitte 20. Mit seiner Brille und dem blassen Teint sieht er aus, als ob er gerade die Schule beendet hätte. Doch im Gegensatz zu seinem Aussehen wirken Haltung und Auftreten ganz anders auf mich. Er bietet mir sofort das Du an, strotzt vor Selbstbewusstsein und erklärt mir seine Visionen. So wie ich hat Burkhard Kleffmann seinen staatlich geprüften Landwirt absolviert und ist als Hofnachfolger vorgesehen.

Erst jetzt merken wir, dass wir uns früher bereits begegnet sind. Als ich einmal mit dem Pkw zu einem Laufwettkampf von Dülmen zurückkam, habe ich Burkhard als Tramper mitgenommen. Per Anhalter wollte er zurück zu seinem Ausbildungsbetrieb in Coesfeld. Schon während dieser Fahrt hatten wir ein sehr interessantes Gespräch.

Auch Burkhard tickt nicht wie ein »richtiger« Landwirt, denn er hat auch andere Flausen im Kopf. So arbeitete er nebenberuflich für eine Marktforschungsfirma, die Umfragen unter Landwirten durchführte. Schnell kam er zu der Meinung, dass er dieses selbst unter eigener Regie durchaus besser machen kann. Nachdem er mir das alles ausführlich erklärt hat, spricht er mich an: »So, Hermann, ich möchte dich gerne testen. Hier hast du sechs Fragebögen. Darin geht es um das Image von Pflanzenschutzmitteln. Befragt werden Landwirte aus dem Kreis Coesfeld. Dotiert mit 15 DM pro Fragebogen. Wenn du Lust hast, kannst du die sofort durchführen und dir auf die Schnelle 90 DM verdienen.«»Gut, das möchte ich gerne versuchen, mal sehen, ob ich das schaffe«, antworte ich und nehme die Fragebögen ein wenig unsicher an. Ich bin ziemlich nervös, als ich den ersten Bauernhof in der Nähe von Lüdinghausen betrete. »Guten Tag, mein Name ist Hermann Wenning, und ich mache Umfragen für die Firma Marktforschung Kleffmann. Darf ich Sie kurz interviewen?«, so stelle ich mich vor. Trotz meiner Skepsis und Unsicherheit habe ich keinerlei Probleme. Innerhalb von knapp drei Stunden habe ich sechs Interviews von sechs freundlichen kooperationswilligen Landwirten auf dem Papier.

Stolz kehre ich in das Büro von Burkhard Kleffmann zurück. Dieser ist sehr zufrieden mit mir und bietet mir sofort einen neuen Auftrag an: »Ich suche für nächstes Wochenende jemanden, der nach Rheinland-Pfalz fährt und dort Umfragen unter Weinbauern durchführt. Es gibt bei diesem Projekt sogar 18 DM pro Interview. Du bekommst einen Firmenwagen und 50 DM Spesen am Tag. Von den Spesen kannst du dir dann auch ein Hotelzimmer mieten. Interesse?« Ich bin sehr überrascht von diesem durchaus lukrativen Angebot und muss nur kurz überlegen. »Ja gut, ich versuche das einmal«, entscheide ich mich spontan.

Untergang am Rhein

Nach einem kurzen Gespräch mit Frau Barbie bekomme ich kurzfristig für den nächsten Freitag Urlaub von der Müllabfuhr. Morgens um fünf Uhr fahre ich mit der Bahn nach Lüdinghausen. Dort steht für mich ein Ford Fiesta älteren Baujahrs bereit. Über die A1 geht es Richtung Ruhrgebiet bis nach Leverkusen. Von dort über die A3, A4 und A59 bis nach Bonn. Denn hier im Bereich Bonn – Meckenheim habe ich den Auftrag, vier Obstbauern zu befragen. Das Thema sind wieder Pflanzenschutzmittel. Mit diesen Spritzmitteln lässt sich in der Landwirtschaft, im Obst- und auch Weinbau sehr gut verdienen. Deshalb versuchen fast alle großen Chemiekonzerne über Umfragen zu erforschen, wie sie am besten an die Kunden herankommen können. Zwar muss ich die Obstbauern erst suchen, doch die Umfragen verlaufen problemlos.

Dann fahre ich weiter Richtung Koblenz. Hinter Koblenz habe ich Weinbauern zu befragen. So viele, wie ich schaffen kann. In Rheinland-Pfalz gibt es insgesamt sechs Weinanbaugebiete. Meine Aufgabe ist es, in den Gebieten Rheinhessen und Nahe Interviews mit Weinbauern zu führen. Die Weinbauern selbst sind leicht auf ihren Feldern zu finden, denn sie sind mitten in der Ernte. Trotz der vielen Arbeit nehmen sie sich gerne Zeit, um sich von mir befragen zu lassen. Die Leute in Rheinland-Pfalz scheinen sehr freundlich und aufgeschlossen zu sein. Bis zum Abend habe ich mit 15 Weinbauern Befragungen durchgeführt.

In dem wunderschönen Ort Sankt Goar, der wohl an der romantischsten Stelle des Rheins liegt, finde ich ein Fremdenzimmer, das ich für zwei Nächte buche. Wie auf jeder Reise mit Laufsachen ausgestattet, kann ich abends am Rhein entlanglaufen. Ich renne Richtung Sankt Goarshausen und bewundere dabei die Loreley. Obwohl ich hier eigentlich zum Arbeiten bin, kommt es mir ein wenig wie im Urlaub vor. Seit meinem Alkoholurlaub vor sechs Jahren an der Nordsee bin ich nie länger als drei Tage von zu Hause weg gewesen.

Auch am nächsten Morgen laufe ich am Rhein entlang. Vielleicht benötige ich auch nicht unbedingt jährlichen Urlaub, da ich jede Laufeinheit gewissermaßen als Urlaub empfinde. Beim Laufen kann ich entspannen und abschalten. Die nette alte Dame, die mir das Zimmer vermietet hat, serviert mir nach der Trainingseinheit ein üppiges Frühstück. Danach fahre ich gut gelaunt in die Weinberge.

Als ich am Nachmittag meine bis dahin gemachten Interviews noch einmal überprüfe, bekomme ich einen Schock. Die letzten zehn Interviews habe ich in der falschen Region durchgeführt. Ich habe nicht richtig auf die Karte gesehen und gemerkt, dass ich mich im Mittelrheingebiet befinde. Gefordert werden aber Befragungen in Rheinhessen und Nahe. Zehn der 35 Interviews sind quasi für die Katz.

Ein normaler Mensch würde jetzt denken: Nicht schlimm, einfach weitermachen! Doch ich bin kein normaler Mensch. Ich bin nicht in der Lage, Fehler, Niederlagen oder einfach nur persönliche Schwächen zu verarbeiten. Die Veranlagung, mir selbst Fehler zu verzeihen, besitze ich nicht. Das einzige Mittel für mich, solche Dinge zu kompensieren, ist der Alkohol. An der nächsten Tankstelle hole ich mir vier halbe Liter Bier. Schnell zieh ich mir drei Bierdosen auf Ex weg, dann fahre ich zu meiner Pension zurück.

Als ich mittags Interviews in Boppard gemacht hatte, konnte ich anhand von Plakaten erkennen, dass hier heute ein Weinfest stattfindet. Mit dem Bus fahre ich abends von Sankt Goar nach Boppard. Gut angeheitert mische ich mich auf dem Weinfest, das in einem Zelt stattfindet, unter das Volk. Aber ich habe absolut keine Feierlaune. Ein Mensch, der wie ich nur aus Frust trinkt, der kann sich nicht freuen und mit anderen Menschen ausgelassen feiern. Stockbesoffen, aber irgendwie ernüchternd bleibe ich den ganzen Abend alleine.

Da nach Mitternacht keine Busse mehr fahren, bleibt mir nichts anderes übrig, als zu meiner Pension zurückzutrampen. Kein einfaches Unterfangen zu dieser Tageszeit, zudem regnet es in Strömen. Doch freundliche Einheimische nehmen mich mit, und ich bin kurz nach zwei Uhr im Bett.

Als ich morgens verkatert wach werde, bekämpfe ich diesen abscheulichen Kater durch neuen Alkohol. Im betrunkenen Zustand verzichte ich darauf, weitere Interviews durchzuführen. Ich denke, das wäre auch nicht gut gekommen. So mache ich mich, nachdem ich mein Quartier bezahlt habe, auf den Weg nach Hause. Kein einfacher Weg, denn gut 300 Kilometer betrunken mit dem Auto zu fahren, ist schwierig und selbstverständlich absolut verantwortungslos. Auf einer engen Landstraße fahre ich am Rhein entlang, Richtung Koblenz. Meine erhöhte Promillezahl versuche ich, mit besonders viel Konzentration auszugleichen. Ein absoluter Wahnsinn, denn vor allem die Reaktion lässt im betrunkenen Zustand vehement nach.

Kurz vor Koblenz passiert es dann. Ein vor mir fahrendes Fahrzeug setzt beim Abbiegen zu spät den Blinker. Erst im letzten Moment merke ich das und mache eine Vollbremsung. Gleich knallt es, ist mir sofort klar. Doch welch ein Wunder. Knapp einen halben Meter vor dem Heck des Fahrzeuges kriege ich den Ford Fiesta zum Stehen. So ein unverschämtes Glück, empfinde ich erleichtert.

Irgendwie komme ich mit dem Wagen unversehrt nach Lüdinghausen. Absolut unentschuldbar und auch hochgradig kriminell, in diesem Zustand Auto zu fahren. Ich bin heute überaus sehr, sehr dankbar, dass ich mit meinem niederträchtigen Verhalten niemanden verletzt oder zu Tode gefahren habe.

In Lüdinghausen gebe ich den Wagen bei Kleffmann persönlich ab. Dort gestehe ich: »Entschuldigung, Burkhard, ich habe Mist gebaut. Da ich bei den Interviews teilweise in der falschen Region gelandet bin, habe ich mir aus Frust gestern die Kante gegeben. Heute war ich nicht mehr in der Lage, Weinbauern zu befragen!« Meine Trunkenheitsfahrt heute hingegen verschweige ich dezent. »Wenn ich euch Mitarbeiter auf Tour schicke, dann sollt ihr arbeiten und euch nicht betrinken«, schimpft Burkhard ein wenig verärgert, aber durchaus noch ruhig und besonnen. Der Typ hat eine Souveränität, denke ich; wenn der wüsste! Ich entschuldige mich noch einmal und trampe dann per Anhalter von Lüdinghausen nach Hause.

Der Fall der Mauer live auf der Autobahn

Am nächsten Abend meldet sich Burkhard Kleffmann telefonisch bei mir. Ich vermute, es geht um meinen Rausschmiss und dass ich kein Honorar für meinen Alkoholausflug bekomme. »Hallo, Hermann«, fängt Burkhard erstaunlich freundlich an, »du, die Interviews waren sehr gut und, wenn du möchtest, kannst du in den nächsten Wochen wieder fahren, aber eins möchte ich dir trotzdem noch sagen, was nicht wieder vorkommen darf.« Ich höre gespannt mit großem Herzklopfen zu. »Du, das Auto war total versifft, nächstes Mal lieferst du das Auto supersauber ab. Ausgesaugt und ohne Müll, ist das klar?« »Gut, mache ich, nächstes Mal wird alles besser. Ich bleibe nüchtern und bringe ein absolut sauberes Auto zurück«, verspreche ich.

Schon zwei Wochen später fahre ich wieder los. Als »Belohnung« habe ich dieses Mal einen besseren Wagen bekommen. Einen Opel Kadett Diesel, der auf der Autobahn viel besser abzieht. 150 bis 160 km/h kann ich jetzt locker fahren. Um drei Uhr morgens fahre ich an diesem Samstagmorgen schon los. Um sieben Uhr, als ich mich bereits in Rheinland-Pfalz befinde, halte ich an, ziehe mich um und laufe eine Stunde. Danach bin ich frisch, gut drauf und bereit für Interviews. Bei diesem Befragungseinsatz bleibe ich vollkommen nüchtern und liefere den Wagen wie versprochen blitzsauber ab.

Jetzt fahre ich regelmäßig. Dabei sind nicht nur Weinbauern, sondern auch Obstbauern und normale Landwirte zu interviewen. Ich bin nun quasi der Statthalter der Firma Kleffmann in Rheinland-Pfalz. Und ich verdiene gutes Geld, denn 500 bis 700 DM an einem Wochenende eben mal nebenbei sind bestimmt nicht wenig.

Doch als ich am 10. November 1989 im Ruhrgebiet um 3:30 Uhr morgens im Auto sitze, passiert etwas, was ich niemals für möglich gehalten habe. Ich denke, ich träume und halte das, was im Radio gesendet wird, für ein Hörspiel. Auf jeden Fall für total unreal. Seit meiner Kindheit kenne ich die Berliner Mauer. Zweimal, einmal als Schüler und einmal mit dem Fußballverein, war ich dort. Diese Mauer, das Sinnbild der deutschen Trennung hatte einfach Bestand. Ich persönlich war mir immer ziemlich sicher, dass diese Mauer niemals fallen würde. Und dort im Radio berichtet man live, wie die Mauer fällt …

Seit gestern in den späten Abendstunden sind die Grenzen offen. Da ich sehr früh schlafen ging, bekam ich nichts davon mit. Jetzt, morgens höre ich zufällig hier auf der dunklen Autobahn von dieser einzigartigen Sensation. Ein absolut wunderbares Ereignis auch für mich. Mir kommen die Freudentränen. Ein unvergesslich tolles Ereignis für fast alle Deutschen. Ende 1989 können sich erstmals Menschen aus Ost und West ungezwungen begegnen und kennenlernen.

Auch die Begegnung von mir und Burkhard soll noch einige Früchte tragen. Fast ein Jahr lang fahre ich regelmäßig nach Rheinland-Pfalz, bis ich mich dann in Sachen Nebenjob anderweitig orientiere. 1990 gründet Burkhard Kleffmann die Kleffmann Group. In den folgenden Jahren entstehen Zweigstellen in Ost- und Zentraleuropa, in Australien, Asien und Südamerika. Mit Filialen in 23 Länder, die Projekte in 70 Staaten betreuen, steigt die Firma um die Jahrtausendwende zum weltweit führenden Marktforschungsunternehmen im Agrarsektor auf. Burkhard und seine 350 Mitarbeiter machen im Jahr 2012 einen Umsatz von 23 Millionen Euro.

Im Gegensatz dazu fange ich 1990 eine Karriere in der Disco an. Die Kellnertätigkeit führt einige Jahre später zu Drogenexperimenten. Die entstehende Abhängigkeit hat eklatante Folgen. Ich verliere Arbeit, Wohnung und sämtliche soziale Kontakte. Um die Jahrtausendwende lebe ich in der Hamburger Obdachlosenszene. Mit oft weniger als 50 Pfennig in der Tasche erbettle ich mir Lebensmittel bei der Tafel und Kleidung bei der Heilsarmee. Um mir meinen nächsten Heroindruck leisten zu können, begehe ich zahlreiche Diebstähle und Einbrüche.

Burkhard und ich haben ähnliche familiäre und soziale Voraussetzungen, aber unsere Lebensgeschichten führen in total unterschiedliche Richtungen ...

Weihnachtsfieber

Als ich Piet davon erzähle, dass ich vom Bauernhof und auch noch gelernter Landwirt bin, gibt er mir schnell einen Spitznamen. Zuerst nennt er mich Bauernschädel, daraus wird dann Schädel. Für alle bei der Müllabfuhr bin ich von nun an nur noch der Schädel. Ja, gut, in gewissen Sachen bin ich sehr extrem, und dann ziehe ich das auch konsequent, oft auch negativ durch. Da bin ich in gewisser Weise ein Dickschädel. Deshalb passt der Begriff Schädel schon, und ich wehre mich nicht dagegen.

Anfang der Weihnachtszeit quatscht Piet mich morgens an: »Du, Schädel, bald kommen die Festtage. Dort wirst du etwas erleben, was du noch nie erlebt hast und was du auch nicht für möglich halten wirst.« »Wie, Piet? Also an Wunder glaube ich nicht, auch nicht in der Weihnachtszeit. Zwar bin ich christlich und konservativ erzogen, aber so gläubig nun doch wieder nicht«, versuche ich das Ganze eine wenig ins Lächerliche zu ziehen. »Quatsch keinen Blödsinn, Schädel! Weihnachten geht's so richtig ab hier auf meinen Touren, da wird dir Hören und Sehen vergehen!« Ich nicke und schweige, denn ich habe keine Lust, weiter zu diskutieren.

Piet hat recht, und wie. Denn Weihnachten geht's bei der Müllabfuhr so richtig ab. Zwar gibt es das ganze Jahr Trinkgeld: Mittagessen, Brötchen, Kaffee, Bier reichlich und regelmäßig. Aber Weihnachten werden Piet und ich praktisch bombardiert. Viele Mülltonnen sind mit Weihnachtskarten geschmückt. Diese Karten sind mit Dankesgrüßen beschriftet und mit 10, 20 oder gar 30 DM befüllt. Wir werden sehr ergiebig für ein Jahr Arbeitsleistung belohnt. Eigentlich bin ich ja erst seit drei Monaten hier auf der Tour. Trotzdem teilt Piet alles mit mir. Ich erkenne, dass er ein ehrlicher, aufrichtiger Mensch ist. Er besteht geradezu darauf, dass ich meinen Anteil abends mitnehme. Für dieses kollegiale Teilen bin ich ihm sehr dankbar.

Da es absolut unmöglich ist, meinen Geschenkeanteil im Kleiderspind langfristig zu lagern, muss ich spätestens alle drei Tage mit dem Auto der Eltern zur Arbeit fahren. Denn der Spind ist dann voll mit Bierflaschen, Spirituosen, Pralinen, Gebäck, Schokolade und anderen süßen Geschenken. Der absolute Wahnsinn! Jeden Tag werden wir überaus reichlich beschenkt. Viele Kunden überreichen uns persönlich die Geschenke. Freundlich bedanken wir uns per Handschlag. Weihnachten ist eine traumhafte Zeit für Müllmänner. Piet hat mir keineswegs zu viel versprochen!

Bis Mitte Januar werden wir von unseren netten Kunden beschenkt. Dann ziehen wir ein Resümee. Jeder von uns hat knapp 2000 DM an Bargeld, über 200 Flaschen Wein, Korn, Weinbrand, Likör – bis zum teuersten Whisky (Dimple) – bekommen. Dazu Unmengen von Gebäck und Süßigkeiten sowie Bier und Zigaretten im Überfluss. Die Zigaretten nimmt Piet vollständig mit nach Hause. Er ist Raucher und ich Nichtraucher. Also, was soll ich damit? Vom Alkohol rühre ich aber auch nichts an, denn der Schnaps und die anderen Pullen verschwinden im Keller meiner Eltern, die abends immer nur mit dem Kopf schütteln, wenn ich meine geschenkte Beute auf dem Küchentisch ausbreite.

Als ich dann Ende Januar erstmals die Touren ohne Piet fahre, kriege ich sie auch hin. Mit Zeichensprache zeige ich hinten vom Trittbrett dem Fahrer, wo es lang geht. Bei längeren Fahrstrecken zwischen den Mülltonnen steige ich ein, denn vorne in der Fahrerkabine ist es auch einfacher, dem Fahrer den Weg zu erklären. Das sensationell gute Weihnachtsgeschäft, die Arbeit voll im Griff, ich bin angekommen bei der Müllabfuhr. Meinen Schulabbruch bereue ich jetzt auf keinen Fall mehr.

Das Schaukelpferd

Obwohl ich weiterhin jeden Tag zur Arbeit laufe, kann ich meinen Volkslaufsieg in Legden nicht wiederholen und belege dieses Jahr den zweiten Platz im 10 000-Meter-Rennen. Zwar komme ich auf über hundert Laufkilometer pro Woche, doch die zehn bis zwölf Stunden, die ich jeden Tag bei der Müllabfuhr abreiße, zehren doch meinen Körper ein wenig aus. Oft fehlt mir dann die Leichtigkeit für mein Lauftraining. Am Wochenende, wenn ich ausgeruht bin, lege ich dann aber oft lange Distanzen über 20 oder 25 Kilometer hin. Denn ich träume weiterhin vom großen Durchbruch ...

Doch ich träume auch von einem Sportwagen. Immer, wenn wir mit dem Müllwagen vor einem Autohaus mit Sportwagen vorbeifahren, springe ich vom Trittbrett hinunter. Dann laufe ich zu den Sportwagen und sehe sie mir an. »Eh, Schädel, du hast doch gar nicht die Kohle, dir so einen teuren Schlitten anschaffen zu können«, belächelt Piet mich dann immer ein wenig mitleidig. »Ach, warte nur ab, dir werde ich es schon zeigen«, denke ich mir dann im Stillen.

Als ich eines Tages einen knallroten Porsche während der Tour vor einem Autohaus sehe, weiß ich, der ist es. Am frühen Abend gehe ich noch zur Bank, hole Geld und kaufe mir den Sportwagen. Im Alter von 26 Lebensjahren ist es mein erstes Auto, und gleich ein Porsche. Allerdings kein richtiger Porsche, denn er hat einen Audimotor und nur die Karosserie ist vom Stuttgarter Sportwagenhersteller. So hat er auch »nur« 125 PS und kostet erschwingliche 7 500 DM. Aber auf jeden Fall ein Schnäppchen, da bin ich mir sicher. Mit so wenig Geld so viel angeben zu können, ist doch eine feine Sache. Außerdem habe ich mir einen Traum erfüllt. Denn Träume soll man nicht träumen, sondern sie sich erfüllen.

Doch ich habe noch einen weiteren Traum. Ich träume von einer Karriere in der Disco. Ich war nie der große Discogänger. Als Kunde in der Disco habe ich mich immer total gelangweilt.

Dumm herumstehen und gucken, wie schöne, eitle Menschen versuchen, sich selbst gekonnt in Szene zu setzen, ist nicht mein Ding. Der große Tänzer war ich auch nie, und Mädchen anzusprechen, habe ich mich nie getraut. Doch jetzt komme ich plötzlich auf die Idee, mich in einer Diskothek zu bewerben. Ich will nicht bei uns in Legden in der Großraumdiskothek der Skala arbeiten, sondern im Schaukelpferd, das mitten im 1000-Einwohner-Ort Darup steht.

Mit meinem Porsche fahre ich an einem Samstagabend nach Darup, das zur Gemeinde Nottuln gehört, und bewerbe mich. Zu meiner Überraschung bekomme ich sofort eine Zusage und darf das nächste Wochenende schon arbeiten. Aber nicht als Kellner, wie ich gehofft hatte, sondern als Türsteher. Das wundert mich sehr, denn mit einer Körpergröße von 1,80 Metern und einem Gewicht von 70 Kilogramm bin ich alles andere als eine Kante oder ein Hüne. Gut, mit meinen schulterlangen schwarzen Haaren und dem Schnauzbart könnte ich bestimmt als Zuhälter tätig werden. Aber das bezieht sich ganz alleine auf mein Aussehen. Ansonsten bin ich ein netter, höflicher und vor allem zurückhaltender Mensch.

Sehr unsicher fahre ich an einem Freitagabend zum Schaukelpferd. Der Geschäftsführer Manfred, der mich auch eingestellt hat, begrüßt mich sehr freundlich. Insgesamt ist es hier ein harmonisches Miteinander, und ich werde von allen Mitarbeitern sehr freundlich aufgenommen. Mit drei Türstehern halten wir uns draußen vor der Tür auf, wobei der Cheftürsteher, Lutz bei einer Größe von 1,70 Metern noch kleiner und schmächtiger ist als ich. Auch die Gäste hier sind sehr freundlich. Hauptsächlich junge Menschen aus Darup und den Nachbarorten hier im Kreis Coesfeld, so im Alter von 16 bis 30 Jahren, kommen in den Laden. Wir achten darauf, dass niemand Waffen oder auch Flaschen mit in die Disco bringt. Wenn vermeintliche Gäste zu betrunken wirken, wird ihnen der Einlass verweigert.

Insgesamt ein ruhiger, stressfreier Job. Wir sind zwar die ganze Nacht an der frischen Luft, aber das Herumstehen macht müde. Aber noch negativer wirkt sich die morgendliche Kälte auf mich aus, denn ohne Bewegung bekomme ich kalte Füße. Um 3:30 Uhr ist Feierabend und ich bekomme 85 DM für sieben Stunden. Zwölf DM die Stunde für Rumstehen und sich mit netten Leuten unterhalten, da kann ich nicht meckern. Wenn man bedenkt, dass über 20 Jahre später teilweise nur fünf Euro in der Gastronomie als Stundenlohn gezahlt werden, löhnt das Schaukelpferd nicht schlecht.

Am folgenden Samstagabend lerne ich Werner kennen. Werner Nattler ist der Bruder von Manfred und der Besitzer des Schuppens. Auch er ist sehr freundlich und erklärt mir sofort, welche Auswirkungen so ein Gastronomiejob auf seine Mitarbeiter hat. »Hermann, wenn du hier länger bei uns tätig bist, wirst du dich verändern. Der dauernde Umgang mit Menschen wird dich lockerer, gesprächiger und kontaktfreudiger machen. Diese Entwicklung haben bereits viele meiner Mitarbeiter vollzogen!« So ganz glaube ich Werner nicht, doch er wird recht behalten.

Gegen ein Uhr morgens kommt Werner torkelnd aus der Disco und lallt ein wenig: »Du, Hermann, hier ist der Autoschlüssel. Fahre mich bitte nach Hause.« »Kein Problem, das mache ich gerne«, antworte ich, während ich loslaufe, um den VW-Bulli zu holen. Während der Fahrt erzählt mir Werner, dass zurzeit gegen ihn wegen einer Trunkenheitsfahrt mit anschließender Fahrerflucht ermittelt werde. Denn sein Auto sei eines Nachts voll in eine Häuserwand geknallt. Das zerstörte Auto war dann vor der demolierten Häuserwand vorgefunden worden. Die Polizei konnte niemanden am Tatort entdecken. Da er selbst mit dem Vorfall nichts zu tun habe, rechne er mit der Einstellung des Verfahrens. Auch in dieser Sache wird Werner recht behalten. Er scheint nicht nur als Geschäftsmann ein gewiefter Bursche zu sein.

Im Rausch der Siege

Jeden Freitag- und Samstagabend fahre ich nun mit meinem Porsche zum Schaukelpferd. Eigentlich hatte ich mir den roten Sportwagen ja zum Angeben geholt, aber jetzt, wo ich ihn schon einige Monate besitze, ist es mir eher ein wenig peinlich. Deshalb parke ich den Wagen immer schön unauffällig auf den hinteren Parkplätzen. Das trifft sich gut, denn unsere Aufgabe ist es auch, regelmäßig die Parkplätze zu bewachen. Für die Nattlers ist es sehr wichtig, dass keine Randale und kein Radau hier im 1000-Einwohner-Dorf aufkommen. Die Gäste sind fast durchgehend freundlich und friedlich, sodass wir Türsteher so gut wie nie durchgreifen müssen. Unsere Aufgabe beschränkt sich weitgehend darauf, draußen vor der Tür für Ruhe zu sorgen.

Parallel zur »Discokarriere« schiebe ich auch meine Läuferkarriere wieder ein wenig an. Im Sommer habe ich mit Heiner und Sigi viel in den Baumbergen harte Steigungen trainiert. Deshalb plane ich die Volksläufe in Haltern-Bossendorf und Billerbeck, die sehr profilierte Strecken haben. Ich bin gut trainiert für diese beiden Rennen, die jeweils über 20 Kilometer gehen. Doch bei beiden Starts habe ich das gleiche Problem, denn sie finden am Sonntagmorgen statt. Also habe ich vorher nur eine kurze Nacht, denn bis 3:30 Uhr stehe ich im Schaukelpferd vor der Tür.

Nachdem ich um 4:30 Uhr im Bett bin, geht bereits um 7:30 Uhr wieder der Wecker. Danach fahre ich mit dem Porsche Richtung Haltern. Oft bin ich mit dem Rennrad oder mit dem Mofa zu Rennen hier in diese schöne See- und Waldlandschaft gefahren. Unauffällig parke ich an einem Waldweg. Hastig melde ich mich an, denn in 40 Minuten fällt schon der Startschuss. Nachdem ich in mein knappes Renndress geschlüpft bin, ziehe ich mir noch schnell einen guten schwarzen Kaffee rein. Ein wenig Zeit habe ich auch noch zum Einlaufen. Als ich mit mehreren Hundert Läufern dann auf die Strecke gehe, resümiere ich kurz. Die ganze Nacht in Darup vor der Tür gestanden, kaum drei Stunden geschlafen, das kann ja eigentlich nicht viel werden …

Doch ich merke sofort, dass heute alles anders ist. Der Schlafmangel scheint ein wenig wie Doping zu wirken. Sonst bin ich auf Wettkämpfen oft viel zu verkrampft, zu nervös, zu unsicher. Oft kann ich meine normale Leistung nicht abrufen, da meine Psyche nicht mitspielt. Schon mehrmals habe ich deshalb entnervt Rennen vorzeitig aufgegeben. Aber heute ist von Unsicherheit keine Spur. Ich laufe einfach. Und ich laufe schnell, so schnell, dass ich bei Kilometer Fünf bereits vorne in der Spitzengruppe bin. Ohne große Anstrengung zu verspüren, mache ich richtig Dampf. Die anderen beiden aus dieser Spitzengruppe können nicht mehr mithalten. Einer der beiden Konkurrenten ist Helmut Sommer, zurzeit einer der besten Langstreckler im Münsterland.

Bei Kilometer Zehn laufe ich alleine an der Spitze. Als ich auf meine Stoppuhr schaue, kann ich das gar nicht glauben. Knapp unter 34 Minuten habe ich für die erste Hälfte der Strecke gebraucht. Das gibt es doch gar nicht, denn ich fühle mich noch topfit, bin kein wenig müde. Und es kommt noch besser. Immer mehr laufe ich mich in einen Rausch. Trotz hohem Tempo verspüre ich keinerlei Müdigkeit oder Schmerz. Die körpereigenen Endorphine vermitteln mir ein totales Glücksgefühl. Leicht und locker schwebe ich durch das einzigartige Waldgebiet der Halterner Haard. Die kurzen, steilen Anstiege bezwinge ich ohne jede Mühe. Wenn es dann bergab geht, renne ich wie ein Sprinter den Hügel herunter. Als ich mich einmal kurz umdrehe, sehe ich weit und breit niemanden hinter mir. Ich renne das gegnerische Feld in Grund und Boden.

Dann bei Kilometer 17 bis 18 kann ich das Tempo sogar noch erhöhen. Ich bewege mich in einem einzigartigen Laufrausch. Wie auf Droge renne ich »high« durch den Wald. Mit tosendem Applaus werde ich im Stadion empfangen. Trotz

meiner für mich fantastischen Siegeszeit von 67 Minuten und
12 Sekunden fühle ich mich kaum müde. Nachdem ich den
Siegerpokal erhalten habe, fahre ich stolz nach Hause.

In den nächsten beiden Wochen schaffe ich das Tripple.
Ebenfalls am Sonntagmorgen mit wenig Schlaf und nach langer
Schaukelpferdnacht gewinne ich die 20-Kilometer-Volksläufe
in Billerbeck und Heek. In Billerbeck ist mir wieder Helmut
Sommer lange auf den Fersen. Aber am Ende kann ich ihn wie
das komplette restliche Feld deutlich hinter mir lassen.

In den Sommermonaten war ich gelegentlich mit Heiner,
Uli und Matthias auf der Tartanbahn in Coesfeld, um dort
Tempoläufe zu machen. Matthias Rintelen, einen Zahntech-
niker, hatten wir vor einigen Jahren beim Training in den
Baumbergen kennengelernt. Anfangs hatten wir ihn ein wenig
unterschätzt. Doch Matthias belehrt uns eines Besseren, denn
mit seiner enormen Grundschnelligkeit läuft er uns regelmäßig
beim Training in Grund und Boden. Er ist in der Lage, die 1000
Meter gleich viermal hintereinander im Training unter 2:50
Minuten zu laufen.

Nach meinen drei Siegen trete ich im September
endlich wieder bei den Münsterlandmeisterschaften im
5000-Meter-Lauf an. Vor zwei Jahren gehörten Matthias, Uli
und ich zu den Favoriten bei dieser Meisterschaft, die damals
so wie heute im Coesfelder Stadion stattfand. Damals forderte
ein wahnsinniges Temporennen ziemlichen Tribut. In diesem
Rennen, das von mehreren in Dülmen stationierten englischen
Berufssoldaten bestimmt wurde, stieg ein Läufer nach dem
anderen aus. Nicht einmal die Hälfte der knapp 30 Läufer
erreichte das Ziel. Matthias Rintelen stieg als Erster unserer
Trainingsgruppe aus. Dann, eine Runde später Uli Hörnemann,
der immerhin eine 5000-Meter-Bestzeit von 15:17 Minuten
hat. In der nachfolgenden Runde verließ auch ich entnervt die
Bahn. Das Ganze nennt man wohl Kettenreaktion. Der Einzige
von unserer Gruppe, der durchkam, war Heiner. Er, der in den
Wochen zuvor uns beim Training nur hinterhergelaufen war,

erkämpfte sich in 15:43 Minuten einen starken vierten Rang. Wer zuletzt lacht, der lacht eben doch am besten.

Doch heute bin nur ich als Einziger von unserer Trainingsgruppe am Start. Mit drei Siegen habe ich in den letzten beiden Wochen viel Selbstbewusstsein getankt. Auch hier will ich ein hohes Tempo angehen, jedoch nicht so schnell wie vor zwei Jahren. Damals ging ich den ersten Kilometer unter drei Minuten an und bin wie viele andere erschöpft ausgestiegen. Heute, mit kontrollierter Offensive, möchte ich das Feld wie bei meinem Tripple zerlegen. Mit dem Anfangstempo von 3:05 Minuten bei der 1000-Meter-Marke fühle ich mich ganz wohl und bin die Konkurrenz schon schnell los. Im Alleingang renne ich um die Bahn und beende die 5000 Meter in neuer Bestzeit von 15:36 Minuten. Im Ziel bin ich keineswegs platt, denn ich verfüge momentan über eine außerordentlich gute Ausdauer. Erstmals bin ich nun Münsterlandmeister über die Langstrecke in der Männerklasse.

Der September wird immer mehr zu einem goldenen Herbst, denn ich gewinne auch den 10-Kilometer-Citylauf in Gronau-Epe, den 5-Kilometer-Lauf beim Kanalfestival in Datteln und schließlich den 25-Kilometer-Lauf in Münster-Handorf. Beim Lauf in Handorf fühle ich mich allerdings schon ein wenig müde, kann die 25 Kilometer aber hier in 87 Minuten recht deutlich gewinnen. Der siebte Sieg in Serie. Einfach nur Wahnsinn!

Verlaufen

Mein Trainingspartner Uli Hörnemann, der auch gleichzeitig Sportreporter der Coesfelder Allgemeinen Zeitung ist, bringt einen großen Bericht über meine Siegesserie. »Power auf Dauer, Wenning macht Ernst« sind seine Schlagzeilen. Er tituliert mich mit dem Namen »Turbo Wenning«. In einem Vorbericht auf den Coesfelder Heidevolkslauf erklärt er mich zum Favoriten und traut mir meinen achten Sieg in Serie zu.

An einem kühlen Oktobersonntagmorgen treffen sich einige Athleten in der Coesfelder Heide, wo ich in den letzten Jahren etliche Trainingseinheiten meiner Laufbahn absolviert habe. Heute bin ich der Topfavorit hier beim 15-Kilometer-Lauf und will unbedingt den achten Sieg hintereinander. Auch Erfolge und Siege können süchtig machen, wofür der ehemalige Bayern-München-Präsident Uli Hoeneß bestimmt ein gutes Beispiel gibt.

Als ich mich schon anfangs vom Feld absetze, kann nur einer mithalten. Es ist mein Freund Heiner Althoff. Doch heute breche ich, nach erneuter Discothekenschicht übernächtigt, ein. Heiner kann sich nach gut zehn Kilometern von mir absetzen und läuft einem sicheren Sieg entgegen. Meine Serie geht zu Ende. Aber wenn ich es einem gönne, sie zu beenden, dann Heiner. Auch wenn ich heute leicht unmotiviert bin, ist mein zweiter Platz zu keiner Zeit in Gefahr.

Doch je länger die Distanz, desto seltsamer kommen mir dieses Rennen und vor allem der Streckenverlauf vor. Längs der Strecke markierten Pfeile und weiße Kreide die Rennstrecke. Auch zeigen uns Streckenposten den Weg. Doch seit über zehn Minuten sind weder Hinweispfeile noch Streckenmarkierung, geschweige denn Streckenposten zu sehen. Heiner, der ungefähr 100 Meter vor mir läuft, und ich bewegen uns im Niemandsland. Wir haben uns schlichtweg einfach verlaufen. Oder besser, man hatte uns verlaufen lassen. Irgendwo auf der Strecke fehlte wohl einer dieser Helfer, der uns den richtigen Weg hätte weisen sollen. Da wir beide die neu konstruierte Strecke noch nie gelaufen sind, kennen wir sie natürlich nicht. Irgendwie kommen Heiner und ich über Umwege doch ins Ziel. Den Sieg verpassen wir deutlich. Heiner kommt als Achter und ich als Neunter in die Wertung.

Während ich das gelassen sehe, ist Heiner außer sich. Der Heimsieg hier in Coesfeld wird ihm verwehrt, nur weil die Organisation zu blöd ist, wie er meint, 200 Läufer richtig durch die Coesfelder Heide zu leiten. Lautstark legt er sich mit den Organisatoren an, die auf Unschuld machen. Verständlich, wie Heiner reagiert, aber leider nützt ihm das wenig. Er ist heute hier mit Abstand der schnellste Läufer im Feld gewesen, aber trotzdem hat er den Sieg unglücklich verloren.

Aber so etwas kann schnell passieren. Trotzdem möchte ich mich hier bei den ehrenamtlichen Helfern auf den unzähligen Laufveranstaltungen, an denen ich mich beteiligt habe, bedanken. Diese Freiwilligen, die keinen Cent bekommen, ermöglichen erst solche Laufevents.

Von der Polizei im Spurt geschlagen

Gut, irgendwann musste meine einzigartige Siegesserie einmal vorübergehen, zumal bei meinem permanenten Schlafmangel ein Leistungseinbruch jederzeit eintreten kann. Seit drei Monaten arbeite ich jetzt schon als Türsteher im Schaukelpferd. Jede Freitag- und Samstagnacht fahre ich zum Jobben nach Darup. An einigen Tagen bin ich auch als Kellner im Einsatz. Obwohl ich nur die Gläser einsammle, gefällt mir diese Arbeit viel besser. Denn drinnen bekomme ich mehr von der Musik und der Atmosphäre in der Disco mit. Die Stimmung im Schaukelpferd ist einfach nur geil. 1990 geht es so richtig los mit einer neuen Musikrichtung: dem Eurodance. Dance-Projekte wie Snap, KLF oder Capella erobern die deutschen und europäischen Charts.

Aber an einem Samstag im November habe ich frei. Spontan entschließe ich mich, heute Abend als Gast nach Darup zu fahren. Zwar werde ich von meinen Kollegen und vielen Gästen sehr freundlich begrüßt, aber irgendwie fühle ich mich nicht wohl. Wie schon beschrieben, war ich nie gerne Kunde in einer Disco. An diesem Abend ist es genauso, und ich komme schlecht drauf. Spontan bestelle ich mir aus Frust ein Bier. Das ist keine gute Idee, denn als Alkoholiker bleibt mir jetzt nichts anderes übrig, als weiterzusaufen. Ich lasse mich total volllaufen, setze mich anschließend in meinen Porsche und fahre los. Statt direkt nach Hause zu fahren, suche ich noch das Dorf Münsterland in Legden auf. Auch keine gute Idee. Dort saufe ich weiter. Bier, Korn-Cola, Whisky-Cola – alles, was ich kriegen kann.

Gegen fünf Uhr verlasse ich die Diskothek und setze mich in meinen Wagen. Total betrunken habe ich Probleme, den Wagen zu starten, und auch beim Losfahren würge ich den Wagen mehrmals ab. Plötzlich steht ein Mann vor meinem Wagen und zeigt mir seinen Ausweis. »Kriminalpolizei. Bitte stellen Sie den Wagen ab und geben mir den Fahrzeugschlüssel«, fordert er mich auf. Geschockt und ohne Widerworte zu geben mache ich den Motor aus und ziehe den Schlüssel ab. Nachdem ich diesen überreicht habe, befiehlt mir der Kripomann: »Sofort aussteigen und abpusten!« Konsterniert und weiterhin wortlos puste ich in das Röhrchen. »Zwei Promille. Sie sind absolut fahruntüchtig. Ich rufe meine Kollegen an, die bringen Sie dann zur Blutprobe nach Ahaus«, erklärt mir der Beamte. Dann legt er mir Handschellen an und setzt mich auf den Rücksitz eines zivilen Wagens.

Kurz danach kommt ein Polizeiwagen angefahren. Der zivile Beamte übergibt mich an zwei Streifenpolizisten. Die zwei uniformierten Beamten nehmen mich mit. Wenige Kilometer weiter am Autobahnparkplatz der A 31 soll ich erneut an einen anderen Polizeiwagen übergeben werden. Die Handschellen sind mir schon vorher abgenommen worden. Als ich aussteige, wittere ich plötzlich die Chance, auf die ich sehnlich gehofft habe. Fährt jemand unter Alkohol, dann wird ihm der Führerschein entzogen. Dies geschieht allerdings nur, wenn dafür Beweise vorliegen. Ein Alkoholtest mit Röhrchen reicht nicht, aber eine Blutprobe ist ein absolut stichhaltiger Beweis. Um diesen stichhaltigen Beweis möchte ich aber unbedingt herumkommen, denn meinen Führerschein will ich nicht abgeben. Wenn ich nun einfach abhaue und mich danach solange verstecke, bis ich wieder nüchtern bin, können sie mir gar nichts beweisen, male ich mir aus.

Nachdem mich die Polizisten zum anderen Polizeiwagen gebracht haben, bitten sie mich einzusteigen. Doch nun werfe ich alles in die Waagschale. Plötzlich renne ich los und versuche zu flüchten. Es ist stockdunkel, und ich laufe in Richtung Wald, der direkt an den Parkplatz grenzt. Normalerweise hätte ich bei meiner Laufform keine Schwierigkeit, die Polizeibeamten locker abzuhängen. Doch das Problem ist, ich bin total betrunken. Beim Loslaufen merke ich sofort, dass ich totale Koordinationsprobleme habe, aber irgendwie erreiche ich den Wald. Jetzt hoffe ich, im Dunkeln abtauchen zu können. Doch die Polizisten sind mir auf den Fersen. Ich höre ihre Schritte und spüre ihren Atem im Nacken. Die werde ich doch als Topläufer locker abhängen können, spinne ich mir im besoffenen Kopf zusammen. Doch dann plötzlich trete ich in ein Loch, verliere das Gleichgewicht und lande auf dem Waldboden. Es dauert nur wenige Sekunden, bis sich einer der Polizisten über mich beugt, meine Arme nach hinten reißt und mir Handschellen anlegt. »Junge, das Spiel ist aus! Du kommst jetzt mit und dann ist gut«, fordert er mich im harten Ton auf. Der Führerschein ist jetzt endgültig futsch, das ist mir nun auch im Vollrausch klar.

Als sich die Polizisten im Auto meine Papiere ansehen, merken sie, mit wem sie es zu tun haben. Meine jüngsten sportlichen Erfolge, von der Presse gut ausgeleuchtet, haben sich inzwischen bis zur Polizei herumgesprochen. In dieser Hinsicht bin ich bereits polizeibekannt. Der Polizist, der mich verhaftet hat, verkündet nun über Funk: »Hallo Kollegen, ich habe gerade den amtierenden Münsterlandmeister im 5000-Meter-Lauf eingefangen!« Die Polizisten haben durchaus gute Laune, während mir gar nicht zum Lachen ist ...

Nach dem Entnehmen der Blutprobe im Ahauser Krankenhaus werde ich von den beiden Polizeibeamten entlassen. Anschließend fahre ich ziemlich frustriert und immer noch betrunken mit dem Taxi nach Hause.

Mehrere Tage später bekomme ich das Ergebnis der Blutprobe zugeschickt. Mit 1,98 Promille im Blut muss ich mit einem langfristigen Führerscheinentzug rechnen. Als ich später die Anklageschrift bekomme, erfahre ich, wie der Zivilbeamte auf dem Parkplatz auf mich aufmerksam geworden war. Eine aufmerksame Zeugin beobachtete, wie ich meinen Porsche mehrmals abwürgte. Sie verständigte die Polizei. Eine absolut richtige Maßnahme von der Frau, denn ich war wirklich total fahruntüchtig, und es hätte noch viel Schlimmeres passieren können ...

Auf dem Boden zurück

Berauschende Siege, fettes sportliches Auto, mehrere gute lukrative Einnahmequellen und die Macht an der Discotür. Ein spannendes Leben ohne Sorgen, eigentlich kann ich zufrieden sein. Und doch greife ich wieder zur Flasche. Irgendetwas ist einmal mehr gründlich schiefgelaufen, und ich habe total versagt.

Ich lasse mich erst einmal krankschreiben. Nachdem ich den Alkoholentzug geschafft habe, nehme ich mir wieder eine Auszeit. Ich trete Urlaub bei der Firma Stenau an. Auch im Schaukelpferd erbitte ich mir ein freies Wochenende und gebe für meine Verhältnisse relativ ehrlich den Führerscheinentzug als Grund an. Dann verabschiede ich mich von meinen Eltern.

Erneut fahre ich nach Rheinland-Pfalz. Dieses Mal aber nicht, um Interviews für die Marktforschung zu machen, sondern um alleine zu sein und um nachzudenken. Inzwischen habe ich dieses Bundesland mit den beiden Flüssen Rhein und Mosel und der herrlichen hügeligen Landschaft lieben gelernt. Nach der Bahnfahrt dorthin miete ich mir wieder ein Zimmer in einer netten Fremdenpension in Sankt Goar und lasse es mir am Rhein so richtig gut gehen. Das heißt, gut frühstücken, spazieren gehen, entspannen und vor allem zweimal am Tag laufen. Beim Laufen kommen mir wie immer die besten Gedanken und Ideen. In der aktuellen Lebensphase, in der ich mich befinde, bin ich inzwischen beruflich und sportlich gut dabei, aber mein Alkoholproblem wirft mich immer wieder zurück. Hier in meinem achttägigen Urlaub nehme ich mir fest vor, nie wieder zu trinken.

Auch ohne die Fahrberechtigung für ein Fahrzeug möchte ich nach meiner Rückkehr aus der Pfalz weiterhin im Schaukelpferd tätig sein. Irgendwie, mit Bus, Bahn, per Anhalter oder Fahrrad, kann ich die 25 Kilometer zum Arbeitsplatz wohl überwinden, nehme ich mir fest vor. Doch als ich bei Manfred anrufe und nach meinem nächsten Einsatz frage, gibt er mir die Antwort: »Hermann, du bist für dieses Wochenende nicht auf dem Arbeitsplan eingetragen. Melde dich bitte nächste Woche wieder.« Das mache ich sechs Wochen hintereinander, und immer bekomme ich Absagen von Manfred. Als ich ihm den Führerscheinentzug gemeldet hatte, sagte er noch, dieses sei kein Problem für ihn. Doch für Manfred, den ehemaligen Polizisten, scheint es aber doch wohl ein Problem zu sein. Frustriert melde ich mich nicht mehr.

Die Discothekenwelt ist eine schöne, heile Welt, in der jeder gut drauf ist und wo alle, besonders die Mitarbeiter, miteinander harmonieren. Diese Welt ist eine Scheinwelt. Wenn jemand Probleme hat, dann wird er sehr schnell aus dieser Scheinwelt aussortiert. Eine Erfahrung, die ich noch mehrmals machen werde.

Aber irgendwie macht das Arbeiten in der Disco auch süchtig. Die Musik, die Mädels und auch die zusätzlichen Moneten, die ich verdiene, machen Lust auf mehr. Deshalb bewerbe ich mich spontan am Heiligabend in der Ahauser Diskothek Liberty. Auch hier bekomme ich sofort den Job als Kellner. Da sich nur wenige Gäste in diese Großraumdiskothek verlaufen haben, habe ich nicht viel zu tun. Meine Arbeit beschränkt sich darauf, Gläser einzusammeln und Aschenbecher zu säubern. Oft verlaufen sich nicht einmal

200 Gäste in die Disco, wobei sich locker 2000 bis 3000 Gäste hier aufhalten könnten. Die Konkurrenz der Diskothek Skala in Legden, gute zehn Kilometer weiter, ist ziemlich groß, und wenn so ein kostspieliger Schuppen wie dieser einmal auf dem Weg in die Flaute ist, dann ist er meistens nicht mehr zu retten. Zwei Monate kellnere ich im Liberty, dann ist der Laden pleite.

Angst vor der Gerichtsverhandlung

Als labiler, sensibler Mensch, der keinerlei Frustrationstoleranz besitzt, habe ich große Angst vor der Gerichtsverhandlung. Erstmals in meinem Leben bin ich zu einem Gerichtstermin geladen und das sofort als Angeklagter in einer Strafverhandlung. Alle meine Gedanken an den Tagen zuvor drehen sich um meinen Strafprozess. Als Rechtsanwalt habe ich Reinhard engagiert. Ich kenne ihn seit vielen Jahren, und er ist nicht nur als junger dynamischer Anwalt in Legden bekannt, sondern ist auch Vorsitzender des SUS Legden.

Wie ein Schäfchen auf der Schlachtbank sitze ich neben Reinhard auf der Anklagebank. Richter und Staatsanwalt sehen in ihren großen schwarzen Roben sehr mächtig und Furcht einflößend aus. Im Abschlussplädoyer macht sich Reinhard noch einmal für mich stark, als er positiv von meinem beruflichen und vor allem sportlichen Werdegang berichtet. Im Schlusswort entschuldige ich mich dann eindringlich für mein Vergehen.

Nach kurzer Pause verkündet der Richter das Urteil. Ich bekomme ein Jahr Führerscheinentzug und 1800 DM Geldstrafe aufgebrummt. Dazu kommen Anwalts- und Gerichtkosten. Letztendlich muss ich noch zwei Wochen Arbeitsausfall für den Polizisten zahlen, der mir hinterhergerannt war. Bei seinem Verfolgungssprint war er mit dem Fuß umgeknickt. Diese Verletzung mit anschließender Krankschreibung wird mir nun auch in Rechnung gestellt. Insgesamt kostet mich meine schwachsinnige Aktion weit über 5000 DM. Doch ich habe Glück im Unglück. Was wäre, wenn ich jemanden totgefahren hätte?

Bei der Arbeit verschweige ich meinen Führerscheinentzug erst einmal. Denn ich schäme mich dafür genauso wie für meine Alkoholabhängigkeit. Nach wie vor ist meine Sucht ein absolutes Tabuthema für mich. Da ich vorher schon und auch jetzt weiterhin als Läufer von Legden nach Ahaus zur Arbeit komme, fällt mein Fahrverbot nicht auf. Den Porsche verkaufe ich für 5000 DM. Der Wertverlust von 2500 DM stört mich wenig, denn ich verdiene weiterhin sehr gut. Bei Stenau mache ich wöchentlich 50 bis 60 Arbeitsstunden. Zwar müssen wir hier bei der Müllabfuhr jeden Tag bei Wind und Wetter knallhart malochen, aber die Kohle stimmt.

Zusätzlich bin ich nach Beendigung der letzten Kellnertätigkeit wieder in die Marktforschung eingestiegen. Für Firmen wie infas, Allensbach, Contest Census oder IFEP mache ich Meinungsumfragen über alle möglichen Themen. Es geht um Politik, Wirtschaft, Kaufverhalten oder wie zum Beispiel gewisse Werbemaßnahmen auf Menschen wirken. Immer gibt es Themen für neue Umfrageprojekte. Freiberuflich verdiene ich gutes zusätzliches Geld, und ich bin auf dem Weg zum Workaholic. Neben Alkohol und Sport hat mich jetzt auch die Droge Arbeit gepackt.

Einstieg ins Filmgeschäft

Beim Schützenfest in unserer Bauerschaft Wehr fällt mir ein Mann mit einer Filmkamera auf. Es ist der ein wenig korpulente Jupp Baumeister aus Asbeck. Ich hatte schon öfter davon gehört, dass er gelegentlich Feierlichkeiten filmt und dafür honoriert wird. Ganz offen erzählt er mir, wie er diese Tätigkeit handhabt. Da er auch einen Bauernhof besitze, könne er nicht alle Angebote annehmen. Auch müsse er auf Hochzeiten zwischendurch zum Melken der Kühe nach Hause fahren. Im Schnitt nehme er 300 DM für eine Hochzeitsfeier.

Gutes Geld, vermute ich im ersten Moment. Doch andererseits verschlingt die Nachbearbeitung eines Filmes mit Sicherheit auch viel Zeit, fange ich an nachzudenken. Auch benötigt man eine technisch hochwertige Ausrüstung, die erst einmal bezahlt werden muss. Außerdem muss man ein Gewerbe anmelden und die Einnahmen versteuern.

Nachdem ich gründlich darüber nachgedacht habe, entschließe ich mich einige Tage später, ebenfalls professioneller Videofilmer zu werden. Für insgesamt 4000 DM lege ich mir einen guten VHS-Camcorder samt einem professionellen Stativ, ein Mischpult sowie zwei hochwertige Videorecorder zu. Da das Filmen und das anschließende Überspielen auf den Videorecorder ganz gut funktioniert, entscheide ich mich endgültig, ins Filmgeschäft einzusteigen. Keine drei Tage nach Kauf meiner Videoausrüstung setze ich eine Anzeige in das örtliche Anzeigenblatt Wochenpost: »Videofilmer hat noch Termine frei. Hochzeiten, Geburtstage oder andere Feierlichkeiten nehme ich für Sie preisgünstig auf Video auf.« Dazu die Telefonnummer von meinem Elternhaus.

Tatsächlich melden sich einige Interessenten, die ihre Hochzeit gefilmt haben möchten. Dass ich noch nie so ein Event gefilmt habe, erwähne ich nicht. Obwohl ich über keinen Namen in der Filmbranche verfüge, gelingt es mir leicht, Aufträge anzunehmen. Ich vereinbare zum Preis von 30 DM pro Stunde, den schönsten Tag des Lebens auf Film festzuhalten.

Da trifft es sich ganz gut, dass sich gerade jetzt im Frühjahr in der Nachbarschaft eine Hochzeit ankündigt. Renate Löhring, unsere Nachbarin, heiratet Andreas, einen jungen Mann aus Ahaus. Ich spreche mit beiden und biete ihnen an, die Hochzeit kostenlos zu filmen. So kann ich meine Fähigkeiten vor den ersten professionellen Auftritten testen.

Da wir nächster Nachbar der Familie Löhring sind, finden die Hochzeitsvorbereitungen wie Kranz- und Rosenbinden bei uns auf dem Hof statt. Auch hier bin ich schon mit der Videokamera dabei. Dabei merke ich, dass mir das Filmen außerordentlich viel Spaß macht. Auch fühle ich mich auf einmal sicher. Sicher vor dem Alkohol, denn ich habe ständig eine Kamera in der Hand. Auf dieser wie auf allen ländlichen Feierlichkeiten sind Personen mit Schnapsflaschen unterwegs, die einem einen »Kurzen« anbieten möchten. Meine Nachbarn wissen immer noch nicht von meiner Abhängigkeit. Doch jetzt kann ich auch zur Entschuldigung sagen: »Mit der Kamera in der Hand ist es mir zu riskant, Alkohol zu trinken, denn ich möchte nicht das Risiko eingehen, dass mir das teure Gerät hinfällt.«

Das Aufnehmen der Hochzeitsfeierlichkeiten gelingt mir ganz gut. Erst als ich dann das mehrstündige Rohmaterial zu einem 90-minütigen Film zusammenschneiden will, merke ich, wie viel Arbeit ich damit habe. Immer wieder vorspulen, zurückspulen, vorspulen und wieder zurückspulen. Als ich nach insgesamt acht Stunden den Film fertig habe, vertone ich ihn nach. Mit Musik möchte ich wichtige und vor allem emotionale Szenen noch einmal eindrücklich untermalen. Auch bastle ich mir einen Vorspann zusammen, den ich mit Roy Blacks Schnulzenhit »Ganz in Weiß« gestalte. Als ich der Familie Löhring beim gemeinsamen Videoabend den Film vorführe, sind alle, einschließlich Mutter Ida, sehr zufrieden mit meinem Werk.

Nur wenige Wochen später produziere ich meinen ersten kommerziellen Film. Für 20 DM habe ich mir inzwischen bei der Gemeindeverwaltung einen Gewerbeschein besorgt. Als Kleinunternehmer möchte ich meine Einnahmen korrekt versteuern. Leicht nervös fahre ich zu meiner ersten professionellen Hochzeit nach Stadtlohn. In der Kirche bin ich noch ein wenig unsicher, da ich während der Trauung ganz alleine neben Brautpaar und Pfarrer in Altarnähe fungieren muss. Die anschließenden Feierlichkeiten in der Gaststätte kann ich bereits routiniert auf die Filmkassette bringen. Insgesamt gelingt mir mein Debütfilmprojekt ganz gut.

Auch die nächsten Hochzeitsfilme entwickeln sich für alle Beteiligten zufriedenstellend. Auf jeden Fall habe ich als Filmproduzent nie Probleme, mein Honorar zu bekommen. Manchmal wundern sich die Kunden, dass ich mit dem Rennrad zur Hochzeit komme, wobei mein auffälliges knallrotes Sakko ganz gut zu meinem roten Rennrad passt. Es gehört nach wie vor zu meinem Krankheitsbild, dass ich auf keinen Fall erwähne, dass ich wegen einer Trunkenheitsfahrt keinen Führerschein besitze. Nein, ich argumentiere sogar, dass ich für die Qualität der Aufnahmen eine gewisse Freiheit benötige und deshalb keinen Pkw mit mir führe. Das Ganze kann ich sogar belegen. Immer wenn der Brautwagen Richtung Kirche fahren möchte, suche ich mir einen Chauffeur. Dieser setzt sich dann vor den Brautwagen und die hinterherfahrende »Hochzeitskolonne«. Ich hänge mich dann in Stuntman-Manier aus dem Beifahrerfenster und filme das geschmückte Leaderfahrzeug nebst Folgefahrzeugen. Das sieht nicht nur spektakulär aus, sondern gibt auch sehr gutes Filmmaterial. Diese Aufnahmen unterlege ich dann in meinem zum Filmstudio ausgebauten Kinderzimmer mit Musik aus der Kultserie Miami Vice mit Don Johnson, ich mixe den Vorspanntitel »Crockett's Theme« vom Keyboarder Jan Hammer in meine Brautwagenszenen. Kommt immer sehr gut an.

Während der Arbeit betrunken eingepennt

Als es wieder einmal zu einer Hochzeit in der Nachbarschaft kommen soll, werde ich beim Kranzbinden rückfällig. Ohne Grund betrinke ich mich beim Treffen der Nachbarn. Als am anderen Morgen um 4:30 Uhr der Wecker klingelt, schrecke ich hoch. Kopfschmerzen, Magenschmerzen, Schuldgefühle, mir ist einfach nur schlecht. Zwei halbe Liter Bier hatte ich mir gestern Abend noch heimlich im Zimmer versteckt. Diese leere ich jetzt auf Ex. In der Regel laufe ich die sieben Kilometer zum Arbeitsplatz. Doch heute Morgen gelingt es mir gerade noch, mit dem Rennrad nach Ahaus zu fahren. Heute ist die große Bauerntour nach Ochtrup dran. Die Tour beginnt um 5:30 Uhr und endet um 17:30 Uhr. Aber nur, wenn alles planmäßig läuft. Eine Panne am Auto oder andere Probleme können die Tour schnell auf 13 bis 14 Stunden ausweiten.

Um 5:10 Uhr angekommen, plündere ich erst einmal meinen Spind. Denn in meinem Schrank ist fast immer Alkohol gebunkert. Nicht weil ich es täglich plane, rückfällig zu werden. Da ist eher das Gegenteil der Fall, denn im Prinzip möchte ich schon ganz mit dem Trinken aufhören. Doch ohne professionelle Hilfe schaffe ich es niemals, was ich aber nicht wahrhaben will.

Auch weiterhin bekommen wir täglich Alkohol von den Kunden auf den Mülltouren geschenkt. Diesen lagere ich in meinem Schrank, da ich die ganzen Flaschen beim Laufen auf keinen Fall mit nach Hause schleppen kann. Einige Male im Monat fahre ich mit dem Rad zur Arbeit, um sämtliche Alkoholflaschen mitzunehmen. Dort überreiche ich sie meinen Eltern, die sie dann im Keller wegschließen. Jedoch heute ziehe ich mir nach dem Umziehen heimlich einen Flachmann auf der Toilette rein. Dann steige ich zu Piet ins Auto.

Eine Gewohnheit von mir ist, dass ich rauche, wenn ich trinke. Zu Hause hatte ich mir schnell noch einige schwarze Zigarren von meinem Vater stibitzt. Als ich mir hinten auf dem Trittbrett eine anzünde, steigt Piet aus und kommt wütend auf mich zu. Er sieht dabei so furchterregend aus, dass ich denke, dass er mir jetzt eine scheuert. Ich vermute, er hat mitbekommen, wie betrunken ich bin.

Piet schreit mich an: »Eh, Schädel, das machst du doch extra, gib es zu, das machst du extra!« »Was ist los? Ich weiß nicht, wovon du sprichst«, versuche ich kleinlaut zu beschwichtigen. »Vor drei Wochen habe ich als starker Raucher mit dem Quarzen aufgehört. Du rauchst nie, Schädel, aber ausgerechnet jetzt qualmst du mir hier einen vor. Das machst du doch extra, Schädel!« »Entschuldigung, Piet, da habe ich gar nicht dran gedacht. Ich habe gestern gesoffen, deshalb rauche ich. Vom Saufen habe ich Verstopfung und die will ich mit Vaters Zigarren lösen. Verstehst du, Piet? Ich paffe extra nur hier hinten. Aber Entschuldigung, wenn dich das nervt«, erkläre ich. Mit meiner Ausrede zufrieden, setzt sich Piet wieder hinter das Lenkrad, und ich stelle mich erleichtert aufs Trittbrett. Dass ich total betrunken bin, hat er nicht gemerkt.

An warmen sommerlichen Tagen, wenn Piet mittags zur Mülldeponie nach Altenberge fährt, steige ich in Langenhorst, einem Vorort von Ochtrup, aus. Während er den Wagen auf der Deponie entleert, erfrische ich mich in einem See. Dieser See liegt nur 500 Meter von der Hauptstraße entfernt, an der ich aussteige. Auch heute lässt Piet mich raus. Allerdings wundert er sich, dass ich mir zwei Flaschen Bier mitnehme. Auf unserem Auto wird sonst nie Alkohol getrunken. Bis zum heutigen Tag hat Piet noch nie einen Rückfall von mir erlebt.

Heute jedoch bin ich extrem rückfällig. Sonst, wenn ich hier am See Pause mache, schwimme ich immer eine Runde und lege mich dann ein wenig in die Sonne. Doch jetzt bin ich hier, um ungestört saufen zu können. Zwei Flachmänner mit Weinbrand und die beiden Bierflaschen haue ich mir in Windeseile rein. Dann lege ich mich hin, um den Rausch ein wenig zu genießen, bevor es gleich mit dem Laden des zweiten Wagens weitergehen soll. Sofort schlafe ich ein …

Als ich später aufwache und auf die Uhr sehe, erschrecke ich. Der Zeitpunkt, an dem ich zu Piet an der Hauptstraße wieder in den Müllwagen steigen sollte, ist schon über eine Stunde vorbei. Als ich dann zu unserem vermeintlichen Treffpunkt laufe, ist Piet erwartungsgemäß weg. Als Tramper versuche ich nun, von Langenhorst nach Ochtrup zu kommen. Trotz meines oder gerade wegen meines orangenen Müllwerkeroutfits hält sofort der erste Wagen an. Ich erzähle dem Autofahrer, dass ich aus Versehen an einer Mülltonne stehen gelassen wurde, da mein Lkw-Fahrer unaufmerksam war. Nachdem der Fahrer mich in Ochtrup rausgelassen hat, bestelle ich mir ein Taxi, denn wenn ich tief in die Bauernschaft möchte, finde ich per Anhalter so schnell nicht das passende Fahrzeug. Da ich ungefähr weiß, an welcher Stelle der Tour Piet jetzt gerade zeitlich ist, kann ich mir ausrechnen, wo wir hinmüssen. Auch die bereits geleerten Tonnen in der Bauernschaft weisen darauf hin, wo Piet sich nun befindet.

Als uns der Müllwagen entgegenkommt, halten wir Piet an. Schnell zahle ich die Rechnung und setze mich zu Piet ins Auto. »Hey, Piet, tut mir leid, war eingepennt, aber jetzt geht's weiter«, versuche ich auf gut Wetter zu machen. »Du spinnst wohl, Schädel! Ich habe gehupt und gehupt, aber du bist nicht gekommen! Aber du kannst nicht weiterarbeiten, Schädel. Du kannst nicht einmal mehr mit mir nach Hause fahren, Schädel.« »Wieso? Bin ich entlassen, Piet?«, frage ich ein wenig ängstlich. »Nee, aber ich habe im Büro angerufen und habe denen gesagt, dem Schädel ist schlecht geworden. Er ist nach Hause gegangen, und ich fahre die Tour alleine weiter. Du musst hier weg, denn dich darf keiner mehr bei mir im Auto sehen. Lass dich abholen, und dann gehst du zum Arzt und lässt dich ein paar Tage krankschreiben, Schädel. Denn dann fällt nicht auf, was ich denen am Telefon erzählt habe«, erklärt mir Piet. »Gut, Piet, bringe mich zu der Kneipe, an der wir gleich vorbeikommen, denn dann kann ich zu Hause anrufen«, antworte ich. Dieses Argument führe ich nicht ganz ohne Hintergedanken an, denn in der Kneipe kann ich weitersaufen. Als mich Piet an der Gaststätte absetzt, bedanke ich mich, vom Alkohol ein wenig redselig geworden, bei Piet. Dafür, dass er mich heute nicht verraten und auch immer die Trinkgelder und die anderen »erbeuteten Wertsachen« korrekt mit mir geteilt hat. »Kein Problem, Schädel, du bist ja auch nicht der Schlechteste«, sagt Piet und gibt mir in einer

Tragetasche noch die Hälfte der Bierflaschen mit, die wir heute bekommen haben.

Als der Müllwagen davongebraust ist, saufe ich im Gebüsch sechs Flaschen Bier auf Ex weg. Dann gehe ich in die Gaststätte, die hier mitten in der Bauernschaft steht. Ich bestelle eine doppelte Korn-Cola und rufe meine Mutter an. Da ich weitersaufe, verliere ich das Bewusstsein und bekomme nicht mit, wie meine Mutter mich abholt und nach Hause fährt. Die ist natürlich alles andere als begeistert von meiner erneuten blamablen Vorstellung, die ich in der Ochtruper Landkneipe abgeliefert habe.

Total auf Entzug gehe ich am nächsten Morgen zum Arzt und lasse mich für zwei Tage krankschreiben. Als ich Montag wieder zur Arbeit gehe, habe ich den Entzug halbwegs überstanden. Da Piet wie versprochen die Schnauze hält, hat niemand in der Firma etwas von meiner Sauforgie mitbekommen.

Mein Bruder der Rennfahrer

Doch auch sportlich läuft es 1991 eher durchschnittlich. Beim Legdener Volkslauf werde ich Dritter. Von meiner Siegesserie mit den sieben Siegen hintereinander aus dem Vorjahr kann ich nur den Sieg beim Michaelislauf in Gronau-Epe wiederholen. Dieser Lauf wird von Reinhard Wittland seit Jahren sehr gut organisiert. Außerdem betreut er die Jugendabteilung der Laufabteilung des Eper Sportvereins. Früher als Läufer hatte er ein eher negatives Image. Er wurde nur der »Bauer« genannt. Statt im schicken Lauftrikot war er meistens mit zerschlissenen T-Shirts bei seinen Wettkämpfen unterwegs. Oft hatte ich knallharte Duelle mit dem gelernten Koch aus Epe, die ich nicht selten verlor.

Aber Wittland sorgte auch mit anderen Aktionen für Aufsehen. Einmal meldete die Gronauer Presse, Reinhard Wittland hätte mit 2:21 Stunden eine neue phantastische Bestzeit aufgestellt. Später kam raus, dass es dieses Rennen nie gegeben hat. Angeblich soll Wittland diese »Ente« persönlich der Zeitung übergeben haben. Einmal verlief sich Wittland beim Heeker 6-Kilometer-Lauf. Alle Läufer folgten ihm auf dieser falschen Fährte und kamen weit abgeschlagen viel später ins Ziel. Nach dem Rennen soll Wittland erklärt haben, dass er nur wissen wollte, wie viele Idioten ihm hinterherlaufen würden. Doch aus dem einstigen »Enfant terrible« der münsterländischen Laufszene ist ein seriöser fürsorglicher Lauftrainer und auch Laufveranstalter geworden.

Für mehr sportliches Aufsehen sorgt in diesem Jahr mein Bruder Stefan. Schon 1990 war Stefan ins Renngeschehen eingestiegen. Er hatte sich von der obersten Motorsport-Kommission (OMK) in Frankfurt die B-Lizenz aushändigen lassen. Mit seiner 750er-Suzuki ist er dann über die Rennstrecken in Assen, Zolder, Luxemburg und natürlich über den Hockenheimring und Nürburgring getourt. Im Gegensatz zu den Werksfahrern, die gesponsert werden, finanziert Stefan seine Kosten alle selbst. Und die sind nicht gering. Nachdem er seine 750er Ende 1990 bei einem Sturz ziemlich ramponiert hatte, versucht er es 1991 mit einer 600er-Honda. Kosten 11 000 DM. Die dazu gekaufte Vollverkleidung bringt er alleine an. Auch sehr teuer sind die Reifen, denn nach jedem Training werden sie neu aufgezogen. Ein Satz Spezial-Rennreifen kostet um die 500 DM, dazu die Transport-, Unterhaltungs- und Wartungskosten für die Maschinen sowie die Startgelder und auch Kosten, die er für jedes Training an die Veranstalter und Rennstreckenbetreiber abdrücken muss. Stefan ist nicht nur Fahrer, sondern auch sein eigener Sponsor, Manager, Monteur und Techniker.

Aber auch sein Freund Adolf, den ich zusammen mit Stefan damals noch als Fan auf dem Salzburgring getroffen habe, ist inzwischen Rennfahrer. Zusammen fahren die beiden europaweit zu den Rennsportereignissen. Trotz mangelnder Wettbewerbsfähigkeit zu den vielen Halbprofis in der Branche gelingt es Stefan in diesem Jahr mehrmals, ins Hauptfeld zu kommen. Bernhard Mathmann von der Münsterlandzeitung und Uli Hörnemann von der Coesfelder Allgemeinen Zeitung bringen ganze Seiten über den Rennsportler Stefan. Doch auch diese Medienpräsenz bringt Stefan keinen Sponsorenvertrag ein. Ende des Jahres muss Stefan aus finanziellen Gründen seine Rennsportkarriere beenden.

Comeback mit Porsche und Disco

Ebenfalls Ende des Jahres bekomme ich meinen Führerschein zurück, der durch den richterlichen Beschluss für ein Jahr Urlaub hatte. Jetzt erst recht, denke ich mir. Wieder kaufe ich mir einen Porsche. Dieses Mal einen zehn Jahre alten 944er, wieder knallrot, wieder mit Audimotor, aber mit über 160 PS. Als ich den Porsche, den ich für 16 000 DM von einer jungen Ehefrau aus Münster abgekauft hatte, einmal auf einer leeren Autobahn ausfahre, zeigt der Tacho 260 km/h an. Wahnsinn, denke ich, aber so schnell möchte ich nie wieder Auto fahren. Im Gegensatz zu Stefan bin ich kein Rennfahrer, sondern eher ein Angsthase. Auch wenn ich mit meinem Rennrad Berge oder Steigungen hinunterfahre, kleben meine Hände an den Bremshebeln. Mir ist absolut unvorstellbar, wie Radprofis mit über 100 km/h die steilsten Berge hinunterfahren. Mir reichen absolut die 50 km/h, wenn ich den Daruper Berg runterradle.

Mit dem Porsche fahre ich einige Wochen später vor der Dülmener Diskothek Fantasy vor. Hier bewerbe ich mich als Kellner und kann direkt einen Tag später anfangen. So wie die in Ahaus in Insolvenz gegangene Diskothek Liberty, ist das Fantasy auch eine Großraumdiskothek. Aber dieser Schuppen ist nicht ganz so leer. Allerdings kann ich gemeinsam mit einem zweiten Kellner locker alle Gläser einsammeln und auch die Aschenbecher regelmäßig reinigen. Um 22 Uhr fange ich an und habe um drei Uhr morgens Feierabend. Für die fünf Stunden kassiere ich 50 DM. Mein Chefkellner, ein kleiner, dürrer, schrulliger Typ, ist ein wenig schroff, aber ich komme eigentlich ganz gut mit ihm klar. Die beiden italienischen Betreiber der Disco sind ebenfalls sehr schroff, aber mit ihnen komme ich weniger gut klar. Beide Hauptverantwortlichen sind nur am rummeckern und kennen keine freundlichen Worte für das Personal. Auch wenn der stark spürbare Existenzdruck einen gewissen Stress auslöst, sollte man doch freundlich zu seinen Mitarbeitern sein.

Anfang der 90er erobert eine neue Musikrichtung die Charts und die Diskotheken. Mit dieser schnellen, zum Teil wenig melodiösen Musik kann ich zuerst gar nichts anfangen. Die Leute, die diesen Musikstil gut finden, sind sehr bunt und schrill gekleidet. Oft laufen sie in Schutzanzügen, orangenen Warnwesten oder auch mit Atemschutzmasken herum. Zu dieser neuen Kultur gehört wohl auch Piercing, wobei jeder Fleck im Gesicht sich inzwischen dazu eignet. Viele haben eine Trillerpfeife im Mund, womit die Musik lautstark unterstützt werden soll. Was aber eher das Gegenteil bewirkt, weil von der eigentlichen Musik kaum etwas zu hören ist. Auch haben mehrerer dieser Jünger weiße Handschuhe an, womit sie diese seltsamen Tanzbewegungen mit den Armen ausführen. Es wird mehr mit den Armen als mit den Beinen getanzt. Wobei bunte Leuchtstäbe in den Händen das Ganze noch zusätzlich untermalen sollen. Ich kann mich mit diesem seltsamen neuen Kram nicht anfreunden und finde mich mit meinen fast 28 Lebensjahren für diese neue Subkultur viel zu alt. Das Ganze nennt sich im Oberbegriff Techno.

1989 traf man sich in Berlin zur ersten Love-Parade mit bombastischen 150 Technoliebhabern. Aber jetzt hat sich Techno sogar schon hier in Dülmen in der Provinz etabliert. Woche um Woche spielt der DJ immer mehr Technomusik, und die Technojünger werden immer zahlreicher, wobei ich dieses elektronische Gedudel immer noch abscheulich finde.

Doch nach acht Wochen Dauerberieselung im Fantasy tut sich etwas bei mir. Anfangs skeptisch, wie schon erwähnt, finde ich immer mehr Gefallen an dieser neuen Musikrichtung. Ich werde immer mehr zum Technofan und kaufe mir auch etliche CDs. Dann merke ich, dass ich diese schnelle Musikrichtung für mein Trainingsprogramm nutzen kann. Bei den Dauerläufen laufe ich mit dieser Ravermusik ganz locker, leicht und auch ziemlich schnell. Wenn ich abends vom Müllabfuhrjob zum elterlichen Hof renne, ist Techno dabei.

Highlight ist immer der Tempodauerlauf am Sonntag. Spätestens um vier Uhr morgens liege ich nach dem Discojob im Bett. Kurz vor Mittag erhebe ich mich, denn sonntags gibt es immer ein leckeres Mittagessen. Meine Mutter kocht einen saftigen Braten oder auch Schnitzel mit Sauce, Kartoffeln und allerhand verschiedenen Gemüsesorten. Da ich dann immer ziemlich reinhaue, lege ich mich erst einmal vollgefressen auf die Couch. Um 15 Uhr geht es dann los, dann steht ein 25-Kilometer-Tempolauf für mich an. Bis Kilometer 15 laufe ich relativ verhalten in ungefähr 60 Minuten. Danach mache ich die Technomusik an und zünde meinen Turbo. Die restlichen zehn Kilometer renne ich dann in 36 bis 37 Minuten. Ganz locker zur Musik schwebe ich in einer Art Rauschzustand. Ohne Mühe, voll mit Endorphinen bestreite ich eine phantastische Trainingseinheit und fühle mich dabei und auch danach noch ziemlich »high«.

Die Arbeit im Fantasy macht mir inzwischen auch wegen der mittlerweile lieb gewonnen Musik einigermaßen Spaß. Das einzige Problem sind die beiden Chefs. Wir Mitarbeiter bekommen noch nicht einmal die Getränke umsonst. Sogar Kaffee müssen wir zum halben Preis selbst bezahlen. Einmal hole ich einer Kollegin von der Theke einen Kaffee aus der Cafeteria. Als einer der Italiener das sieht, nimmt er mich mit in sein Büro und entlässt mich. Mir war zwar bewusst, dass ich nicht während meiner Arbeitszeit für eine Kollegin ein Getränk besorgen darf. Aber dass ich deshalb sofort rausfliege, hätte ich nicht gedacht. Ohne mich zu verabschieden, verschwinde ich wortlos aus dem Laden. Im ersten Moment bin ich sauer, aber andererseits auch ein wenig froh, dass ich für solche Ausbeutertypen nicht mehr die Drecksarbeit machen muss. Für mich ist es die Entlassung in meinem Leben, die mir am allerwenigsten ausmacht.

Wieder auf dem Weg nach oben

Nach dem Rauswurf im Frühjahr 1992 kann ich mich wieder mehr dem Laufsport widmen. Im April siege ich überzeugend in Münster beim Internationalen Volkslauf »Rund um den Allwetterzoo«. Ohne alles geben zu müssen, gewinne ich den 20-Kilometer-Lauf in lockeren 70 Minuten. Nachdem ich hier an der Sentruper Höhe vor drei Jahren meine Schulausbildung an der Sportschule abgebrochen hatte, ist dieser Sieg auch ein wenig Genugtuung und Wiedergutmachung für mein damaliges Handeln. Ein Zeitungsreporter fotografiert mich, wie ich jubelnd ins Ziel einlaufe. Münsters Westfälische Nachrichten bringen das Foto in ihrem Sportteil mit dem Bildkommentar: »Jubel auf der Sentruper Höhe. Hermann Wenning von der LG Coesfeld feiert mit der nach oben gereckten Faust seinen Sieg über 20 Kilometer«.

Sieben Wochen später siege ich auch beim Volkslauf in Legden locker in 34:34 Minuten. Allerdings wich Vorjahressieger Dirk Schlitzkus zu meinem Vorteil auf die erstmals ausgeschriebenen 20 Kilometer aus. Hier siegt Schlitzkus locker in 69 Minuten, also eine Minute schneller als meine Siegeszeit in Münster.

Ich bin wieder oben. Der Führerschein ist zurück, und ich darf wieder Porsche fahren. Ich kann wieder siegen. Der Job bei der Müllabfuhr macht mir Spaß, und ich verdiene gutes Geld. Zusätzliche Einnahmen habe ich in der Marktforschung, und auch als Videofilmer habe ich knapp 20 Engagements im Jahr. Materiell und auch äußerlich läuft es bei mir scheinbar optimal. Aber leider nur scheinbar …

Tonis Queens Pub

Geld, Erfolg und Siege, das alleine reicht mir nicht aus. Erneut bewerbe ich mich als Kellner in einer Diskothek, und wieder werde ich sofort eingestellt. Es ist eine kleine gemütliche Diskothek in Stadtlohn. Der Laden heißt Queens Pub und wird seit vielen Jahren von einem Griechen geführt. Sein Name ist Toni. Eigentlich hat der Schuppen seit einiger Zeit keinen Kellner mehr. Der Getränkeverkauf erfolgt ausschließlich an den beiden Theken. Doch ich kann Toni überzeugen und darf am nächsten Abend sofort als Kellner einsteigen.

Es ist Anfang Mai, und es ist wenig los. Viel habe ich nicht zu tun. Die meisten Gäste kommen erst in den frühen Morgenstunden, nachdem ihre eigentliche Party zu Ende ist. Sie wissen, der »Queeny« hat lange offen, bis sechs, sieben oder gar acht Uhr morgens. Da ich 15 DM die Stunde verdiene, ist der Job durchaus lukrativ, denn acht bis zehn Stunden mache ich im Schnitt immer, dazu kommt noch das Trinkgeld. Denn im Gegensatz zum Gläsersammeln in den drei Discos vorher komme ich hier beim Verkauf der Getränke mit den Kunden direkt in Kontakt.

Erneut stelle ich fest, es stimmt, was mir damals Werner Nattler der Schaukelpferdbesitzer vorausgesagt hat. Der intensive Kundenkontakt in der Disco verändert mein Wesen. Ich werde offener, lockerer und vor allem gesprächiger. Sogar mit Frauen kann ich mich unterhalten und beginne sogar zu flirten. Inzwischen bin ich 28 Jahre alt und habe noch nie eine feste Beziehung gehabt. Hier in dieser kleinen gemütlichen Diskothek lerne ich viele Frauen kennen, aber ich bin immer noch viel zu schüchtern, um eine nach der Telefonnummer oder sogar nach einem Date zu fragen.

Inhaber Toni ist sehr mit mir zufrieden, denn ich komme bei den Gästen gut an. Das kurbelt den Umsatz an, und zum Herbst ist der Laden endlich wieder voll. »Hermann, der Laden brummt«, spricht Toni mich oft freudestrahlend über den vollen Queens Pub an.

Porsche-Hermann

Im Herbst 1991 hatte ich in Ahaus-Ottenstein meinen F-Lizenz-trainerschein gemacht. Mit dieser Lizenz darf ich theoretisch Mannschaften bis zur Bezirksliga trainieren. Einige Jahre zuvor hatte ich bereits einen Übungsleiterschein gemacht. Sporadisch trainierte ich daraufhin die Voltigiergruppe meiner Cousine Marlies in Sachen Gymnastik und Fitness. Auch habe ich bei meinem Stammverein SUS Legden einige Monate als Übungsleiter des Lauftreffs fungiert. Aber bis jetzt machte ich mir nie große Gedanken darüber, wo, wann und wie ich als Fußballtrainer aktiv werde.

Doch jetzt, kurz vor der Fußballsommerpause, stoße ich auf eine Anzeige in der Münsterlandzeitung: »Fußballverein aus dem Kreis Borken sucht Trainer für die A- und B-Jugend«. Ohne lange nachzudenken, greife ich zum Hörer. Spontan kann ich für den nächsten Tag ein Einstellungsgespräch ausmachen. Dieses Gespräch findet im Vereinslokal von Rot-Weiß Nienborg statt. Hier werde ich freundlich vom Jugendobmann des Nienborger Fußballvereins begrüßt. Es ist Willi Woltering, ein kleiner, sympathischer Lockenkopf. Sofort entwickelt sich ein freundliches Gespräch. Außer über meine Teamchefzeit bei der katholischen Landjugend in Legden kann ich keinerlei Fußballtrainer-Stationen auf-weisen. Deshalb habe ich einige Urkunden mitgebracht, die auf meine sportlichen Erfolge als Läufer hinweisen sollen. Zum Abschluss fragt Willi mich noch, welche Gehaltsvorstel-lungen ich habe. Ohne mir darüber Gedanken gemacht zu haben, schlage ich ihm 400 DM im Monat vor. Willi willigt sofort ein, und wir besiegeln per Handschlag einen Vertrag für eine unbefristete Laufzeit.

400 DM im Monat hören sich gut an. Aber mit zwei Trainingseinheiten pro Woche und mit den zwei Mannschaften, die ich am Wochenende zu betreuen habe, kommen bestimmt 50 Stunden im Monat zusammen. Zusätzlich fahre ich 400 bis 500 Kilometer mit dem Privat-Pkw zu den Trainingseinheiten und auch Heim- und Auswärtsspielen. Geld habe ich inzwischen genug, deshalb spielt das Finanzielle bei meiner ersten Trainerstation keine Rolle.

Beim letzten Meisterschaftsspiel der Saison lerne ich noch die alte A-Jugend kennen. Das Spiel wird locker gewonnen, und ich bekomme den ersten Kontakt zur Mannschaft. Alles nette, bescheidene Jungs, bin ich mir fast sicher. Kurz danach findet das jährliche heimische Fußballjugendturnier in Nienborg statt. Zum ersten Mal bin ich als Trainer allein für die Aufstellung und die Taktik verantwortlich. Und ich habe einen Glücksstart, denn gleich im ersten Turnierspiel bezwingen wir den Lokalrivalen SV Heek mit 4:0. Nienborg gegen Heek ist zwar nicht ganz so extrem wie Schalke gegen Dortmund, trotzdem ist solch ein Derbysieg auch hier in dem 3000-Einwohner-Dorf etwas Besonderes. Auch wenn wir nicht Turniersieger werden, kann man meinen Trainerauftakt doch als durchaus gelungen bezeichnen. Denn am zweiten Turniertag kann auch mein anderes Team, die B-Jugend, überzeugen.

Danach ist Sommerpause, und die älteren A-Jugendspieler, die ich nur kurz kennengelernt habe, aber mit denen ich sofort super klargekommen bin, steigen auf ins Männerteam. Meine Aufgabe ist es nun, mit einer gezielten Vorbereitung zwei neue Jugendmannschaften zu formen. Die Trainingsarbeit beim Rot-Weiß Nienborg macht mir von Anfang an sehr viel Spaß. Denn im Eichenstadion herrscht eine sehr freundliche, familiäre Atmosphäre. Die gute Seele des Vereins ist Schucki, ein sympathischer älterer Herr, der seit vielen Jahrzehnten hier als ehrenamtlicher Platzwart tätig ist. Aber auch sonst kann ich mit dem Vorstand, den Spielern und auch Fans hervorragend kooperieren.

Das einzige Problem ist der Spielermangel. Dieses kleine Dorf hat nicht so viel Nachwuchs, dass ich ein ausreichendes Reservoir an Jugendspielern habe. Eine Topmannschaft in der heutigen Zeit kann jede Position doppelt besetzen. Da ich pro Team nur 12 bis 13 Spieler zur Verfügung habe, sind mir viele Möglichkeiten vorenthalten. Wenn Spieler schlechte Trainings-leistungen abgeben bzw. gar nicht zum Training erscheinen, kann ich diese nicht einfach auf die Ersatzbank setzen. Denn dann bekomme ich keine elf Spieler mehr zusammen. Diese Möglichkeit, disziplinarische Maßnahmen zu setzen, wird mir dadurch völlig vorenthalten. Trotzdem gelingt es mir, beide Teams für den Spielbetrieb gut aufzustellen.

Die Fahrten zu den Auswärtsspielen sind mangels Fahrzeuge oft nicht einfach umzusetzen. In meinen als Zweisitzer gedach-ten Porsche passen eigentlich nicht viele Passagiere, trotzdem reißen sich die Jungs darum, bei mir hinten zu dritt auf dem Notsitz mitzufahren. Schnell bekomme ich den Spitznamen »Porsche-Hermann«. Meine Co-Trainer Hendrik Wolbeck und Bernhard Niemeier begleiten mich zu den Auswärtsspielen, sodass wir immer mit vollgestopften Fahrzeugen kommen. Interessanterweise ist Bernhard ein Bruder von Paula, die in den 50er-Jahren einige Jahre auf unserem Hof als Dienstmagd gearbeitet hat. Heute ist sie mit einem holländischen Landwirt verheiratet. Da das Arbeitsverhältnis mehr als gut war, ist sie mit unserer Familie immer noch sehr gut befreundet.

Im Arbeitsrausch

Jeden Freitag und Samstag jobbe ich in der Stadtlohner Disco. Oft bin ich erst zwischen sieben und acht Uhr morgens im Bett. Aber wenn wir bei Stenau am Samstag einen Feiertag rausholen oder, besser gesagt, nachholen müssen, dann fahre ich vom Queens Pub direkt zur Müllabfuhr. Meine Kollegen wissen natürlich, wenn ich mit schwarzer Hose und weißem

Hemd antanze, dass ich vom Kellnern komme. Da samstags in der Regel gegen 13 Uhr Feierabend ist, fahre ich dann nach Nienborg, denn die A-Jugend spielt immer am Samstagnachmittag. Ohne Schlaf fahre ich abends wieder zum Kellnern, um direkt danach nach Hause zu fahren, mich zu duschen und mich wieder auf dem Weg nach Nienborg zu machen, da ja dann die B-Jugend ihr sonntägliches Meisterschaftsspiel hat.

Montagmorgens fällt mir das Aufstehen durch den Wochenendstress recht schwer. Trotzdem laufe ich immer noch morgens und abends den Arbeitsweg. Ausnahmen sind die beiden Wochentage, an denen ich abends das Training bei Rot-Weiß Nienborg zu leiten habe. An diesen Tagen fahre ich mit dem Wagen. Denn da ich oft sehr spät nach 12 bis 13 Arbeitsstunden Feierabend habe, wäre die Zeit für eine Laufeinheit zu knapp. Aber die Trainingseinheit mit den Jungs ist für mich selbst dann auch ein gutes Training.

An den Tagen dazwischen helfe ich abends oder auch gelegentlich samstags auf dem Hof mit. Deshalb brauche ich weiterhin kein Kostgeld zu zahlen, was sich sehr positiv auf meinen Kontostand auswirkt. Aber auch in der Marktforschung bin ich nebenberuflich für mehrere unterschiedliche Firmen wie dem Allensbachinstitut oder auch für Infas Bonn tätig. Da ich hier freie Zeiteinteilung habe, versuche ich diese Interviews immer irgendwie dazwischenzuschieben.

Frei vom Kellnern nehme ich mir nur, wenn ich Hochzeiten zu filmen habe. Das Zusammenschneiden des Rohmaterials dauert natürlich auch etliche Stunden. Im Prinzip bin ich immer am Arbeiten oder ich mache Sport. Dass ich damit vor irgendeiner Sache davonlaufe, ist mir nicht bewusst. Wovor ich weglaufe, erfahre ich erst 13 Jahre später in einem Gespräch mit einer Psychotherapeutin.

Mir macht dieser Arbeitsrausch großen Spaß. Ich bewege mich in verschiedenen Welten und spiele immer wieder andere Rollen. Überall werde ich gebraucht, ständig habe ich Erfolgserlebnisse. Irgendwie bin ich in einem unendlichen, unersättlichen Rausch. Der Kick besteht darin, immer mehr und immer neue Aufgaben anzunehmen und zu erledigen. So sage ich nie Nein, wenn mich jemand kurzfristig für irgendeinen Job braucht. Auch bei der Müllabfuhr fahre ich jede zusätzliche Tour oder arbeite freiwillig auch abends länger. So habe ich Tausende verschiedene kleine Baustellen in meinem Leben, die ich ständig bearbeite. Doch die wichtigste, die alles entscheidende, die Alkoholabhängigkeit, die lasse ich einfach brachliegen …

Rocky Balboa, die »weiße Müllfahrerhoffnung«

Als Piet und ich eines Morgens mit dem Müllwagen vom Betriebsgelände fahren wollen, stoppt uns Herr Starik, der neue Disponent. »Halt mal, ich habe hier einen neuen Mitarbeiter. Nehmen Sie ihn bitte mit, und lernen Sie ihn an.« »Gut, Herr Starik, wird gemacht«, antwortet Piet kurz und trocken. Die Fahrt zur ersten Mülltonne der Ochtruper Bauerntour dauert nur 20 Minuten. Doch an diesem Morgen zwischen 5:30 Uhr und 5:50 Uhr erzählt uns Rüdiger, so heißt der junge Mann, seine halbe Lebensgeschichte. Piet und ich wollen um diese frühmorgendliche Zeit lieber erst einmal unsere Ruhe haben, aber Rüdiger ist nicht zu stoppen. Rüdiger, der schulterlange blonde Haare trägt, versucht möglichst auf cool zu machen, wobei er dies mit seiner lässigen Art und auch seinen Machosprüchen gekonnt verbreitet.

Nachdem ich Rüdiger beim Leeren der Mülltonnen eingewiesen habe, lasse ich ihn draußen alleine laden. Als ich zu Piet in die Fahrerkabine steige, sehen wir uns beide mit großen Augen an. »Was ist das denn für ein komischer Vogel? Der ist keine drei Wochen hier«, meint Piet. »Da muss ich dir recht geben. Wenn einer in der ersten Stunde auf einer neuen Arbeitsstelle so viel Mist erzählt, dann kann das nie gut gehen«, füge ich hinzu.

Doch Rüdiger, der jahrelang als Metzger im Akkord malocht hat, ist nicht zu stoppen. Weder seine coole Art und seine Sprüche noch sein Wille hier durchzuhalten. Irgendwie finden wir nach einer gewissen Zeit diesen »komischen Vogel« ganz witzig. Ich auf jeden Fall komme ganz gut mit ihm klar. Da Piet wegen seiner immer wieder auftauchenden Rückenprobleme in letzter Zeit öfter einmal krank ist, übernimmt Rüdiger die Vertretung. Inzwischen sagen alle »Rocky Balboa« zu ihm. Damit sich jeder diesen Namen, den er sich selbst gegeben hat, auch merken kann, hat er sich ein Namensschild mit der Aufschrift »Rocky Balboa« vorne ins Führerhaus gelegt.

Einmal, als ich hinten beim Laden bin, hupt Rocky Balboa und winkt mich nach vorne. »Hey, Schädel, ganz neu, der absolute Superknaller, der neue Megahit von null auf eins. Willst du ihn hören, Schädel?«, fragt Rüdiger mich. »Klar, Rocky Balboa, dreh einmal richtig auf«, antworte ich neugierig. Doch im nächsten Moment trifft mich fast der Schlag, denn es ist ein Kinderlied, das Rüdiger mir vorspielt. Ein Remix von Heinz Rühmann: »La-Le-Lu, nur der Mann im Mond schaut zu«. Neu aufgelegt und wirklich Platz eins in den deutschen Charts. Wortlos und mit Kopfschütteln begebe ich mich wieder an die Arbeit. Rüdiger weiß natürlich, dass ich vorwiegend Techno höre. Er selbst sieht mit Haaren bis zum Po und schwarzen Lederklamotten eigentlich aus wie ein Rocker, doch musikmäßig ist er der absolute Schlagerfan, der englischsprachige Musik wie die Pest hasst.

Im Prinzip wird sehr viel Müll bei der Müllabfuhr geredet, aber Rüdiger, der sich auch »die weiße Müllfahrerhoffnung« nennt, setzt hier alledem die Krönung auf. Als ich ihm erzähle, dass ich Hochzeitsvideos drehe, horcht »Rocky Balboa« auf. Es dauert nur wenige Wochen, da darf ich eine Hochzeit in seinem Bekanntenkreis filmen. Die Hochzeit findet in Rüdigers Wohnort Gronau-Epe statt. Auf dieser Hochzeit laufen noch einige andere »komische Vögel« außer Rocky Balboa herum.

Da nicht sehr viel auf der Hochzeitsfeier los ist, habe ich als Videofilmer auch nicht gerade den großen Stress.

Plötzlich spricht Rüdiger mich an: »Hey, Schädel. Siehst du da die hübsche Brünette? Das ist Martina. Jung, hübsch und noch zu haben. Du, Schädel, du bist doch auch schon viele Tausend Jahre alleinstehend. Sprich sie einfach an, die wartet nur auf dich. Komm, Schädel, gib dir einen Ruck!« Schüchtern, wie ich bin, fällt es mir sehr schwer, dieses nette Mädchen anzusprechen. Doch es entwickelt sich ein freundliches, von beiden Seiten harmonisches Gespräch. Zum Abschluss gebe ich Martina meine Visitenkarte, die ich extra für meine »Videofilmerkarriere« hatte drucken lassen.

Martina aus Kassel

Mal wieder habe ich betrübte graue Tage, obwohl wir doch Hochsommer haben. Tage, an denen ich mich leer, einsam und hoffnungslos fühle. Nach Zeiten, in denen ich alles im aktiven Arbeitsrausch locker bewältige, kommt oft die Leere. Ich fühle mich klein, habe Minderwertigkeitsprobleme und Schuldgefühle. Die Folge ist, dass ich nach der Arbeit wieder einmal zur Flasche greife. Da meine Eltern an diesem Freitagabend nicht zu Hause sind, merken sie nichts. Ich rufe Toni an und melde mich für den Queens Pub krank. Der ist nicht begeistert und muss sehen, wen er heute als Kellner für mich einsetzt.

Am nächsten Morgen werde ich mit Entzugserscheinungen wach. Auf keinen Fall sollen meine Eltern von meinem Rückfall erfahren. Dass ich bis Mittag im Bett liege, kommt meinen Eltern nicht seltsam vor, denn sie denken, ich schlafe mich von meiner Nachtschicht in der Disco aus.

Plötzlich klopft meine Mutter an mein Schlafzimmer und ruft mir zu: »Hermann Josef, da ist ein Mädchen am Telefon. Sie will mit dir sprechen.« »Ja, Mama, ich komme«, antworte ich und laufe runter zum Haustelefon. Auch heute besitzt praktisch noch niemand ein Handy. Denn erst vor wenigen Wochen, am 30. Juni 1992, ist das erste Handynetz in Deutschland freigeschaltet worden.

»Hallo, hier ist die Martina, erinnerst du dich an mich?«, höre ich eine sanfte Stimme aus dem Hörer. Zwar bin ich noch total verkatert, aber ich weiß, mit wem ich spreche. »Ja klar doch, wir haben uns über Rüdiger bei der Hochzeit in Epe kennengelernt«, antworte ich nicht gerade begeistert. Denn ich habe ziemlich mit mir selbst zu tun und bin nicht gerade zum Flirten aufgelegt. Andererseits habe ich auch irgendwie keine Lust, den Tag hier im Entzug zu verleben. Deshalb frage ich Martina ganz spontan: »Darf ich dich besuchen?« »Wann möchtest du denn vorbeikommen, nächstes Wochenende vielleicht?«, fragt Martina durchaus interessiert. »Nee, jetzt sofort«, antworte ich noch spontaner. »Aber das sind doch über 280 Kilometer, da brauchst du auch mit deinem Porsche einige Stunden.« »Nee, den Stress tu ich mir nicht an. Ich komme mit der Bahn«, antworte ich, ohne darauf hinzuweisen, dass ich mit meinem Restalkoholgehalt auf keinen Fall diese lange Autofahrt machen möchte.

Als ich meinen Eltern von den Reiseplänen erzähle, sind sie ziemlich erstaunt, denn ich habe nach ihrem Wissen nie etwas mit Frauen zu tun gehabt. Ohne auf ihre neugierigen Fragen groß einzugehen, bin ich blitzschnell weg. Doch bevor ich mit dem Rennrad den Bahnhof anfahre, geht mein Weg erst zum Edeka-Markt in Legden, denn ich benötige einige Flaschen Bier und dazu einige Flachmänner. Mit Entzugserscheinungen möchte ich nicht bei Martina aufkreuzen, dann lieber im lockeren Alkoholrausch.

Ziemlich voll, aber noch gut bei Sinnen komme ich in Kassel an. Mit dem Zugtelefon, welche in vielen Schnellzügen durchaus vorhanden sind, rufe ich unterwegs Martina an, die mich pünktlich am Bahnhof abholt. Mit ihrem Wagen fahren wir zu ihren Eltern, die mich sehr nett empfangen. Da an diesem Abend ein Nachbarschaftsfest stattfindet, gehen wir da alle zusammen hin. Das trifft sich gut. Denn hier fällt es dann nicht unbedingt auf, dass ich weitertrinke. Martina ist wieder sehr nett zu mir, ihre Eltern und die Nachbarn aber auch. Als wir nach Mitternacht von der Feier zurückkommen, werde ich im Gästezimmer einquartiert.

Am nächsten Tag bleibe ich bis Mittag. Danach bringt mich Martina zurück zum Bahnhof. Mit einem langen, intensiven Kuss verabschieden wir uns. Endlich bin ich wieder alleine, und ich kann ungestört weitersaufen. Anscheinend hat hier in Kassel niemand gemerkt, dass ich Alkoholiker bin. Im Zug erst lasse ich mich dann richtig vollaufen. Am späten Sonntagabend bin ich wieder zurück in Legden. Da meine Eltern schon schlafen, merken sie nichts von meinem Alkoholexzess.

Chaostour bei Nacht und Nebel

»Hey, Schädel, wach auf! Wach auf! Wo müssen wir hin? Links, rechts oder geradeaus? Aufwachen! Aufwachen, Schädel!«, fordert mich Rüdiger auf. Rocky Balboa, die »weiße Müllfahrerhoffnung« ist verzweifelt. Verzweifelt über meinen desolaten Zustand. Verzweifelt, nicht weiterzuwissen. Wir befinden uns mitten in der Bauernschaft von Emsdetten. Es ist 21 Uhr, stockdunkel, nebelig und seit 16 Stunden sind wir mit dem Müllwagen unterwegs. Rüdiger kennt die Tour nicht. Ich kenne die Tour, die ich seit drei Jahren fahre, wie meine Westentasche. Doch das Problem ist, dass ich so betrunken bin, dass ich die Tour nicht mehr auf die Reihe kriege. Außerdem, wenn ich vorne im Auto sitze, schlafe ich ständig ein. Immer wieder schüttelt mich Rüdiger oder schreit mich an. Die »weiße Müllfahrerhoffnung« weiß nicht weiter und ist hoffnungslos niedergeschlagen.

Bereits am Vortag, als wir in der Innenstadt von Gescher unterwegs waren, gab es wegen meines Alkoholkonsums Pro-

bleme. Ich vergaß einige Straßenzüge. So mussten wir heute
Morgen erst einmal nach Gescher fahren, um die restlichen
Mülltonnen zu leeren. Empörte Bürgen hatten abends noch in
der Firmenzentrale angerufen. Diese zwei Stunden Verspätung
sind in einer 12-Stunden-Tour wie in Emsdetten nicht mehr
aufzuholen, zumal wenn der Lader betrunken ist. Morgens
bekam ich die Tour, die einmal mehr mit einem kräftigen
Bauernfrühstück bei Heinz gekrönt wurde, noch einigermaßen
hin. Doch jetzt in der Dunkelheit und in meiner Besoffenheit
komme ich gar nicht mehr klar. Kreuz und quer fahren wir
durch die Bauernschaft. Wenn wir zufällig Mülltonnen finden,
dann leeren wir sie auch. Doch manchmal, wenn ich eine
dieser Tonnen in die Hand nehme, stelle ich fest, dass diese
bereits geleert worden ist. Nicht von den ominösen Heinzel-
männchen, die uns tatkräftig unterstützen. Nein, wir waren
im Laufe des Tages bereits hier und merken erst an der leeren
Mülltonnen von unserem Irrweg.

Gegen 22 Uhr kann ich mich kaum mehr hinten auf dem
Trittbrett halten. Zwar versuche ich, mich mit Technomusik aus
dem Walkman und mit Roth-Händle-Zigaretten wachzuhalten,
doch meine seit nun zwei Tagen andauernde Sauforgie fordert
immer mehr Tribute.

Mit dem Trinken begann ich wieder, da ich mit meinen
Schuldgefühlen nicht mehr klargekommen bin. Diese Schuldgefühle entstanden dadurch, dass ich die Beziehung zu Martina
beendet habe. Zwar kann man noch nicht von einer wirklichen
Beziehung reden, da es nur zu zwei Treffen zwischen uns
gekommen war, doch als ich Martina am Telefon erklärte, dass
ich sie nicht wiedersehen möchte, bekam ich ein schlechtes
Gewissen. Dieses schlechte Gewissen konnte ich nicht ertragen,
und ich trank wieder.

Kurz vor Ende der Tour will ich mir auf dem Trittbrett zwi-
schen zwei Mülltonnen schnell eine Flasche Bier reinziehen.
Rüdiger gibt Gas, und wir haben bestimmt 50 km/h auf dem
Tacho. In einem unachtsamen Moment verliere ich die Balance

und falle runter. Ohne Reaktion, ohne mich abzurollen, lande ich mit dem Hintern auf der Straße. Doch ich habe Glück. Nichts ist gebrochen, und ich habe nicht einmal Schmerzen. Nur einen zerrissenen Arbeitsanzug und Hautabschürfungen habe ich abbekommen. Rocky Balboa kommt bestimmt gleich zurück, hoffe ich. Doch die »weiße Müllfahrerhoffnung« bemerkt gar nicht, dass ihm der Mülllader hinuntergefallen ist. Da ich ihm von hinten aus die Tour anzeige, wird er doch bestimmt irgendwann feststellen, dass da niemand mehr ist? Doch der Junge merkt nichts und fährt weiter. Minutenlang passiert nichts. Was mache ich, wenn der Bursche mich hier in der stockdunklen Bauernschaft nicht wiederfindet? Wie komme ich dann nach Hause?

Doch dann machen mir grelles Licht und ein lauter Lkw Hoffnung. Der Lkw hält an und ich höre eine Stimme: »Hey, Schädel, was machst du denn für Sachen? Ich habe dich überall gesucht. Hast du einen Abgang gemacht? Bist du verletzt, Schädel?« »Alles in Ordnung, Rocky Balboa. Nichts passiert. Ein Indianer kennt keinen Schmerz!«, erkläre ich Rüdiger beruhigend.

Kurz vor Mitternacht sind wir endlich zurück in Ahaus. Um 5:30 Uhr soll es weiter in die Bauernschaft Ochtrup gehen. Doch am nächsten Morgen melde ich mich krank. Ich bin am Ende und nicht mehr in der Lage, auf Alkohol zu arbeiten. Gewiss, ich bin alkoholkrank, doch ich lasse mich mit den beim Sturz zugezogenen Prellungen und Hautabschürfungen krankschreiben.

Da auch in Emsdetten, dank meiner indiskutablen Verfassung, viele Mülltonnen nicht geleert wurden, wird Rüdiger von der Chefin zum Rapport gebeten. Hier wird Rocky Balboa von Frau Stenau gefragt, ob ich Drogen nehme. Das verneint er und hat dabei nicht unrecht, denn illegale Drogen waren ja nicht im Spiel. Auch ich werde einige Tage später, als ich wieder arbeitsfähig bin, von Frau Stenau verhört. »Das hätte ich nie von Ihnen gedacht, Herr Wenning!«, erklärt mir Frau

Stenau bestürzt. »Entschuldigen Sie, Frau Stenau. Ich verspreche Ihnen, dass so etwas nie wieder passiert«, versuche ich zu beschwichtigen. Ohne eine Abmahnung zu bekommen, verlasse ich erleichtert die Chefetage.

Versoffen am Bodensee

»Was ist los mit dir? Wir haben dich im ganzen Zug gesucht, Hermann! Du rauchst, Hermann! Was ist los mit dir? Seit wann rauchst du?« Die Person, die mich so angiftet, ist Heiner. Ich sitze im Raucherabteil eines Zuges und ziehe an einer Zigarette. In den 90er-Jahren gibt es in jedem Zug der Deutschen Bundesbahn ein Raucherabteil. Heute, 2015, bei der andauernden Hetze auf Raucher, kaum noch vorstellbar. »Wir sind durch den ganzen Zug gelaufen und du sitzt hier und rauchst.« Heiner ist kaum zu beruhigen.

Am Vorabend waren Heiner, seine Bruder Siggi und ich mit dem Zug von Billerbeck nach Münster gefahren, danach ging es weiter nach Köln. Von Köln dann sollte die Reise mit dem IC Richtung Süddeutschland gehen. Wir hatten eine Radtour am Bodensee geplant. Doch mir ging es schon den ganzen Tag schlecht, denn die Chaostour von Emsdetten steckte mir noch in den Knochen. Der körperliche Entzug war wohl fast überwunden, aber psychisch war ich immer noch in einem Loch. Die Schuldgefühle und das schlechte Gewissen trieben einen Keil in meinen Kopf.

In Köln, als wir schon im IC nach Ulm saßen, verlor ich dann die Nerven. Ich sagte meinen beiden Freunden, dass ich mal eben kurz durch den Zug laufen möchte. Doch ich hatte nur das einzige Ziel, vor Abfahrt des Zuges den Bahnhofskiosk draußen aufzusuchen. Hier kaufte ich mir eine Flasche Küstennebel und eine Schachtel Gauloises ohne Filter. Dann zog ich mich in ein Raucherabteil zurück und leerte den Küstennebel, der nur knapp 22 Prozent Alkoholgehalt hat, auf Ex. Da ich betrunken immer rauche, verharrte ich hier alleine und vergaß die Zeit.

Jetzt sieht Heiner mich böse an, da ich mich so einfach aus dem Staub gemacht habe. »Entschuldige Heiner, dass ich euch nicht Bescheid gesagt habe. Komm, lass uns zurück zu Siggi gehen«, versuche ich ein wenig abzulenken. Danach sitzen wir gemeinsam im Abteil und kommen um drei Uhr in Ulm an. Dort haben wir dann noch zwei Stunden Wartezeit. Langsam werde ich wieder nüchtern, was ich aber gar nicht angenehm finde. Denn während wir auf den Zug warten, beginnt in mir der Entzug. Endlich, um fünf Uhr kommt der Zug der Deutschen Bundesbahn. Wir fahren mit der Regionalbahn nach Friedrichshafen, und dabei geht es mir immer schlechter.

Nach über einer Stunde kommen wir im schönen Friedrichshafen an. Jetzt schwingen wir uns auf unsere Räder. Mit den Rennrädern fahren wir am Bodensee entlang Richtung Lindau. Ein sehr schöner Sonnenaufgang, außerdem eine tolle Naturlandschaft. Ich versuche, die 25 Kilometer lange Fahrt mit Siggi und Heiner zu genießen. Doch der Alkoholentzug lässt nicht locker. In Lindau angekommen, setzen wir uns an diesem herrlichen Sommermorgen vor ein schönes Hotel und frühstücken dort. Obwohl wir alle die ganze Nacht nicht geschlafen haben, geht es Heiner und Siggi blendend. Geplant ist für die nächsten Tage, die über 400 Kilometer von Lindau nach Passau mit dem Rad zurückzulegen. Dabei wollen wir die herrliche bayerische Landschaft genießen.

Nachdem wir das Frühstück bezahlt und Heiner und Siggi sich erhoben haben, bleibe ich ganz stur sitzen. »Was ist los, Hermann? Komm, weiter geht's«, fordert mich Siggi auf. »Ich bleibe hier. Ich fahre nicht mehr weiter mit euch mit«, erkläre ich bockig. »Das kannst du nicht machen. Du bist ein Arschloch. Fahr mit uns. Komm mit, Hermann!« Immer und immer wieder fordern mich Heiner und Siggi auf, die Tour mit ihnen fortzusetzen. Doch der Entzug und die Schuldgefühle wegen meines Rückfalls sind so groß, dass ich keine Kraft habe, mich wieder aufs Fahrrad zu setzen. Total enttäuscht und natürlich auch sauer über mein Verhalten, brausen die beiden davon.

Ich hingegen gehe in das Hotel, vor dem wir gefrühstückt hatten, um ein Zimmer zu buchen. Danach begebe ich mich in die Innenstadt von Lindau und besorge mir vier Flaschen Johnnie Walker. Eine davon leere ich zur Hälfte auf Ex und gehe zurück auf mein Zimmer. Während die anderen eine Woche mit Radfahren verbringen, will ich mich hier eine Woche besaufen. Nur ich und mein Freund Johnnie Walker ganz alleine auf dem Hotelzimmer. Das Einzige, was mir ein wenig Abwechslung bringt, ist mein Walkman. Dabei höre ich aber immer die gleiche Kassette und nach einer gewissen Zeit immer das gleiche Lied. »Am Tag, als Conny Kramer starb«, gesungen von Juliane Werding, erzählt von einem drogenabhängigen jungen Mann, der an einer Überdosis stirbt. Der Titel und vor allem der Text passen, denn ich bin hier förmlich am Ende. Keine Kraft mehr, weiterzufahren und auch weiterzuleben.

Nach einigen Tagen wird mir langweilig, und ich suche Kontakt in Lindau. Den finde ich bei einer Gruppe von Menschen. Diese lose Gruppe besteht aus Punkern, Obdachlosen, Trinkern und anderen Menschen, die sich außerhalb der gesellschaftlichen Mitte befinden. Da ich mehrere Whiskyflaschen mit in die Runde bringe, bin ich hier durchaus willkommen. Dabei lerne ich ein Pärchen kennen. Gudrun hat rote lockige Haare, und Franz ist ein bärtiger, eher ungepflegter Typ. Beide sind um die 40 Jahre alt, und langjähriger Alkoholmissbrauch hat Spuren in ihren Gesichtern hinterlassen. Auch Gudrun findet das Conny-Kramer-Lied faszinierend. Bestimmt zehnmal gebe ich ihr den Walkman, damit sie den Todessong hören kann. Die beiden überreden mich, mit ihnen nach Hause zu gehen. Gudrun geht vor, und ich will mit Franz dann später nachkommen, um bei den beiden weiterzutrinken. Dann bekomme ich einen Filmriss ...

Als ich wieder zur Besinnung komme, rollt sich ein bärtiger Mann über mich und versucht mich zu küssen. Es ist Franz, der mich mit nach Hause nehmen wollte. Mit aller Macht hält er mich fest und versucht mir die Zunge in den Hals zu stecken. Angeekelt drehe ich mich weg und versuche, mich zu befreien. Es kommt zu einem Ringkampf. Lautstark schreie ich dabei. Zufällig kommt ein Polizist vorbei. Franz flieht panisch. Der Polizist fragt: »Möchten Sie Anzeige erstatten?« »Nein, mir ist nichts passiert. Alles in Ordnung«, versuche ich die versuchte Vergewaltigung zu verharmlosen. »Ich lasse Sie ungern gehen«, ruft mir der nette Polizist hinterher. Doch ich bin schon weg und wieder auf dem Weg zur Trinkerszene in der Lindauer Innenstadt. Dort saufe ich wieder weiter bis zum nächsten Filmriss ...

Als ich jetzt wach werde, hänge ich an einem Schlauch. So wie vor 15 Jahren, als ich als 13-Jähriger nach einer Alkoholvergiftung morgens in einem Krankenhaus aufwachte. Zuerst weiß ich nicht, wo ich bin, denn es ist dunkel im Raum, in dem ich mich befinde. Dann kommt eine Frau herein und macht das Licht an. Es ist eine Krankenschwester, und mir wird endgültig bewusst, dass ich mich tatsächlich in einem Krankenbett befinde. Dann erklärt mir die Krankenschwester, wie ich hier hingekommen bin: »Sie sind nach einem Trinkgelage in der Innenstadt zusammengebrochen. Dann sind Sie mit einem Rettungswagen hierhin gebracht worden!« »Wo ist mein Rucksack?«, fällt mir panisch ein. »Sie hatten kein Gepäck dabei. Nur einen Walkman in der Hosentasche«, antwortet die Krankenschwester. »Mein Portemonnaie, mein Ausweis sind nicht hier?«, frage ich entsetzt. »Nein, Ihre Wertsachen sind wohl weg«, bekomme ich als Antwort. Dann verlässt sie den Raum.

Schnell reiße ich mir den Schlauch aus dem Ärmel und ziehe mich an. Noch todkrank vom Alkohol laufe ich aus dem Zimmer und versuche, aus dem Krankenhaus zu flüchten. Dieses Unterfangen ist in meinem Zustand nicht gerade leicht zu bewältigen. Es dauert bestimmt eine halbe Stunde, bis ich hier spätnachts eine offene Tür finde. Auch draußen brauche ich im Dunkeln noch einmal den gleichen Zeitraum, um das Krankenhausgelände zu verlassen. Dann lege ich mich auf eine Bank und schlafe ein.

Morgens begebe ich mich in der Innenstadt wieder in die Trinkerszene. Ich frage alle Anwesenden, ob jemand über den Verbleib meines Rucksackes etwas weiß. Niemand weiß etwas. Niemand will etwas gesehen haben. Als ich gestern fleißig Whisky und Bier in der Runde ausgegeben hatte, war das Interesse an mir in dieser illusteren Runde größer. Enttäuscht und verzweifelt ziehe ich ab. Als ich noch andere Passanten frage, die zufällig vorbeikommen, geschieht ein kleiner Lichtblick. Zwei junge Männer mit bayerischem Dialekt schenken mir spontan 20 DM, damit ich erst einmal klarkomme. Von diesem Geld besorge ich mir Alkohol, damit ich meinen extremen Entzug bekämpfen kann. Ohne dass es mir aber nun deutlich besser gehen würde. Wenn ich mehrere Tage saufe, ist von Rausch nichts mehr zu spüren. Es sind einfach nur noch Ekel und Elend in mir.

Das Hotel hatte ich bereits im Voraus bezahlt und auch nichts auf dem Zimmer hinterlassen. Doch wie komme ich zurück nach Hause? Meine Tage dauernde Todessehnsucht ist zu einem gewissen Überlebenskampf umgesprungen, wobei ich bei meinem Hinsiechen nicht unbedingt von einem Leben sprechen würde. Trotzdem habe ich die Kraft, zum Bahnhof zu gehen, um Möglichkeiten zu erkunden nach Hause zu kommen. Auf keinen Fall möchte ich, auch ein wenig irrsinnig, ohne Fahrkarte in die Bahn steigen. Mein Leben ist mir irgendwie egal, aber andererseits möchte ich nicht bei einem »Kavaliersdelikt« wie dem Schwarzfahren erwischt werden? Der nette Mitarbeiter der Deutschen Bahn erklärt mir hier eine Möglichkeit, um an ein Ticket zu kommen. Und zwar kann ein Angehöriger bei einem Fahrkartenschalter in meiner Heimat ein Ticket erwerben, das mir dann per Fax zur Verfügung gestellt wird. Es fällt mir sehr schwer, bei meinen Eltern anzurufen, um ihnen meine Lage zu erklären. Sie sind einmal mehr, berechtigterweise, sehr sauer auf mich. Trotzdem kaufen sie mir einen Fahrschein.

Mit drei Flaschen Korn in der Tragetüte kann ich meine Heimreise von Lindau nach Legden beginnen. Da es schon spät geworden ist, komme ich ab Münster nicht weiter. Sehr nette Menschen von der Bahnhofsmission geben mir hier für eine Nacht ein Bett. Es ist schön, dass es in Deutschland viele ehrenamtliche Helfer gibt, die sich um gestrauchelte Menschen kümmern. Als ich mit der Bahn weiterfahren will, treffe ich Markus Kuhnert, den ich bis Ende der Saison als A-Jugendspieler in Nienborg trainiert habe. Ich hoffe, dass Markus, der jetzt hier in Münster zur Schule geht, nichts von meinem Zustand mitbekommt. Ich unterhalte mich kurz mit ihm und sage, dass ich es eilig habe. Danach geht es mit der Bahn weiter Richtung Heimat.

Mein Empfang in Legden ist alles andere als schön. Denn ich bin immer noch heftig betrunken, habe viel Geld verloren und auch mein Rennrad zurückgelassen. Den nun folgenden, sich über viele Tage hinziehenden Alkoholentzug empfinde ich einfach nur als sehr schrecklich.

Kurzes Beziehungscomeback

»Hermann Josef, da ist jemand für dich«, ruft mir meine Mutter zu, »ich glaube, das ist die Martina, die du in Kassel besucht hast.« Ich liege gerade auf der Couch im Wohnzimmer, habe den Entzug immer noch nicht so richtig durch und bin natürlich total überrascht. »Wie kommst du denn hierher?«, empfange ich Martina nicht gerade freundlich. »Ich habe mir große Sorgen gemacht, nach deinen Tagen in Lindau. Da bin ich einfach spontan hier ins Münsterland gefahren. Eure Adresse steht ja auf deiner Visitenkarte«, erklärt mir Martina. Als ich besoffen in Lindau im Hotel herumvegetierte, hatte ich mehrmals mit Martina telefoniert. Eigentlich dachte ich, dass meine Saufereien sie endgültig abschrecken würden, doch das Gegenteil ist wohl der Fall. »Ich möchte nur einmal kurz mit dir reden«, fügt Martina hinzu. Aus dem Gespräch werden Zärtlichkeiten und die Folge ist, wir sind wieder ein Paar. Einerseits habe ich ein schlechtes Gewissen, da sie extra für mich einen fast 300 Kilometer langen Weg zurückgelegt hat. Andererseits bin ich auch nur ein Mann, und Martina ist eine tolle Frau.

Es ist das Düstermühlewochenende in Legden. Dieses Schausteller- und Zeltfest findet jeden letzten Montag im August statt. Da es am Wochenende davor schon losgeht, kommen jährlich über hunderttausend Menschen zu dieser Veranstaltung. Erstmals bin ich dieses Jahr mit einer Freundin im Arm dabei. Immerhin bin ich zu diesem Zeitpunkt fast 29 Jahre alt. Ein Alter, in dem andere oft schon zweimal geschieden sind. Stolz präsentiere ich Martina meinen alten Freunden Josef, Alfons, Ewald und Gerd. Die vier Jungs sind immer noch sehr engagierte Bauern, während meine Zeit in der Landwirtschaft sich mehr und mehr dem Ende zuneigt. Josef und Gerd sind inzwischen glücklich verheiratet, Alfons und Ewald, die beiden Brüder, sind noch auf der Suche.

Der noch nicht ausgestandene Alkoholentzug sowie die durch die Anhänglichkeit von Martina ausgelösten Beziehungsängste haben gravierende Folgen für mich. Ich trinke wieder. 13 Jahre später wird mir eine Psychotherapeutin in einer Drogenklinik mein Problem genau definieren. Sie sagt mir, dass ich kein Bedürfnis nach menschlicher Nähe habe. Um diese Nähe aber aushalten zu können, versuche ich mich zu betäuben. So entwickeln sich die drei Düstermühlentage mit Martina wieder zu Sauftagen. Da die meisten auf dieser Marktveranstaltung trinken, fällt mein Alkoholkonsum kaum auf, auch Martina nicht.

Am Abend des dritten Tages erkläre ich Martina, dass ich die Beziehung beenden möchte. Ich halte es nicht mehr aus, und ich finde es außerdem ehrlicher, als ihr etwas vorzuspielen.

Martina fährt sehr enttäuscht und sehr traurig zurück nach Kassel. Auch mir geht es total schlecht. Denn ich habe extreme Schuldgefühle gegenüber Martina, da ich sie sehr verletzt habe. Mit meinem schlechten Gewissen komme ich nicht klar, und ich habe einen Grund weiterzutrinken..

Petra

Zwar fällt es mir sehr schwer, aber ich kann mich schließlich fangen. Dabei hilft mir erneut die Arbeit. Als Stundenklopper bei der Müllabfuhr, als kreativer Hochzeitsfilmer, als engagierter Trainer zweier Jugendmannschaften, als freundlicher Kellner in einer Disco, als souveräner Sieger kleinerer Volksläufe, überall bin ich relativ erfolgreich. Doch diese Diskrepanz zu meinen immer häufiger auftretenden Abstürzen wird auf Dauer tödlich sein. Den Unterschied zwischen abgründiger Gosse und Thron oder Podest werde ich irgendwann nicht mehr verbergen und auch nicht mehr aushalten können.

Verborgen bleibt auch einigen Damen im Queens Pub meine Freundlichkeit nicht. Eine davon ist Katja, die Freundin vom Chef. Zwar ist Katja über 20 Jahre jünger als Toni, aber trotzdem verstehen sich die beiden, einige Streitereien ausgenommen, insgesamt ganz gut. Die Freundschaft zu Katja ist rein platonisch. Wir können gut miteinander reden, vor allem über Beziehungssachen.

Aber da ist auch ein Mädchen, das ich sehr attraktiv finde. Es ist Petra, eine bildhübsche Altenpflegerin aus Stadtlohn. Mehrmals ist sie mit Freundinnen zu Gast im Queens Pub, dabei flirten wir sehr heftig miteinander. Aber da ich zurzeit sehr beschäftigt bin, denke ich nicht an mehr. Zumal ich noch zusätzliche Laufereien habe. So bin ich in einem unaufmerksamen Moment mit meinem Porsche unter ein Mercedes-Heck gefahren. Da ich zu 100 Prozent die Schuld an diesem Unfall trage, muss ich natürlich den Schaden selbst tragen. Martin

Efkemann, ein ehemaliger Monteur der Firma Stenau, der sich inzwischen selbständig gemacht hat, repariert mir den Schaden relativ günstig.

Als ich dann in der Weihnachtszeit mit meinem »wiedergenesenen« Porsche in Stadtlohn unterwegs bin, sehe ich zufällig Petra mit weißem Kittel auf einem Rad fahren. Freundlich grüße ich sie. Danach gehe ich noch in die Stadtlohner Innenstadt, als mir Petra dort zufällig wieder über den Weg läuft. Spontan lade ich sie zu einem Kaffee ein. Wir treffen uns nun mehrmals und sind dann irgendwie zusammen. Anfangs noch heimlich, da sie eigentlich mit Markus, einem Typ aus Gelsenkirchen zusammen ist. Doch Petra beendet diese Geschichte, und sie gehört mir nun ganz alleine. Petra ist zehn Jahre jünger als ich, doch der Altersunterschied spielt keine Rolle. Wir sind verliebt und verstehen uns prächtig.

Erstmals in meinem Leben habe ich um die Weihnachtstage eine feste Beziehung. Ich genieße das, ohne zu wissen, dass dieses mir nur noch dreimal in meinem späteren Leben passieren wird. Bei Petras Familie komme ich gut an, wobei ich mich sehr gut mit der alleinerziehenden Mutter Marlies verstehe. Marlies hat es mit ihren vier Kindern nicht leicht gehabt, denn der Vater kümmerte sich nie wirklich um seine Familie. Oft bleibe ich über Nacht bei Petra, deren Wohnung direkt an der Hauptstraße B 70 in Stadtlohn liegt. Das ist sehr günstig. Denn wenn ich in Stadtlohn Müll fahre, kann ich bei Petra aussteigen. Während der Fahrer dann auf der Mülldeponie den Wagen leert, kann ich bei Petra die Pause entspannt genieße …

Auch als Läufer bin ich trotz meines Arbeitspensums und meiner ersten richtigen Liebesbeziehung weiterhin gut im Rennen. Nach meinem Erfolg beim Ahauser Nikolauslauf siege ich wie im Vorjahr auch beim Stadtlohner Silvesterlauf und beim Vredener Neujahrslauf. Erfolge, die ich mit wenig Aufwand erziele: Ich absolviere weder Tempoläufe auf der Bahn noch Crossläufe mit Heiner und Siggi in den Baumbergen unterwegs. Nur den Weg zur Arbeit nach Ahaus laufe ich, jedoch nicht mehr täglich. Wenn ich abends Petra besuche, nehme ich schon morgens den Porsche, um am Feierabend nach Stadtlohn weiterzufahren. Anfangs werde ich in Petras Bekanntenkreis ein wenig schief angesehen. Mit meinem knallroten Porsche, den spitzen Westernstiefeln, dem goldenen Ohrring, dem goldenen Halskettchen und der Vokuhila-Frisur wirke ich auf einige wie ein Zuhälter. Dieser Vokuhila (vorne kurz, hinten lang) ist eine Trendfrisur, die auch Anfang der 90er-Jahre noch viel zu sehen ist. Aber trotz meiner schulterlangen Haare merken die Bekannten von Petra schnell, dass ich doch im Prinzip ein freundlicher, umgänglicher Mensch bin.

Karneval in Stadtlohn

Für die Karnevalstage habe ich mir Urlaub genommen, denn ich bin sechs Nächte hintereinander im Queens Pub einge-plant. »Karneval in Stadtlohn ist bekloppt«, erklärt mir Toni, »die Leute hier sparen das ganze Jahr, um hier Karneval alles auf den Kopf zu hauen.«

Gerade will ich mich am Altweiberdonnerstagabend für einige Tage in den Urlaub verabschieden, da kommt Dieter Stresewski ganz hastig in die Umkleidekabine und redet laut-stark auf mich ein: »Du, Wenning, du musst unbedingt noch eben nach Laer fahren. In der Bauernschaft sind alle gelben Säcke liegengeblieben. Die Jungs heute kannten sich da nicht aus und haben fast alles vergessen!« »Herr Stresewski, gucken Sie einmal auf die Uhr. Es ist gleich 17 Uhr und vier Stunden dauert die Bauerntour, dafür habe ich jetzt keine Zeit mehr, denn um 18 Uhr bin ich bereits fürs Kellnern eingeplant.« »Wenning, du bist jetzt der Einzige, der mir aus der Scheiße helfen kann. Die anderen, die sich da auskennen, haben Urlaub oder sind krank«, fleht mich Stresewski an. Nach kurzem Überlegen mache ich ihm folgenden Vorschlag: »Okay, Herr

Stresewski, ich fahre die Bauern ab. Aber morgen früh um sechs Uhr, und dann bin ich kurz nach zehn wieder hier, bis dahin hat bestimmt keiner Sie am Telefon belästigt.« Lästige Anrufe von Kunden, wo Mülltonnen oder gelbe Säcke vergessen werden, sind der Disposition immer ein Dorn im Auge. Deshalb sind Mitarbeiter wie ich, die spontan abends oder an freien Tagen noch einmal rausfahren, sehr begehrt. »Gut, Wenning, ich verlasse mich auf Sie«, schwört er mich beim Hinausgehen noch einmal ein.

Toni soll recht behalten, denn die Stadtlohner saufen auf Altweiberfassnacht schon wie die Ketzer. Sylvia, Ute, Ralf und Anita sowie Tonis Freundin Katja haben an der Queens-Pub-Theke alle Hände voll zu tun. Der zweite Ralf, mein Kellnerkollege, der gerne in der Freizeit mal einen Joint durchzieht, und ich kommen mit dem Tablett kaum durch die feuchtfröhlich feiernde Menschenmenge. Auch um fünf Uhr ist im Queens Pub noch die Hölle los. Aber wegen meiner Sondertour darf ich heute ein wenig eher gehen. Ohne zu duschen oder zu frühstücken, fahre ich sofort zum nächsten Arbeitgeber.

Nachdem ich um sechs Uhr bei Stenau mit dem Bulli vom Hof fahre, hole ich mir erst einmal eine Schachtel Zigaretten. Inzwischen eine dumme Angewohnheit von mir, dass ich in Zeiten, in denen ich mit Schlafmangel zu kämpfen habe, zum Glimmstängel greife. Mit Nikotin aus der filterlosen Roth-Händle versuche ich meine Müdigkeit zu überspielen. Doch ich werde nicht nur wach. Nein, mir wird auch schlecht. Zigaretten schmecken mir nicht und haben sich auch nie positiv bei mir bemerkbar gemacht. Das Gegenteil ist der Fall, denn ich komme durch das Rauchen körperlich und vor allem psychisch ganz mies drauf. Im zügigen Tempo fahre ich die Bauernschaft von Laer schnell ab und schmeiße die Säcke auf die mit Gitter umzäunte Ladefläche des Bullis. Um 10:30 Uhr habe ich meine Solotour erledigt und fast die ganze Schachtel leer geraucht. Mir geht es so schlecht, dass ich das Verlangen habe, dieses Unwohlsein mit Alkohol zu betäuben. Doch dieses Mal kann ich noch widerstehen.

Die nächsten Tage fahre ich gar nicht erst nach Hause. Morgens nach dem Kellnern klingele ich bei Petra, die mit ihrer Mutter und außerdem noch mit ihrem Bruder Thomas zusammenwohnt. Da Petra Spätdienst im Altenheim hat, passt es ganz gut, dass wir beide morgens freihaben. An Rosenmontag kommt Manuela, eine Freundin von Petra, mit ihrem Mann Günther und ihrem Sohn Pascal vorbei. Pascal ist erst wenige Wochen alt. Petra liebt Kinder. Deshalb willigt sie sofort auf die Bitte ein, dass wir ein paar Tage Pascal zu uns nehmen. Mehrmals gibt sie mir den Kleinen in den Arm. Vielleicht macht sie sich Hoffnungen auf eine kleine Familie. Dieser Kinderwunsch wird sich nicht erfüllen. Doch wenige Wochen später werde ich Patenonkel von Pascal und bin es heute auch noch.

Sechs Tage als Kellner in der Karnevalshochburg Stadtlohn gehen nicht spurlos an mir vorbei. Die Karnevalisten feiern, tanzen und saufen, dass sich die Balken biegen. Doch ich bleibe nüchtern. Nur am Aschermittwochmorgen, nach der letzten Schicht genehmige ich mir einige Drinks. Da ich mich sofort danach bei Petra ins Bett lege, kommt es nicht zu einem erneuten Absturz.

Beziehungschaos

Doch diese Abstürze kommen in den Wochen danach. Grund sind meine Unfähigkeit und Ängste, Beziehungen zu führen. Ich trinke, weil ich Beziehungsängste habe. Dann trinke ich, weil ich im nüchternen Kopf zu feige bin, die Beziehung mit Petra zu beenden. Wenn wir Schluss machen, habe ich wiederum Schuldgefühle gegenüber Petra. Deshalb trinke ich wieder, oder ich und Petra kommen wieder zusammen. Ein heilloses Durcheinander mit Alkohol, Liebe, Schmerz und Liebeskummer.

Im Mai sind wir inzwischen zum vierten Mal wieder zusammen und fahren zur Silberhochzeit von Onkel Werner und Tante Ulla nach Havixbeck. Also, die Familie Voss ist in dieser Beziehung rekordverdächtig. Denn alle zehn Ehen der Kinder meiner Oma erreichen locker das 25-jährige Jubiläum. Scheidungen scheinen in dieser Familie ausgeschlossen zu sein.

Unfassbar bei meinen eigenen Beziehungsängsten. Da ich erstmals eine Freundin auf einer Familienfeier präsentiere, machen sich vielleicht einige Hoffnungen auf eine weitere Hochzeit. »Hermann Josef, wo hast du denn dieses aparte Mädchen kennengelernt?«, fragt mich mein Onkel Edmund. Er ist der älteste Bruder meiner Mutter und bewirtschaftet als Bauer den von meiner Oma geerbten Hof. »In der Disco, Onkel Edmund. Wo lernt man sich denn sonst in der heutigen Zeit kennen?«, versuche ich schlagfertig mit einer nicht ganz ernst gemeinten Antwort zu kontern. Wie so oft habe ich bei Familienfeiern meine Videokamera dabei und versuche, die sehr gute Stimmung festzuhalten.

Einige Wochen später bin ich wieder bei einer Hochzeitsfeier. Doch dieses Mal wieder als professioneller Videofilmer. Die Hochzeit ist im Kettelerhaus einer großen Gaststätte Stadtlohns, und ich bin sternhagelvoll. Plötzlich, gegen Mitternacht taucht Petra auf. Aktuell besteht wieder Sendepause zwischen uns. Sie überredet mich, dass ich nach der Hochzeit zu ihr komme. Nachdem ich Feierabend habe, gehe ich die wenigen Meter von der Kneipe zu ihrem Elternhaus in der Grabenstraße. Petra lässt mich herein. Ich schlafe meinen Rausch aus, und wir versuchen es noch einmal. Petra, ein ganz tolles Mädchen, ist immer für mich da, obwohl ich ein kranker, kaputter Alkoholiker bin. Nicht nur das, denn nun beginnt in charakterlicher Hinsicht, dank meines negativen abscheulichen Verhaltens, die schlimmste Zeit meines Lebens.

Bianca

Mit Michael, dem Sohn meines ehemaligen Trainers Michael Gruhl, bin ich seit der Jugend befreundet. Aber auch geschäftlich machen wir einiges zusammen. Wenn ich mal einen Interviewpartner für meine Marktforschungsaufträge, die ich immer noch gelegentlich durchführe, brauche, dann ist Michael immer zur Stelle. Auch vermittelt er mir Aufträge für Videofilme. Ich hingegen lasse mir Finanzgeschäfte von Michael vermitteln. Einige dieser Geldanlagen mit hoher Rendite stellen sich später als betrügerische Scheingeschäfte heraus. Aber dafür kann Michael nichts, denn diese Betrüger hatten sich geschickt als solide Geschäftsmänner getarnt.

Als Michaels jüngste Tochter Kerstin getauft wird, habe ich den Auftrag, die Taufe zu filmen. Kerstin ist für Michael und seine liebe Frau Anne nach Steffi und Christian das dritte Kind. Doch ich habe große Probleme, die richtige Kirche in Ahaus zu finden. Tatsächlich bin ich aber noch pünktlich bei der »feuchten Zeremonie«. Anschließend lädt Michael alle anwesenden Familienangehörigen zum Kaffee und Kuchen ein. Auch hier halte ich die Kamera drauf.

Dabei finde ich eine Verwandte von Michael besonders interessant. Es ist Michaels nette und hübsche Cousine Bianca. Da ich meine Beziehung zu Petra inzwischen wieder beendet habe, finde ich es nicht schlimm, ein wenig zu flirten. Auch finde ich nichts dabei, dass Bianca eine Runde mit meinem Porsche fahren möchte. So machen wir eine Spritztour durch Ahaus. Anschließend tauschen wir unsere Nummern aus und treffen uns auch einmal. Der Abend läuft aber alles andere als positiv, sodass erst einmal Funkstille herrscht.

Durch die vielen Feiertage im Juni habe ich viele Kellnertermine, viele Samstage bei der Müllabfuhr, viele Hochzeiten und auch einige Pokalturniere meiner beiden Fußballmannschaften. Wenig Schlaf, hin und wieder Saufexzesse oder auch starke Zigaretten. Die Folge ist, ich verliere total den Überblick.

Dann geschieht das absolut Unfassbare. Auf einmal bin ich, obwohl ich es bestimmt nicht geplant habe, mit Petra und Bianca zusammen. Neben meiner Karriere als Multijobber führe ich nun auch in Sachen Beziehung ein Doppelleben. Es gibt Männer, denen das gut gefällt, die vielleicht stolz auf viele Frauengeschichten sind. Für mich persönlich ist es die schlimmste Zeit meines Lebens. Obwohl ich mit zwei absolut tollen Frauen zusammen bin, fühle ich mich wie eine widerliche Kreatur. Das schlechte Gewissen und die Angst aufzufliegen machen mich fertig.

Einmal ist Petra am Wochenende zum Mittagessen bei uns auf dem Hof eingeladen. Das Telefon klingelt, und meine Mutter geht ran und ruft mir zu: »Hermann Josef, da ist eine Bianca am Telefon!« Ich erstarre vor Schreck. Zum Glück kann niemand mithören, und ich kann das Gespräch schnell und unauffällig beenden. »Bianca kenne ich von einem Videotermin«, erkläre ich, »und sie hat jetzt selbst Interesse, dass ich ihre Hochzeit filme.« Die ungläubigen Augen meiner Eltern und auch von Petra zeigen mir, dass meine Lügen doch nicht ganz glaubwürdig rüberkommen. Ich fühle mich in einer fatalen, hoffnungslosen Situation und bin nicht in der Lage, einen Ausweg zu finden …

Helmuts Rückkehr in den Heimatort

Eine der wenigen Dinge dieser Zeit, die sich positiv auf mich auswirken, ist die Rückkehr von Helmut. Insgesamt zwölf Jahre war Helmut Marinesoldat bei der Bundeswehr. Als gelernter Koch kümmerte er sich um die Verpflegung der Mannschaft auf dem Schiff. Er hat die Welt gesehen und hat sich nun entschlossen, wieder ins beschauliche Asbeck zurückzukehren. Mit seiner liebenswürdigen Frau Maria baut er in diesem 1000-Einwohnerdorf ein Eigenheim für sich und seine Familie auf. Da Helmut nun wieder hier ist, können wir unseren Kontakt, der zeitweise stillgelegt war, wieder aufbauen.

Das führt manchmal dazu, dass ich mich mit einer kompletten Müllabfuhrmannschaft morgens zum Frühstück bei ihm einlade. Mit vier Müllmännern (zwei fahren Restmülltonnen, die anderen fahren die gelben Säcke) setzen wir uns bei Helmut an den Kaffeetisch. Zu meiner Entschuldigung möchte ich aber sagen, dass wir die Brötchen selbst mitbringen. Auch möchte ich erwähnen, dass seit Kurzem für Müllfahrer die Pflicht besteht, täglich 30 Minuten Pause zu machen. Früher sind wir immer zehn, zwölf oder auch 14 Stunden durchgefahren. Unser Arbeitgeber hat uns aber inzwischen zur Vorschrift gemacht, dass wir uns täglich laut Unfallvorschrift eine halbe Stunde ausruhen sollen. Deshalb müssen wir natürlich kein schlechtes Gewissen wegen unserer Frühstücksrunde bei Helmut haben.

Auch vermittelt mir Helmut einen Filmauftrag in seiner Familie. Denn sein Bruder Marco heiratet seine langjährige Freundin Dagmar. Während der Hochzeit habe ich Probleme mit einem defekten Kamera-Akku. Da Helmut auch eine Kamera besitzt, leiht er mir einen Akku aus seiner Videofilmausrüstung. Nach dem Drehen der Hochzeit gebe ich ihm einen Akku wieder. Einige Tage später merkt Helmut, dass er nicht zu seiner Kamera passt. Da ich mehrere Kameras besitze, habe ich ihm aus Versehen einen falschen Akku überreicht. Ein Hinweis auf meine momentane chaotische Lebenssituation.

Einige Male treffe ich mich mit Helmut, der inzwischen Beamter beim Land NRW ist, zum Abendessen in der Steinkuhle. Die Steinkuhle ist das Stammlokal der Familie Büter, die den großen Freizeitpark Dorf Münsterland aufgebaut haben. Hier reden wir über Gott und die Welt. Aber über meine großen Probleme kann ich nicht reden: weder über meine schon seit über zehn Jahre andauernde Alkoholkrankheit noch über meine momentanen Beziehungsprobleme. Einem Menschen, der nicht redet, kann auch nicht geholfen werden ...

Mein persönlicher Supergau

Einige Tage Entspannung finde ich bei meinen Jungs von Rot-Weiß Nienborg. Schucki, unser Platzwart, vermittelt unserem Team ein Trainingslager. Wir fahren nach Stavern ins Emsland. Stavern, die Heimat von Schucki, ist im Verein ein Mythos. Hier wurden schon viele Trainingslager des Vereins durchgeführt, und zwar mit großem Erfolg. Meine Jungs und ich verbringen ein herrliches Trainingslager. Meine privaten Probleme kann ich geschickt vor dem Team verbergen. Es gelingt mir sogar, die Mannschaft zu einer Einheit zusammenschweißen. Diese Saison habe ich nur die A-Jugend zu betreuen, denn mangels Nachwuchsspieler gibt es keine B-Jugend. So kann ich mich konsequent auf ein Team konzentrieren. Wir absolvieren bei herrlichem Sommerwetter sehr gute Trainingseinheiten. Auch haben wir eine Menge Spaß hier im Emsland, und nebenbei gewinnen wir das Testspiel gegen den SV Stavern locker mit 4:0. Mein Team ist gut gerüstet für die neue Saison.

Zurück im Münsterland bin ich wieder in der Realität. Das Doppelleben mit Petra und Bianca macht mir so zu schaffen, dass ich immer öfter zur Flasche greife. So mache ich am 15. Juli 1993 abends einen Kneipenbummel nach Feierabend durch Ahaus. Betrunken laufe ich aus der Innenstadt Richtung Industriegebiet. Hier habe ich mein Auto ein wenig versteckt. Im Stadtverkehr kommt man eher in eine Polizeikontrolle, habe ich mir das Ganze wohl durchdacht. Als ich im Wagen sitze, fühle ich mich zu müde und zu betrunken, um nach Hause zu fahren. Nachdem ich meinen Sitz nach hinten geklappt habe, nicke ich sofort weg.

Plötzlich schrecke ich hoch. Immer noch ziemlich dicht, weiß ich erst gar nicht, was hier abgeht. Dann sehe ich zwei Polizisten vor meinem Wagen stehen. Höflich klopfen die beiden gegen meine Seitenscheibe. Ich drehe die Scheibe runter und frage: »Was ist denn los, was habe ich verbrochen?« »Bitte zeigen Sie uns Führerschein, Fahrzeugschein und Personalausweis«, erklärt mir einer der Polizisten. »Kein Problem, Herr Wachtmeister, hier haben Sie alles, was Sie brauchen«, versuche ich die Situation ein wenig aufzulockern und reiche den beiden die geforderten Dokumente rüber. »Alles in Ordnung, Sie können weiterpennen«, erklärt mir der andere Polizist, als er mir die Papiere zurückgibt. Erst jetzt erkenne ich, es ist der gleiche Streifenpolizist, der mich vor drei Jahren im Wald nach einer Trunkenheitsfahrt verhaften konnte. Ein wenig bin ich jetzt geschockt. Aber heute Abend lasse ich mich nicht erwischen, da bin ich mir, besoffen, wie ich bin, ziemlich sicher.

Um sicherzugehen dass die beiden Polizeibeamten auch wirklich verschwunden sind, warte ich über eine halbe Stunde. Dann fahre ich mit meinem Porsche vorsichtig los. Doch nach wenigen Hundert Metern sehe ich im Spiegel einen Wagen mit Blaulicht. Als ich über Lautsprecher die Ansage: »Bitte anhalten!« höre, weiß ich endgültig, es ist die Polizei. Es sind die gleichen Beamten, die mich kontrolliert hatten. Die beiden waren so clever, dass sie sich so lange versteckt haben, bis ich dann letztendlich losgefahren bin. Zu meinem Verhalten kann ich nur sagen: »Dümmer, als die Polizei erlaubt.« Nachdem der Schnelltest positiv verläuft, wollen sie mich auf den Rücksitz des Polizeiwagens verfrachten. Mit einem Überraschungsantritt will ich flüchten. Doch der mir schon bekannte Polizist rechnet offenbar mit solch einer Aktion. Bevor ich überhaupt dazu komme wegzurennen, setzt er mich mit einem reaktionsschnellen gekonnten Griff matt und legt mir Handschellen an. Dann werde ich zur Blutprobe in das Ahauser St.-Marien-Krankenhaus gefahren. Nicht das erste Mal, dass ich hier total betrunken hinbefördert werde.

Erstmals als Jugendlicher im Alter von 13 Jahren mit einer Alkoholvergiftung. Dann als 20-Jähriger trat ich vor dem Nähen meiner Schnittwunde im Vollrausch hier nachts im Krankenhaus die Glastür ein. Im 26sten Lebensjahr Blutabnahme nach Trunkenheitsfahrt und heute, knapp drei Jahre später wieder betrunken im Auto erwischt. Nichts, aber auch gar nichts, habe ich gelernt aus meinen Fehlern. Mein verpfuschtes Leben fühlt sich an wie ein riesiger sperriger Scherbenhaufen.

Immerhin, die beiden Polizisten sind hinterher so freundlich, mich mit ihrem Dienstagwagen die zehn Kilometer zu meinem Elternhaus zu fahren. Wenigstens die Taxifahrt gespart, aber das ist keinerlei Trost für mich.

Mirvara

Der Promillegehalt der Blutprobe ist weniger als ich erwarte. 1,58 Promille sind natürlich auch noch viel zu viel. Bei der ersten Promillefahrt hatte ich mit 1,98 die 2,00 noch knapp verfehlt. Allerdings habe ich als Wiederholungstäter dieses Mal mit einer höheren Strafe zu rechnen.

Doch das Leben geht weiter und auch meine Jobs natürlich. So fahre ich ohne Führerschein einige Tage später zum Queens Pub, um dort zu kellnern. Toni ist zurzeit mit Katja auf Heimaturlaub in Griechenland. So leitet Abilio momentan den Pub. Abilio, ein sympathischer Portugiese, leitet auch Tonis zweites Lokal, ein Bistro in Borken. Vor der Schicht erzählt er mir, dass sich ein Mädchen in mich verliebt habe und mich kennenlernen möchte. Als sie in den Laden kommt, stellt Abilio sie mir vor. Es eine junge Frau mit dunklen Haaren und schönen braunen Augen. Sie heißt Mirvara und kommt aus dem ehemaligen Jugoslawien. Während der Arbeit flirten wir, und nach Feierabend knutschen wir noch, bis es hell wird. Dann fahre ich mit dem Porsche zurück nach Hause und bin froh, nicht von der Polizei erwischt zu werden.

Jetzt bin ich irgendwie sogar mit drei Mädchen zusammen. Wie gesagt, da gibt es Männer, die wären stolz darauf. Doch mein schlechtes Gewissen treibt mich weiter und immer tiefer in den Alkohol. Immerhin melde ich meinen Porsche ab, sodass ich nicht mehr in Versuchung komme, Auto zu fahren. Doch die Versuchung, mit drei hübschen Mädchen gleichzeitig zusammen zu sein, treibt mich in den Wahnsinn. Endlich, nach zwei schlimmen Wochen treffe ich eine erst einmal lebensrettende Entscheidung. Ich mache mit allen drei Mädchen Schluss. Alle sind sie supernett, sympathisch und haben es nicht verdient, von einem Arschloch wie mir an der Nase herumgeführt zu werden. Deshalb ist diese Entscheidung durchaus richtig, und es geht mir ein wenig besser.

Spitzenspiel im Eichenstadion

Im Gegensatz zum eigenen privaten Chaos läuft der Trainings- und Spielbetrieb bei der A-Jugend meiner Nienborger Rotwei- ßen sehr gut. Meine Spieler wundern sich, dass ich jetzt immer mit dem Rennrad zum Training komme. »Porsche-Hermann ohne Porsche, das geht gar nicht«, kritisiert mich Pocke, einer der lautstärkeren, aber eher laufschwächeren Spieler. Um end- lich Ruhe zu haben, gestehe ich meiner Mannschaft, dass ich wegen Alkohols am Steuer meinen Führerschein verloren habe. Die Jungs sind ein wenig überrascht, denn auf Vereinsfeiern und auch einigen privaten Feiern haben die Spieler mich stets als Nichtraucher und Antialkoholiker wahrgenommen. Diese Rolle, man kann auch sagen, mein falsches Spiel, haben mir meine Spieler immer abgenommen. Mein positives Ansehen im Team hat nun die ersten Risse bekommen. Diese Risse werden sich bald zur bedrohlichen Zerreißprobe entwickeln.

Doch unser guter Saisonstart überdeckt alles. Denn wir sind mit fünf Siegen gestartet und stehen mit 10:0 Punkten auf Rang Zwei direkt hinter dem Topfavoriten SG Gronau, der lediglich in der Tordifferenz knapp vor uns liegt. Und heute Abend kommen die Gronauer zum Spitzenspiel in das Nien- borger Eichenstadion. Nach elf Stunden Müllabfuhr fahre ich mit dem Rennrad die zehn Kilometer nach Nienborg. Als ich um 18 Uhr eintreffe, habe ich noch eine Stunde Zeit, um die

Jungs auf den Topfavoriten einzustellen. Schon in den letzten
Spielen hatte ich einige Umstellungen vorgenommen. Tobias
Fabry, den technisch versierten, aber ebenfalls lauffaulen Mit-
telstürmer, habe ich zum Libero umdisponiert, und das mit
großem Erfolg. Ex-Libero Lothar Lammers, unser spielstarker
Kapitän, besetzt nun das defensive Mittelfeld. Sechser würde
man heute sagen, so wie diese Position heute Schweinsteiger
oder Khedira spielen. Gegen die technisch starken Gronauer
habe ich mir heute ein defensives Konzept ausgedacht. Wir
spielen mit nur einer Spitze, so wie es 20 Jahre später fast
überall auf der Welt praktiziert wird. Diese hängende Spitze
soll heute Karsten Borgers, eigentlich ein Mittelfeldspieler, ausfüllen. Viele Zuschauer, auch einige hohe Vorstandmitglieder,
sind an diesem herrlich milden Herbstabend ins Eichenstadion
gekommen.

Die Gronauer sind von unserer defensiven Taktik überrascht und finden kein Mittel. Unser Bollwerk steht wie eine
Eins. Wenn die Gronauer nun doch einmal durchkommen,
dann hält Bulli, unser 1,95 Meter großer kräftiger Torwart, alles
fest. Ganz überraschend gelingt unserem offensiven Mittelfeld-
mann Frank Lütke-Wissing bei einem Konter die 1:0-Führung.
Das Stadion tobt. Kurz danach ist Halbzeit. Enthusiastisch versuche ich meine Jungs weiter zu motivieren. Die Mannschaft
ist heiß und voll konzentriert, und wir spüren alle, hier ist eine
Sensation drin. Der kleine Dorfverein kann dem Riesen aus der
Nachbarstadt heute ein Bein stellen.

Lautstark versuche ich, von der Seitenlinie das Team weiter
Richtung Sieg zu schreien. Mit Erfolg. Die Gronauer beißen sich
an unserem Abwehrbollwerk die Zähne aus. Die Mannschaft
läuft und kämpft fantastisch. Wir haben sogar die Kraft, Gegenangriffe zu starten. Bei einem dieser schnellen Gegenangriffe
schießt Karsten Borgers das vielumjubelte 2:0 für uns. Die
Gronauer werden immer nervöser. Wir nutzen die Schwächen
des Gegners eiskalt aus. Bei weiteren Konterangriffen schlagen
wir unbarmherzig zu. Karsten macht das Spiel seines Lebens.

Mit zwei weiteren Toren gelingt ihm ein lupenreiner Hattrick. Freudetrunken liegen wir uns in den Armen. Die Zuschauer sind begeistert. Souverän bringen wir das 4:0 über die Zeit. Nachher im Vereinslokal feiern wir mit Cola und Bier unseren Sieg. Wenn ich den Jungs eine Kiste ausgebe, ist die in der Regel alkoholfrei. Aber heute gibt's vom Vorstand auch eine Kiste Bier für meine Spieler. Ausgiebig feiern wir diesen tollen Sieg. Ich selbst feiere heute mit Mineralwasser. Glücklich über den tollen Sieg fahre ich spätnachts mit dem Rad nach Hause.

Doktor Franz

Dieser tolle Sieg kann aber nicht mein kaputtes Privatleben kompensieren. Der Führerscheinentzug und die immer noch belastenden Frauengeschichten machen mir weiter sehr zu schaffen. Obwohl zurzeit getrennt, tauche ich abwechselnd betrunken bei Bianca und Petra auf. Was tue ich diesen beiden großartigen Frauen mit meinen Alkoholexzessen nur an. Einmal betrinke ich mich nach Feierabend im Queens Pub dermaßen, dass ich am Sonntagmorgen betrunken durch Stadtlohn laufe. Toni und Katja sehen mich in der Fußgängerzone und überreden mich, dass sie mich mit dem Auto nach Hause bringen. Dann packt mein Chef mein altes Rennrad in seinen 7er-BMW und setzt mich auf die Rückbank. Mein Vater ist ein wenig erstaunt, als er den dicken Schlitten auf den Hof fahren sieht. Weniger erstaunt ist er darüber, dass ich wieder total betrunken bin. Mit letzter Kraft schleppe ich mich die Treppe hoch und bin sofort weg.

   »Hallo, großer Kämpfer! Ich bin hier, um Sie wieder zurück ins Leben zu bugsieren«, sagt eine Stimme. Ein stattlicher kräftiger Mann mit weißem Gewand beugt sich über mich und schaut mich freundlich an. Im ersten Moment denke ich, es ist Petrus, der vor dem Himmelstor steht und mich noch nicht reinlassen will. »Was machen Sie für Dummheiten? Sie sind doch so ein toller Sportler. Warum greifen Sie zur Flasche?«, redet der Mann mit dem weißen Arztkittel auf mich ein. Jetzt erst erkenne ich ihn, es ist Dr. Franz, mein Hausarzt. Ich bewege mich auch nicht auf irgendeinem Trip im Weltall, sondern liege in meinem Bett. Meine Eltern hatten wohl keine andere Lösung mehr gesehen, als Dr. Franz zu einem Hausbesuch zu bestellen. »Wenn ich Ihre ganzen Urkunden und Pokale von den sportlichen Höchstleistungen hier sehe, dann fällt es mir sehr schwer zu glauben, dass Sie ein akutes Alkoholproblem haben, Herr Wenning«, sagt er und sieht mich fragend an. Obwohl es mir sehr schlecht geht, kann ich nicht über meine Probleme reden. Ich schweige hartnäckig.

»Ich gebe Ihnen ein Medikament, Distraneurin nennt sich das. Sie nehmen dreimal am Tag jeweils eine Tablette. Die Tablette betäubt den Alkoholentzug. Sie entziehen, ohne Gefahr zu laufen, ins Delirium zu fallen. Denn ein Delirium tremens kann bei einem Alkoholiker auf Entzug zum Tod führen.« Erklärt er mir weiter freundlich und reicht mir dann ein Wasserglas und eine dieser Tabletten. »Kopf hoch, großer Kämpfer, bitte nicht aufgeben!«, versucht er mir bei der Verabschiedung noch Mut zuzusprechen.

Das Distraneurin, das auch in Alkoholentzugskliniken zur Behandlung eingesetzt wird, wirkt Wunder. Innerhalb weniger Minuten spüre ich keinen Alkoholentzug mehr. So kann ich das Bett verlassen und auch schon am nächsten Tag wieder arbeiten gehen. Eine Woche nehme ich diese »Distras« und kann ohne große Probleme die Entzugserscheinungen überblenden. Mein Problem an der Wurzel packen tun die Tabletten natürlich nicht, aber das ist auch nicht meine Absicht.

So kommt es weiterhin regelmäßig zu Alkoholrückfällen, die ich dann mit Distras überwinden kann. Auch von Petra und Bianca komme ich nicht los, wobei ich mit Petra freundschaftlich verbunden bleibe, aber mit Bianca wieder eine Beziehung beginne. In dieser Zeit sind Bianca und ich oft mit Hermann, einem Müllwagenfahrer meiner Firma, unterwegs. Dieser

Hermann hat wie ich schwarze Haare und einen Schnauzbart. Im Gegensatz zu mir ist er 20 Zentimeter größer und zweimal geschieden. Inzwischen hat er mit Sabine eine neue Flamme, die im Ahauser Vorort Wessum wohnt. Wenn wir in Wessum Müll fahren, dann werden Hermann und ich immer freundlich in ihrem Elternhaus zum Kaffee eingeladen.

Heute Abend sind Hermann mit Freundin Sabine und Bianca zum Queens Pub gekommen. Auch Petra ist mit ihrem neuen Freund in der Disco zum Feiern. Während ich am Arbeiten bin, beäugen sich die beiden vermeintlichen Konkurrentinnen ein wenig. Als Petra dann mit mir flirtet, um Bianca eifersüchtig zu machen, ist das Unheil nicht mehr aufzuhalten. Bianca, die nicht mehr zu beruhigen ist, fängt an zu weinen. Ich sage zu meinem Chef: »Hey, Toni, meiner Perle geht es sehr schlecht. Ich muss sie unbedingt nach Hause bringen. Ich mache Feierabend.« »Hermann, deine Frauengeschichten ruinieren dich noch. Wenn du jetzt gehst, dann brauchst du nie wieder hier zu arbeiten!«, erklärt mir Toni lautstark. Ohne groß nachzudenken, verabschiede ich mich: »Tschüss, Toni, es war eine schöne Zeit hier.« Dann verlasse ich mit Hermann, Sabine und Bianca das Lokal. Nie wieder werde ich im Queens Pub arbeiten. Dieser Stadtlohner Job war bisher meine mit Abstand beste Kellnerstelle, aber lange noch nicht meine letzte als Kellner in einer Disco …

Daheim im Dorf Münsterland

Die Beziehung mit Bianca ist ähnlich wie die mit Petra. Mal sind wir zusammen, dann wieder getrennt. Mal bin ich nüchtern, dann wieder betrunken. Bianca hat viel mit mir zu leiden. Dazu kommt, dass ihre Eltern gegen unsere Beziehung sind. Deshalb treffen wir uns immer heimlich, ohne Wissen der Eltern. Der Altersunterschied von zehn Jahren ist ihnen zu groß. Aber möglicherweise entspricht ein Müllmann mit Porsche nicht ihren Vorstellungen, wie ein Schwiegersohn sein sollte. Aber im Prinzip haben sie natürlich vollkommen recht. Momentan bin ich ein ziemlich kaputter Typ, der auch noch absolut beziehungsunfähig ist. Da Biancas Eltern an Wochenenden oft in ihrem Ferienhaus in Holland sind, kann Bianca die Beziehung zu mir weiterhin im Verborgenen ausleben.

Verbergen kann ich hingegen meine Probleme immer weniger, auch vor meinem Fußballteam. Nach unserem Superstart erreiche und motiviere ich meine Mannschaft kaum noch. Das Hauptproblem jedoch ist nach wie vor der Spielermangel, so besitze ich weiterhin keinerlei Druckmittel. Spieler, die beim Training wenig zeigen oder gar nicht zum Training erscheinen, muss ich trotzdem am Wochenende bei den Meisterschaftsspielen einsetzen. Der Spielerkader besteht weiterhin aus höchstens 13 Spielern. Der Führerscheinentzug hat meine Autorität schon angegriffen, dazu kommen Pech und mangelnder Erfolg. Aus 12:0 Punkten zum Saisonstart werden 12:14 Punkte zum Rückrundenende. Wir werden bis ins hintere Mittelfeld durchgereicht. Das kratzt mein Selbstbewusstsein und auch das meiner Spieler immer mehr an. Wir sind ziemlich froh, als wir endlich die Winterpause erreichen.

Wenige Wochen nach dem Aus im Queens Pub bewerbe ich mich in der Skala, der Großraumdisco im Freizeitpark Dorf Münsterland. Nach den vielen auswärtigen Kellnerstationen denke ich mir, ist es jetzt endlich Zeit, zu Hause im Heimatort in das Discogeschäft einzusteigen. Direkt hinter der Hauptdisco, in der auch viel Techno läuft, befindet sich die Oldie-Disco, die zum großen Teil, wie schon der Name sagt, Oldies spielt. Chef der Oldie-Disco ist Werner, Mitte vierzig, Vokuhila-Haarschnitt und Boxernase. Mein Job ist es, Gläser zu sammeln, diese zu spülen und gelegentlich auch die Aschenbecher zu säubern. Der direkte Kontakt zum Kunden, also der Getränkeverkauf, bleibt mir hier erspart. Eine stressfreiere, aber auch eine unpersönlichere Arbeit, die ich hier verrichte. Ich freue mich, so schnell wieder in das Discobusiness eingestiegen zu sein. Erst einmal ...

Sieg und Suspendierung an Silvester

»Hermann, aufstehen! Bitte, Hermann, wir müssen gleich los«, versucht mich Bianca hartnäckig zu wecken. Nach halb durchzechter Nacht hatte mich Bianca in Ahaus aufgegabelt und mich mit zu ihr genommen. Total betrunken schlief ich weit nach Mitternacht bei ihr ein. Nun versucht sie, mich wach zu bekommen. Nicht weil ihre Eltern oder ihre jüngere Schwester gleich auftauchen werden, nein, ich habe geplant, heute beim Silvesterlauf in Stadtlohn zu starten. Vollmundig hatte ich nachts im Suff angekündigt: »Ich werde morgen das Ding in Stadtlohn zum dritten Mal in Folge gewinnen!« »Ja, Hermann, das traue ich dir durchaus zu, ich glaube, das kannst du schaffen«, erklärte mir Bianca, ohne aber wohl wirklich daran zu glauben.

»Hermann, bitte steh auf! Du willst doch heute unbedingt gewinnen!«, fordert mich Bianca immer wieder auf. Schlecht gelaunt und total verkatert erhebe ich mich endlich. Frühstück bekomme ich in meinen lädierten Magen nicht hinein. Irgendwie schaffe ich es, dass ich neben Bianca im Wagen sitze. Mit ihrem knapp 20 Jahre alten weißen Golf fahren wir Richtung Stadtlohn. Da ich sehr schlecht drauf bin, bin ich auch nicht gerade gesprächig auf der Fahrt. Bianca ist trotzdem wie immer sehr lieb und freundlich zu mir.

Auch beim Warmlaufen im Stadtlohner Losbergpark fühle ich mich noch miserabel. Ich versuche, mich dezent und versteckt einzulaufen. Da ich viele Bekannte hier in der Laufszene habe, möchte ich bei meiner miesen Laune in keine Unterhaltung hineingezogen werden. Mit einem Kuss und mit dem Motivationsspruch »Hermann, du musst gewinnen!« versucht Bianca, mir Hilfe zu geben. Doch meine Laune und meine mentale Einstellung sind heute Morgen auf alles andere als auf eine sportliche Topleistung eingestellt.

Doch direkt nach dem Startschuss klinke ich mich direkt in eine fünfköpfige Spitzengruppe ein. Bestimmt noch nicht ganz nüchtern, kann ich das Tempo durchaus mitgehen. Ich bin ziemlich überrascht, dass mir die Gangart in der Führungsgruppe keinerlei Probleme bereitet. Deshalb bewege ich mich schon nach Kilometer Zwei aus dem Windschatten heraus in die Führungsposition. Eigentlich wollte ich noch länger warten und erst zur Hälfte der Distanz angreifen.

Wie jedes Jahr hier in Stadtlohn, so laufe ich heute auch die 8-Kilometer-Distanz. Diese »krummen acht Kilometer« werden eigentlich nur beim Stadtlohner Silvesterlauf durchgeführt. In der Führungsposition ziehe ich das Tempo leicht an und merke sofort, dass mir heute niemand folgen kann. Nach dem 4-Kilometer-Wendepunkt kann ich auf dem Rückweg meinen Gegnern in die Augen sehen. Ich habe schon über 100 Meter Vorsprung und der Gesichtsausdruck der Verfolger sagt alles andere aus, als dass die zurückliegenden Jungs mich heute hier gefährden können. Souverän laufe ich mit großem Vorsprung zum Sieg. Mit erhobenen Händen bejubele ich diesen. Es ist mein dritter Gesamtsieg hier in Stadtlohn und wohl auch mein letzter.

Bianca nimmt mich begeistert in den Arm, und wir küssen uns. »Hermann, du hast gewonnen! Hermann, du hast gewonnen!«, gibt sie mir zu verstehen, sie ist stolz auf mich. Nach der Siegerehrung mit der Übergabe des Pokals fahren wir zu meinem Elternhaus nach Legden. Als wir beide in die Küche kommen, ruft Bianca in die Familienrunde: »Hermann hat gewonnen, er hat gewonnen!« Doch meine Familie interessiert das nicht wirklich. Denn sie kennen meine derzeitige Lebenssituation, und die ist alles andere als positiv ...

Abends bin noch zum Kellnern in der Skala eingeteilt. Doch die kurze gute Laune über meinen Laufsieg ist schnell verflogen. Der Alkoholentzug ist rasch zurück, und meine

Finger kleben wieder an der Flasche. Zwar habe ich im Dorf Münsterland nur mit leeren Gläsern zu hantieren, doch ich bin nach kurzer Zeit so betrunken, dass mir das heute auch nicht gelingt. Ich schaffe es nicht einmal, bei vollem Bewusstsein zu bleiben. Wie ich die Nacht überstehe oder wie ich nach Hause komme, nehme ich in keiner Weise wahr.

Als ich einige Tage später Werner anrufe, sagt mir der Chef der Oldie-Disco, dass er mich Silvester aus dem Dienst nehmen musste, da ich zu betrunken war. Einige »höhere Tiere« im Dorf Münsterland hätten davon auch etwas mitbekommen, erklärt er mir. Die nächsten Wochen will er mich nicht einsetzen, mich erst einmal aus der Schusslinie nehmen, bis Gras über die Sache gewachsen sei. Das war es dann wohl mit der Skala und mit meiner Kellnerkarriere, bin ich mir relativ sicher.

Neben der Kellnerpause ist auch wieder Pause mit Bianca. Ich kriege einfach nichts mehr hin in Sachen Beziehung als auch in Sachen Alkoholabstinenz. Immerhin, Mitte Januar kann ich einige vernünftige Trainingseinheiten mit den Spielern meiner Fußballmannschaft durchziehen. So laufen wir gemeinsam abends durch die verschneiten Straßen von Nienborg und Heek. Ein wenig optimistisch gehen wir dann in die Vorbereitung der Rückrundensaison.

Zwar werden meine Trockenphasen immer kürzer, doch ich habe ja jetzt ein Gegenmittel. Wenn ich mehrere Tage trinke, nehme ich danach die von Dr. Franz empfohlenen Distraneurin. Damit es nicht zu sehr auffällt, dass ich so viele Rückfälle habe, fange ich an zu tricksen. Ich gehe zu anderen Ärzten in Nachbarorten und erzähle von meinem Leid. Die Ärzte verschreiben mir dann einige Distras, die ich gezielt nach Alkoholexzessen zum Entziehen einsetze. Immer mehr bewege ich mich in einem fürchterlichen Teufelskreis …

Showdown im Eichenstadion

Anfang Februar kommt es dann im Nienborger Eichenstadion zu einem abschließenden Machtkampf zwischen mir, meiner Mannschaft und meinen Problemen. Nach der anfangs guten Saisonvorbereitung hat sich in der Mannschaft wieder ein gewisser Schlendrian eingeschlichen. Die Motivation und die Einsatzbereitschaft lassen zu wünschen übrig, sodass die ersten Testspiele dann eher schlecht verlaufen sind. Und heute Abend kommt Eintracht Ahaus, der höherklassige Bezirksligist, zu uns. Mit lauten, markigen Worten versuche ich, meine Spieler auf dieses Prestigeduell einzuschwören. Und erinnere dabei an unseren glanzvollen 4:0-Sieg gegen den Titelfavoriten aus Gronau in der Hinrunde. Mit Abklatschen schicke ich meine Jungs raus zum Warmlaufen.

Ich selbst verschwinde erst einmal auf die Toilette. Hastig spüle ich mit Wasser zwei Tabletten herunter. Seit mehreren Wochen bin ich schon auf Distraneurin. Mein tablettenge-schwängertes Gesicht sieht blass und leblos aus, meine Augen sind einfach nur erschreckend leer und teilnahmslos. Meine fürchterliche Traurigkeit lässt Tränen über die Wangen laufen. Erst Alkoholkonsum, dann wieder die Entzugstabletten, Alkohol und wieder Tabletten, in diesem Teufelskreis befinde ich mich inzwischen. Ich bin nur noch ein vegetierender Schatten meiner dunklen Seele. Im Spiegel sehe ich ein Wrack, und genauso elend fühle ich mich heute Abend.

Nichts anmerken lassen, rede ich mir ein. Mein Job und meine Leidenschaft ist es hier, alles für meine Spieler und den Verein rauszuholen. Dann gehe ich auf den Platz und versuche jeden Spieler einzeln kurz anzusprechen, um ihn auf den starken Gegner einzustellen.

Dann beginnt das Spiel. Bevor es begonnen hat, haben wir es bereits verloren. Innerhalb kurzer Zeit fangen wir uns zwei Gegentore ein. So wie die Bayern, die sich 2014 in der ersten Viertelstunde des Champions-League-Halbfinales zwei Gegentore durch Real Madrid ins Netz legen lassen haben. Genauso wie die Bayernstars, so sind wir heute absolut chancenlos. Es ist ein Spiel auf ein Tor. Klar die klassenhöheren Ahauser sind uns technisch und taktisch klar überlegen, aber ich sehe keinen Kampf und keinerlei Einsatz bei meinem Team. Zur Pause steht es bereits 6:0 für Eintracht Ahaus.

In der Halbzeit versuche ich, meine Spieler zu erreichen. »Jungs, lasst euch heute Abend hier nicht so abschlachten! Denkt an eure Ehre! Wir sind Nienborger, und wir sind hier zum Rennen, und wir sind hier zum Kämpfen! Wir wollen hier heute Abend nicht zweistellig verlieren. Wenn die Ahauser hier das 10:0 schießen, dann ist meine Trainerzeit hier in Nienborg beendet. Dann bin ich sofort weg!«, versuche ich, meine Spieler zusätzlich zu motivieren. Oder soll ich sagen, ich stelle die Vertrauensfrage.

Doch ich schaffe es nicht, meine Spieler zu erreichen. Eher das Gegenteil ist der Fall. Von Einsatz und Kampf ist in meinem Team absolut nichts zu sehen. Es dauert keine Viertelstunde in Halbzeit Zwei, und wir liegen 10:0 zurück. Sofort gehe ich von der Außenlinie in den Klubraum und erkläre dem konsternierten Jugendobmann Willi und der guten Seele Schucki, dass ich sofort das Handtuch werfe. Die beiden merken an meinem ernsten Gesichtsausdruck, dass es keine Chance gibt, mich umzustimmen. Dann bedanke ich mich bei beiden für die tolle Zusammenarbeit in den letzten 20 Monaten und verabschiede mich. Auch von meinem Co-Trainer Bernhard verabschiede ich mich. Beide haben wir zum Abschied Tränen in den Augen.

Meine Spieler hingegen lasse ich links liegen. Ohne ein Wort und ein Zeichen verschwinde ich. Bis heute weiß ich nicht, wie hoch sie dieses Vorbereitungsspiel verloren haben. Bei Nacht und Nebel fahre ich mit dem Rennrad aus dem Stadion. An der nächsten Tanke hole ich mir drei Dosen Bier, die ich auf Ex wegkippe. Aber trotzdem gelingt es mir in keiner Weise, dieses schlimme Gefühl wegzuschütten. Dieses ätzende Gefühl, ein Versager und ein Verräter zu sein. Ich habe meine Mannschaft in einer harten Phase alleine gelassen, sie im Prinzip im Stich gelassen. Die Schuldgefühle, die ich an diesem Abend aufbaue, sind auch 20 Jahre später noch nicht restlos abgebaut ...

Nachtflug mit der polnischen Flugente

Neben der Alkoholabhängigkeit hat sich nun auch die Medikamentenabhängigkeit in mein Leben gedrängt. Noch mehrere Wochen nach meinem Rücktritt als Trainer schlucke ich Tabletten.

Da ich nicht mehr zweimal pro Woche abends zum Training nach Nienborg muss, macht es mir nichts aus, wenn es abends bei den Mülltouren wie gewohnt ein wenig später wird. Doch als ich heute Abend ins Büro komme, meine ich, mich trifft der Schlag. Ich bin ja zwölfstündige und auch längere Touren durchaus gewohnt, aber was Herr Starik, der inzwischen alleinverantwortlich für die Tourenplanung zuständig ist, von mir verlangt, halte ich für unmöglich: »Herr Wenning, Sie fahren morgen zusammen mit Herrn Stasch beide Bauerntouren in Ochtrup.« »Meinen Sie das jetzt wirklich ernst, Herr Starik?«, sehe ich ihn fragend an. »Selbstverständlich! Meinen Sie, ich will Sie verarschen, Herr Wenning?«, kontert er ein wenig ungehalten. »Herr Starik, die große Bauerntour in Ochtrup ist unter elf Stunden auf keinen Fall zu schaffen, und die kleine Bauerntour dauert auch mindestens zehn Stunden. Das sind insgesamt 21 Stunden Tourzeit, da fahren wir ja bis nach Mitternacht«, sehe ich ihn bestürzt mit großen Augen an. »Sie sparen einen kompletten Anfahrtsweg, außerdem einen Rückweg. Und wenn Sie das Auto immer richtig vollmachen, dann klappt das schon, Herr Wenning«, versucht er mich ein wenig zu motivieren. Zu müde, weiter zu diskutieren, willige ich schließlich ein. Herr Starik, inzwischen über ein Jahr bei Stenau, hat viele, sicher auch gute Ideen und versucht neue

Wege zu gehen, aber dieser Weg ist ein Irrweg, da bin ich mir relativ sicher.

Abends spreche ich noch Christian Stasch an, empfehle ihm ein Brot mehr mitzunehmen und auch eine halbe Stunde eher zur Firma zu kommen. Statt 5:30 Uhr fahren wir schon um fünf Uhr los. Christian, gebürtiger Pole und ein durchaus netter, liebenswürdiger Kollege, hat den Spitznamen »die polnische Flugente«. Wieso wir ihn so nennen, weiß ich wirklich nicht. Aber fliegen kann die Flugente natürlich auch nicht. Auch darf ein Lkw maximal 60 km/h auf Landstraßen und Feldwegen fahren. Es ist schlichtweg unmöglich, eine ganze Tour an einem Tag herauszufahren. Erschwerend kommt hinzu, dass Christian die Tour nicht kennt. Hinten auf dem Trittbrett stehend zeige ich ihm den Weg.

Als wir bis 15 Uhr die erste Tour geschafft haben, ist mir nach einer Zigarette. Da wir unterwegs eine Packung geschenkt bekommen haben, rauche ich eine Fluppe. Zigaretten schmecken mir nicht, und ich bekomme negative Gefühle. Diese Gefühle machen mich außerordentlich depressiv, und ich komme in ein Tief. Wie so oft schon in meinem Leben fällt mir nichts anderes ein, als nun zu trinken. Mit Alkohol versuche ich, die negative Stimmung aufzuhellen. Da wir in den Bauernschaften immer Bierflaschen für »gute Leistungen« oder einfach nur aus Sympathie geschenkt bekommen, ist genügend Alkohol an Bord. Entschlossen versuche ich, diesen zu vernichten. Sechs Flaschen Bier ziehe ich mir innerhalb einer Stunde rein.

Inzwischen ist es dunkel geworden. Im besoffenen Kopf habe ich eine Idee. »Du, Christian, wir sind doch hier ganz in der Nähe von Gronau. Können wir nicht bei dir einen Kaffee trinken? Du bist schon 14 Stunden am Stück durchgefahren. Da solltest du dich ein wenig ausruhen«, schlage ich der polnischen Flugente vor. »Das ist gute Idee, Schädel. Ich rufe an meine Frau, die macht für uns fertig Kaffee und Spiegeleier«, ist Christian, der als Pole den Satzbau der deutschen Sprache noch nicht so ganz beherrscht, begeistert von meinem Einfall. Sehr nett werden wir von Christians Frau empfangen und lassen es uns mit Kaffee, Schinken, Brot und Eiern so richtig gut gehen.

Es ist bereits 20 Uhr, dann fahren wir wieder in die dunkle Bauernschaft. Die polnische Flugente muss jetzt besonders vorsichtig fahren. Denn er erkennt die für ihn unbekannten Feldwege im Dunkeln immer schlechter. Dazu kommt, dass ich mir immer mehr Bier reinschütte. Im volltrunkenen Zustand muss ich lange überlegen, um Christian den richtigen Weg zeigen zu können. Irgendwie finden wir aber bei Nacht und Nebel die blauen Papiertonnen. Später, als wir wieder mehr auf Land- und Bundesstraßen unterwegs sind, gibt die polnische Flugente noch mal richtig Gas.

Es ist schon weit nach Mitternacht, als ich endlich den letzten Eimer leere. Dann fahren wir nach Ahaus zur Firma. Als wir hier das Auto abstellen, bekommt die polnische Flugente ganz große Augen, als er den Stundenzettel schreibt: »Du, Schädel von fünf Uhr bis 1:30 Uhr sind 20,5 Stunden, dies ist neuer Weltrekord.« »So ist es«, füge ich müde und ziemlich betrunken hinzu. Dann schwinge ich mich auf mein Rennrad und freue mich darüber, Wochenende zu haben, denn an diesem inzwischen angebrochenen Freitag verfüge ich über einen freien Urlaubstag.

Weniger erfreut dürfte Herr Starik morgen früh sein, wenn er mit verwunderten Augen auf den »Rekordstundenzettel« sieht. Doch ich hatte ihm ja vorhergesagt, dass wir erst nach Mitternacht von dieser Doppeltour reinkommen werden. Die Konsequenz aus dieser Geschichte ist, dass bei Stenau niemals wieder der Versuch gemacht wird, diese beiden Megatouren an einem Tag von einem Team fahren zu lassen.

Letztes Aufbäumen

Doch irgendwie kann ich mich nach diesem Sturzflug mit der polnischen Flugente wieder aufrappeln. Ich forciere mein Lauftraining und jogge unermüdlich jeden Tag zur Arbeit. Fahren darf ich eh nicht mehr, und der Porsche ist schon lange unter Wert verkauft. Doch auch mit dem Rennrad komme ich fast überall hin, sogar mit Videoausrüstungen zu Hochzeitsevents. Davon habe ich im Frühjahr 94 einige. Wieder einmal filme ich eine Hochzeit bei der Familie Wolf, meinen Lieblingskunden aus Vreden. Auch heiratet Gregor, der Sohn von Paul Kleining. Paul Kleining ist als langjähriger Futtermittelberater oft bei uns auf dem Hof, außerdem ist er der Cousin meiner Mutter. Die Hochzeit von Gregor und seiner hübschen Braut wird mit einer tollen Kutschenfahrt durch die Darfelder Bauernschaft gestaltet. Der leichte Nieselregen stört die Stimmung in keiner Weise.

Im Frühjahr gelingt es mir dann auch wieder, in der Skala Fuß zu fassen. Inzwischen ist Gras über meinen Silvesterblackout gewachsen. In der Hauptdisco etabliere ich mich als Gläsersammler an Theke Vier. Diese Theke Vier ist ein kleines Loch neben der Bühne. Aus diesem Loch, das aus einem Nebenraum herausragt, verkauft Paul, mein holländischer Kollege, Getränke. Ich sammle Gläser und spüle sie dann gelegentlich. Wenn ich dann im Nebenraum Gläser spüle, höre ich gleichzeitig doppelten Sound. Denn neben dem Technosound der Hauptdisco schallen auch die Schunkel- und Schlagerlieder der Verrückten Kneipe gleichzeitig in das kleine Kabuff.

Oft sind nationale Stars aus der Musikbranche zu Gast in der Skala. Interpreten wie Hubert Kah, Sandra oder auch Blümchen treten hier auf. Großes Interesse unter den jugendlichen Gästen löst die Mädchenband Tic Tac Toe aus, die Anfang der 90er einen riesigen Hype bewirkt. Die Eintrittskarten sind in wenigen Tagen vergriffen. Doch nach dem legendären Streit der drei Tic Tac Toe Girls bei einer Pressekonferenz, welcher die Auflösung der Gruppe zur Folge hat, darf die Geschäftsleitung der Discothek die Karten zurückkaufen. Denn ohne Band kein Konzert.

Ein sehr gutes Konzert hingegen liefert Wolfgang Petry ab. 2000 hauptsächlich weibliche Fans sind hellauf begeistert. Jürgen Drews, der in Dülmen ganz in der Nähe von Legden wohnt, kann nur 200 Menschen an einem Sonntagnachmittag in die Skala locken. Da in der Skala wie in fast allen Diskotheken bar ausgezahlt wird, begegnen Jürgen und ich uns live im Kassenbüro. Während ich für fünf Stunden Kellnern 50 DM kassiere, darf Jürgen Drews mit 8000 Deutschen Mark den Heimweg antreten.

Gelegentlich kommt Bianca mich mit ihrem neuen Freund Martin in der Disco besuchen. Martin passt altersmäßig besser zu ihr, ist auch als Bankkaufmann bei ihren Eltern eher angesagt als ich, der Müllwerker. Das mit Bianca und mir war langsam, aber sicher zu Ende gegangen. Aber wir sind bis in den heutigen Tagen noch sehr gut befreundet.

Auch sportlich läuft es inzwischen wieder gut. Im Winter war ich zur LG Ratio Münster gewechselt. Jürgen Lanwer, ein erfolgreicher Unternehmensberater aus Nottuln, hat mich und einige andere Läufer aus Coesfeld dahin vermittelt. Bis jetzt habe ich in meinem Leben nie eine Mark Prämie für meine Laufleistungen bekommen. Für gute Platzierungen in der Jahresbestenliste soll es nun möglich sein, sich Ende des Jahres vom Hauptsponsor Ratio eine Prämie zu sichern.

Im Juni dann kann ich zum dritten Mal beim heimischen Volkslauf in Legden siegen. In 34 Minuten und 18 Sekunden laufe ich souverän zum Sieg. Meinen Erfolg vervollständigen Ulla Kleideiter als 6-Kilometer-Lauf-Siegerin sowie Thomas Möllers als Gewinner der kurzen Männerstrecke. Die Münsterlandzeitung titelt ganz groß: »Dreifacher Sieg der Legdener!« Es wird für lange Zeit mein letzter Sieg in Legden sein. Denn bereits ein Jahr später, direkt nach dem

Legdener Volkslauf, wird mein Leben eine komplett andere Wendung nehmen.

Doch nicht nur in Legden kann ich die Konkurrenz deutlich hinter mir lassen. In Heek siege ich locker beim 20-Kilometerlauf in 78 Minuten, und dann gewinne ich auch wieder in Epe den 10-Kilometer-Citylauf. Es läuft halt, und momentan mache ich mir wenig Sorgen um meine Zukunft.

Dauergast beim Rechtsanwalt

Dauergast bin ich nicht nur auf Laufevents und Hochzeiten, sondern Anfang des Jahres auch bei meinem Rechtsanwalt Reinhard. Als Erstes wegen der Gerichtsverhandlung für meine Trunkenheitsfahrt. Hier ist wenig zu machen, denn die 1,58 Promille sprechen für sich. Als Wiederholungstäter kann ich mit 18 Monaten Führerscheinentzug und 3000 DM Geldstrafe zufrieden sein. Außerdem bekomme ich noch eine Freiheitsstrafe von drei Monaten, die aber zur Bewährung ausgesetzt wird. Da ich weder zu Auflagen verpflichtet werde noch mich bei einem Bewährungshelfer melden muss, hat diese »Freiheitsstrafe« keinerlei Einfluss auf mein aktuelles Leben.

Als ich dann erneut bei Reinhard auftauche, ist er sehr skeptisch. Denn die Aktion, die ich heute vorhabe, gefällt ihm gar nicht. Ich möchte bei ihm dokumentieren lassen, dass ich an einen Freund 10 000 DM verleihen werde. Dieser Freund ist Dieter, den ich vor zwei Jahren über eine Stellenanzeige kennengelernt habe. Er besitzt eine Werbeagentur, und ich habe für ihn Meinungsumfragen durchgeführt. Da wir uns sehr gut verstehen, entsteht zwischen uns eine Freundschaft. Anfangs bekomme ich das Geld für meine Umfragen, die ich ausschließlich auf Baustellen durchführe, jeweils sofort in bar. In letzter Zeit bemerkte ich aber immer öfter, dass Dieter finanzielle Probleme hat. So stehen noch 2000 DM Honorar aus, die ich noch von ihm zu bekommen habe. Eines Abends schließlich bekomme ich einen verzweifelten Anruf von Dieter. Es drohe ihm die Zwangsräumung. Dann würde er mit seiner Frau und den beiden Kindern auf der Straße stehen. Aus Mitleid zu seiner lieben Frau und auch zu seinem behinderten Sohn willige ich schließlich ein.

Da ich als Erstes bei Reinhard eintreffe, will der mir den Deal mit Dieter ausreden: »Du, Hermann, 10 000 DM, die hat man doch nicht so einfach über. Du weißt auch gar nicht, ob du die 10 000 je wiedersiehst. Kennst du diesen Dieter denn überhaupt?« »Doch, Reinhard, der Dieter kommt aus einer guten Unternehmerfamilie. Seit zwei Jahren arbeite ich gelegentlich für ihn, und inzwischen sind wir schon sehr gut befreundet. Er hat eine ganz liebe Frau und zwei süße Kinder, und ich möchte auf keinen Fall, dass die auf der Straße landen.« »Gut, Hermann, du bist alt genug«, gibt Reinhard dann wenig überzeugt doch letztendlich auf. Kurz danach taucht Dieter auf, und wir unterschreiben den Kreditvertrag. Darin steht, dass er mir, einschließlich 2000 DM Honorar, insgesamt 12 000 DM schulde.

Da ich einige Wochen nichts von Dieter höre, rufe ich bei seiner Frau an. Die erzählt mir, dass Dieter in der Zwischenzeit Hals über Kopf verschwunden sei. Nachdem er durch Spielsucht und Drogen einen riesigen Schuldenberg angesammelt habe, sei er einfach vor den Problemen davongelaufen. Reinhard hatte mich vor der ganzen Aktion gewarnt, und ich bin blauäugig in die Falle gelaufen.

Die nächste Finanzaktion hingegen findet Reinhard wieder ganz okay. Ich benötige ihn als Notar für einen Immobilienkauf. Für 136 000 DM kaufe ich eine Eigentumswohnung in der Eschstraße, also direkt an der B 70 in Stadtlohn. Mit Nebenkosten kostet mich der Spaß um die 150 000 DM. Da ich inzwischen diesen Betrag in bar auf dem Konto habe, bedeutet der Kauf kein finanzielles Risiko für mich. Jahrelang habe ich mit meinen vielen Jobs gleichzeitig sehr gut verdient.

Durch die Mithilfe auf dem elterlichen Hof konnte ich Miete und Kostgeld im Prinzip immer abarbeiten. Da ist schon die eine oder andere Mark für mich übergeblieben. Doch das in Aktien, Fonds und Festgeld angelegte Vermögen möchte ich nicht anrühren. Aus steuerlichen Gründen ist es durchaus interessant, die komplette Immobilie durch einen Kredit zu finanzieren. Ich habe einen guten Draht zum Chef meiner Hausbank. Nach einem kurzen überzeugenden Gespräch mit Herrn Janning von der Kreissparkasse Legden habe ich den Kredit.

Jetzt brauche ich nur noch Mieter für meine Neubauwohnung. Da mein Freund Michael sich nebenberuflich als Immobilienmakler versucht, bekommt er den Job. Schnell besorgt Michael mir eine Mieterin. Es ist eine junge Arzthelferin, die aus beruflichen Gründen vom Ruhrgebiet ins Münsterland zieht.

Rosi

Blonde Haare, blaue Augen, große Oberweite, ein wenig von Pamela Anderson, so hatte Günther mir von Rosi am Telefon vorgeschwärmt. Günther, der Vater meines Patenkindes Pascal, will mich mit Rosi verkuppeln. Zuerst bin ich dagegen, doch dann lasse ich mich überreden. Heute Abend, wenn ich in der Skala am Kellnern bin, wollen Günther und seine Frau Manuela mir Rosi vorstellen. Dann am späten Abend stehen die drei plötzlich vor mir. Zwar ist Rosi weniger schlank als Pamela Anderson, aber sonst mir doch sehr sympathisch. Um es kurz zu machen, wenige Tage später sind wir ein Paar. Da Rosi mit Günther und Manuela befreundet ist, sehe ich jetzt auch mein Patenkind und dessen Bruder Nils öfter, wobei Rosi die Patenschaft für Nils übernimmt. Rosi wohnt ebenfalls in Vreden und holt mich nun regelmäßig mit ihrem kleinen schicken roten Ford Fiesta aus Legden ab.

Doch ich bin nicht in der Lage, die menschliche Nähe einer Beziehung auszuhalten. Die Folge ist, dass ich wieder zu Medikamenten greife. Ich schlucke monatelang riegelweise die eigentlich für den Alkoholentzug verschriebenen Distraneurin-Tabletten. Dabei nutze ich wiederum gekonnt mehrere Ärzte, die mir abwechselnd Distras verschreiben. Ich bin einfach nicht in der Lage, eine Liebesbeziehung zu führen. Dieses Manko versuche ich konsequent, mit Tabletten und Nikotin auszugleichen. Zusätzlich zu meiner Medikamentenabhängigkeit mutiere ich außerdem vom Gelegenheitsraucher zum Gewohnheitsraucher.

Nur auf Alkoholkonsum versuche ich, mit aller Kraft zu verzichten. Denn im Januar habe ich einen wichtigen Termin, dann muss ich zum MPU-Gutachten nach Münster. Bei dieser Medizinisch-Psychologischen-Untersuchung, auch Idiotentest genannt, soll festgestellt werden, ob ich in der Lage bin, ein Fahrzeug zu führen. Damit meine Leberwerte in Ordnung sind, will ich sechs Monate vorher nicht trinken. Tatsächlich schaffe ich es, im zweiten Halbjahr 1994 keinen einzigen Schluck Alkohol zu trinken.

Idiotentest bestanden

Gut vorbereitet gehe ich Anfang des Jahres zum Berliner Platz nach Münster, um beim TÜV Nord meinen MPU-Test zu machen. Nicht nur, dass ich seit sechs Monaten trocken bin, nein, ich habe mich auch mental auf diesen Test vorbereitet. Beim medizinischen Test werden zuerst die Leberwerte genau gecheckt. Ein halbes Jahr keinen Alkohol zu trinken, das habe ich lange nicht geschafft, deshalb mache ich mir um meine Leber keine Gedanken. Auch der Reaktionstest und einige Koordinationsübungen bereiten mir keinerlei Probleme. Am schwierigsten dürfte das Gespräch mit einem Psychologen sein. Doch im Vorfeld habe ich mich informiert, was ich auf keinen Fall sagen darf. Ein Mensch, der mit zwei Promille noch locker ein Fahrzeug lenken kann, aber äußert, dass er sonst nie Alkohol trinkt, wirkt völlig unglaubwürdig. Denn an den Wert von zwei Promille kommt man nur ran, wenn man regelmäßig säuft. Deshalb versuche ich lieber, ehrlich zu sein, um einigermaßen glaubwürdig zu wirken.

Nervös und angespannt sitze ich im Zimmer, in dem das Gespräch ablaufen soll. Als dann endlich jemand den Raum betritt, finde ich das Klischee des Psychologen bestätigt. Eine Frau mittleren Alters mit langen glatten Haaren, wenig modern gekleidet und einer schmalen, intellektuell wirkenden Nickelbrille setzt sich zu mir an den Tisch. Die Frau wirkt seriös, konzentriert und emotionslos. Auch ich bin bis in die Finger- und Haarspitzen konzentriert. Dabei versuche ich freundlich und kooperationsbereit zu wirken, um eine Vertrauensbasis aufbauen zu können. Ich erzähle ihr, dass ich in jungen Jahren oft zur Flasche gegriffen habe, da ich mit meinen Problemen nicht umgehen konnte. Inzwischen hätte ich aus meinen Fehlern gelernt und würde heute durch einige Veränderungen dem Alkohol entsagen. Durch die Ausübung von Sport und durch positive soziale Kontakte wäre ich nicht mehr auf die Flasche angewiesen. Die aufmerksame Psychologin notiert sich einige meiner Aussagen. Dann verabschiedet sie sich von mir, ohne mir etwas über das Ergebnis unseres Gesprächs mitteilen zu wollen.

Nachdem ich das große TÜV-Gebäude verlassen habe, suche ich einen Discounter auf. Dort hole ich mir zwei Flachmänner mit Weinbrand. Nachdem ich den halben Liter Mariacron in Ex weggedrückt habe, wird mir ziemlich warm im Bauch. Dann schleiche ich zum Bahnhof. Alles, was ich der Psychologin erzählt habe, war erstunken und erlogen. Von den Sprüchen und der Show, die ich bei der netten Frau abgezogen habe, bleibt nicht ein einziges Fünkchen Wahrheit über. Auf dem Bahnhof in Coesfeld lege ich noch einige Bier nach.

In Ahaus am Bahnhof empfängt mich Rosi, die mich noch nie als Betrunkenen gesehen hat. Sie ist natürlich sehr erstaunt, dass ich mitten am Tag schon so breit herumlaufe. Dann fahren wir zu Günther und Manuela, die mich hingegen in der Vergangenheit schon oft genug betrunken gesehen haben. Am anderen Morgen werde ich verkatert bei Rosi zu Hause in Vreden wach. Zum Glück habe ich noch ein halbes Dutzend Distras in der Jacke und kann so dem Alkoholentzug etwas entgegenstellen.

Schluss mit Rosi

Nach der »gelungenen Show«, die ich beim TÜV in Münster hingelegt habe, lasse ich mich wieder gehen. Oft arbeite ich nun an den Wochenenden in der Skala hinter, statt vor der Theke. Das heißt, ich übernehme die Vertretung für Paul, der öfter einmal fehlt. Ganz alleine in dem stickigen Raum genehmige ich mir regelmäßig einen Drink. Oft bin ich, wenn ich zwischen drei Uhr und vier Uhr Feierabend mache, ziemlich angetrunken. Da ich viel Wodka-Lemmon trinke, riecht man meine Fahne nicht so extrem wie bei Bierkonsum. Auf jeden Fall gibt es bei und nach der Abrechnung im Kassenbüro nie unangenehme Fragen.

Oft holt mich Rosi am frühen Sonntagmorgen nach der Kellnerschicht ab. Dabei wird mein Alkoholkonsum immer mehr zum Problem. Rosi schimpft mit mir, und ich gelobe alibimäßig Besserung. Da sich aber so wirklich an meinem Verhalten nichts ändert, setzt mir Rosi schließlich die Pistole auf die Brust. Sie ermahnt mich: »Wenn du bei unserem nächsten Treffen auch wieder betrunken bist, dann mache ich Schluss mit dir, Hermann!« Das lasse ich mir nicht zweimal sagen, denke ich trotzig und auch sarkastisch.

Als Rosi für Sonntagmittag einen Besuch in Legden angekündigt hat, schlage ich in der Nacht so richtig zu. Beim

Kellnern in der Skala saufe ich so viel, dass ich Sonntagmittag noch total stramm bin. Als Rosi kurz nach Mittag mein Schlafzimmer betritt und mir ins Gesicht sieht, weiß sie sofort, was los ist. Fluchtartig verlässt sie mein Zimmer und düst mit ihrem Ford Fiesta eilig vom Hof. Irgendwie für beide Beteiligten die beste Reaktion, denn bei solch akuten Problemen mit mir selbst, bin ich gewiss nicht bereit und auch nicht fähig für eine länger anhaltende Liebesbeziehung.

Den Führerschein zurückgetrickst

Meine Suchtspirale brodelt so vor sich hin und deutet auf den ganz großen Knall hin. Nur wenige Monate sind es noch bis zum absoluten Showdown. Ich ahne nichts und mache mir auch wenig Gedanken über meinen weiteren Lebensweg. Einerseits bin ich mit meinen zahlreichen Frauengeschichten, den vielen Jobs, dem Vermögen von weit über 100 000 DM augenscheinlich auf der Überholspur. Denn ich bin frei und finanziell unabhängig. Aber andererseits lebe ich immer noch bei meinen Eltern, bin beziehungsunfähig und stecke ganz tief drin im Teufelskreis der Sucht.

Diese Spirale der Sucht kreist immer schneller. Inzwischen rauche ich fast täglich. Doch mit dem Zigarettenkonsum komme ich weiterhin gar nicht klar. Mir wird meistens beim Rauchen schlecht, und ich komme dann depressiv drauf. Die Folge ist, ich greife zu Distras, zu Alkohol oder zu allen beiden Suchtmitteln. Bei der Müllabfuhr wird viel geraucht, und oft paffe ich aus Sympathie einfach zwischendurch mal eine mit. Die Folgen sind wie gehabt, denn aus Frust saufe ich dann das Bier, das ständig im Müllfahrzeug vorhanden ist, wobei das meine Arbeitskollegen nicht so eng sehen. Denn der Schädel ist halt der Schädel. Nach Saufgelagen besorge ich mir per Rezept wieder riegelweise Entzugstabletten. Wie schon erwähnt, schlucke ich die Dinger auch, wenn ich nicht gerade auf Entzug bin. Mein Leben ist inzwischen nur noch ein totales Chaos, und die Suchtmaschinerie läuft gnadenlos dem Abgrund entgegen.

Als ich das Ergebnis der MPU bekomme, bin ich erst einmal ziemlich erleichtert. Grundsätzlich kann ich meine Fahrerlaubnis zurückbekommen. Vorher habe ich aber noch eine Nachschulung zu bewältigen. Diese Nachschulung soll mir helfen, nie wieder angetrunken Auto zu fahren. Die Nachschulung mit vier Kursterminen kostet über 600 DM, nachdem ich für die MPU schon 860 DM berappt hatte. Egal, denke ich, denn ich bin selbst schuld und außerdem kein »armes Schwein«. Auf jeden Fall will ich um jeden Preis meinen Fleppen zurück.

Nachdem der erste Nachschulungstermin eine Woche zuvor ohne Zwischenfälle verlaufen war, fahre ich am späten Nachmittag mit der Bahn Richtung Münster. Tagsüber baute ich erneut einen Nikotinrückfall. Direkt danach pfiff ich mir zum Dämpfen einige Distras rein. Doch dadurch bin ich noch schlechter drauf. Beim Bahnhofstopp in Coesfeld fühle ich mich so mies, dass ich mir einen halben Liter Bier reinkippe, um ein wenig besser bei der Schulung drauf zu sein. Mir wird niemand ansehen, dass ich mir ein Bier genehmigt habe, rede ich mir ein wenig blauäugig ein. Zur Sicherheit schiebe ich noch ein halbes Dutzend Kaugummis nach.

Pünktlich erreiche ich den Schulungsort in Münster. Außer mir sind noch fünf andere Teilnehmer im Raum. Plötzlich steht die Leiterin des Kurses auf und spricht mit deutlichen, klaren Worten: »Hier riecht es nach Alkohol! Einer von ihnen hat getrunken! Ich werde gleich einen Alkoholtest durchführen. Jeder Kursteilnehmer möchte bitte abpusten.« Wie von der Pistole getroffen, sacke ich innerlich in mir zusammen. Ich zittere, als ich das Alkoholtestgerät in der Hand halte und abpuste. Als die Referentin auf die Skala des Testgerätes sieht, blickt sie mich böse an: »Herr Wenning, das Gerät zeigt bei Ihnen 0,25 Promille an. Bitte verlassen Sie sofort diesen Raum. Für Sie ist die Nachschulung unwiderruflich beendet.« Anschließend am Bahnhof versuche ich mit einigen Dosen Bier, mir meine Enttäuschung wegzuspülen. Die Bescheinigung, die ich für meinen Führerschein unbedingt benötige, kann ich mir abschminken.

Doch so leicht gebe ich nicht auf. Wenige Wochen später rufe ich beim TÜV in Dortmund an. Ich gebe an, dass ich eine Nachschulung für meinen Führerschein benötige. Mein Versagen beim TÜV Nord in Münster verschweige ich allerdings. Man schickt mir Unterlagen zu, und ich melde mich an. Meine Befürchtungen, dass die beiden TÜVs in Münster und Dortmund kooperieren und sich austauschen, bewahrheiten sich nicht. Ohne Einwände darf ich meine Nachschulung in Dortmund durchführen. Vollkommen nüchtern erscheine ich an allen vier Schulungstagen in Dortmund und bestehe den Kurs dieses Mal ohne Zwischenfälle. Mit der Bescheinigung in der Hand hole ich mir beim Straßenverkehrsamt in Ahaus meinen Führerschein zurück.

Das große Formel-1-Saufen

Anfang Mai findet die Landtagswahl in NRW statt. Im Vorfeld hatte ich für Infas, meine Marktforschungsfirma, schon mehrere Interviews hinsichtlich des Wahlausgangs durchgeführt. Heute, an einem schönen Sonntag im Mai, habe ich den Auftrag, für Infas an einem Wahllokal zu arbeiten. Die Wähler sollen nach dem Urnengang ihre Stimme bei mir noch einmal abgeben. Dieses geschieht geheim und diskret, denn es geht darum, Stichproben für Wählerentscheidungen zu bekommen, die telefonisch nach Bonn weitergeleitet werden. Abends nach Schließung des Wahllokals soll ich noch bei der Auszählung der Wählerstimmen anwesend sein. Nach der Auswertung sind die Ergebnisse wieder telefonisch weiterzugeben. So können in Bonn kurz nach 18 Uhr die ersten

Hochrechnungen ermittelt werden. Eigentlich ein schöner Job, der auch gut honoriert wird.

Doch an meinem vorgesehenen Wahllokal komme ich niemals an. Stattdessen tauche ich an der Westfalen-Tankstelle in Ahaus auf und besorge mir eine Flasche Apfelschnaps. Nachdem ich diese in einem kräftigen Zug halb geleert habe, ist das Thema Wahlforscher für heute erledigt. Ich setze mich in der Ahauser Fußgängerzone auf eine Bank und lasse mich von der Sonne braten.

Plötzlich taucht Volker, ein ehemaliger Arbeitskollege von Stenau, auf. Als Müllmann hat er dort jahrelang hart gearbeitet. Doch die Scheidung von seiner Frau mit den anschließenden finanziellen Folgen setzte ihm arg zu. Schließlich kündigte Volker, mit dem ich immer gut auf der Arbeit klarkam, selbst den Job bei Stenau. Schon damals war Volkers Alkoholproblem nicht zu übersehen. Auch heute, am frühen Sonntagmorgen, scheint Volker nicht ganz nüchtern zu sein: »Du, Hermann, auch schon unterwegs? Was machst du hier? Komm, sollen wir uns heute einen saufen, nur so?«, sieht er mich fragend an. »Ich bin schon dabei«, grinse ich Volker an und halte ihm die Apfelschnapsflasche hin. »Nein, Hermann, das Zeug vertrage ich nicht. Ich trinke nur Bier. Ich laufe kurz zum Kiosk und hole Nachschub«, gibt er mir zu verstehen. Mit einem 6er-Pack Bier zurück setzen wir uns zusammen. Wir reden über Gott und die Welt, aber auch über die sozialen Ungerechtigkeiten in diesem Lande.

Nach Mittag kommt Volker auf die Idee, sich ein Autorennen anzusehen: »Komm, Hermann, wir gehen zu Bernd, einem Kollegen aus dem Osten, und sehen uns dort das heutige Formel-1-Rennen an.« Volker war Anfang der 90er aus Rostock in den Westen gezogen, um hier sein Glück zu versuchen. Doch Trennung von Frau und Sohn sowie Arbeitslosigkeit und Alkohol haben ihn ziemlich runtergezogen. An sich ist Volker ein fleißiger Mensch, der auch nebenberuflich seit Jahren oft nachts als Kellner oder Taxifahrer unterwegs ist. Doch irgendwie verbrennt er sich seit Jahren bei jeder Aktion die Finger. Möglicherweise verbindet uns beide dieser Hang, sich ins Verderben zu stürzen …

Zuerst ist Bernd nicht gerade begeistert, als wir beide angetrunken bei ihm auftauchen. Doch mit gutem Zureden und mitgebrachtem Alkohol können wir den gebürtigen Sachsen zu einem gemeinsamen Formel-1-Nachmittag überreden. Bernd lebt gerade auch in Scheidung, und so haben meine beiden Ostdeutschen sofort ein Gesprächsthema. Da Volker keine harten Spirituosen mag, müssen Bernd und ich die von mir erworbene Whiskyflasche alleine leer trinken. Vom Formel-1-Rennen bekommen wir nicht sehr viel mit. Aber diesen Michael Schumacher finde ich nicht unbedingt sympathisch. Seinen ersten Weltmeistertitel im Jahr '94 hat er nur durch ein böses Foul gegen seinen Kontrahenten Damon Hill gewonnen. Er bugsierte den in der Gesamtwertung führenden Engländer im letzten Rennen einfach von der Strecke und holte sich den WM-Titel. Solche Menschen mag ich nicht, denn das hat mit fairem Sport absolut gar nichts zu tun. Deshalb kann ich mich über den heutigen Schumi-Sieg nicht wirklich freuen.

Als Volker dann nach Hause geht, sitzen Bernd und ich noch vor dem Fernseher und leeren die letzten Bierflaschen, bis ich schließlich auf der Couch einschlafe. Bernd weckt mich freundlich und bittet mich, ebenfalls zu gehen. Im Dunkeln schaffe ich es dann nur mit großen Schwierigkeiten, das Rennrad mit Schlangenlinien auf der Straße zu halten und mein Elternhaus zu erreichen.

Endstation Ecstasy

»Komm, Jan, drehe mir doch einmal eine Zigarette, da bin ich nicht so geübt wie du«, bitte ich den Fahrer des Müllwagens. »Kein Problem, Schädel, wird sofort gemacht. Für dich, den weltbesten Mülllader, mache ich fast alles.« Jan und ich sind heute in der Kleinstadt Laar unterwegs und sammeln gelbe Säcke. Wenn Jan und ich auf Tour sind, geht es immer lustig und chaotisch zu. Dass Jan unterwegs oft Mädchen anspricht, finde ich nicht so prickelnd. Auch wenn er das eher in einer charmanten, humorvollen Art macht und dabei nicht aufdringlich ist.

Obwohl wir heute bestimmt wieder zwölf Stunden unterwegs sind, machen wir mittags doch unsere obligatorische Pflichtpause über 30 Minuten. In der Pommesbude treffen wir hier noch vier andere Strategen der Müllabfuhr. Einer davon ist Horst Dauth, ein sympathischer Müllfahrer, mit dem ich mich besonders gut verstehe und immer sehr viel Spaß bei der Arbeit habe. Martin, ein Kampftrinker aus Epe, der fast jedes Wochenende in der Skala, im Queens Pub oder einer anderen Disco verbringt, ist auch dabei.

Dann Marfi, auch ein Mensch mit Alkoholproblemen, der einige Jahre später aus diesen Gründen entlassen wird. 16 Jahre später treffe ich ihn bei der Vorstellung meines Buches in der JVA Detmold wieder. Während ich dort als Autor auftrete, verbüßt er eine Freiheitsstrafe.

Der zweite Horst in dieser »Mantatellerrunde« ist ein kräftiger sehr netter Mann meines Alters. Wie Marfi und ich hat Horst heftige Alkoholprobleme. Einige Jahre später wird auch er durch die Sucht den Arbeitsplatz bei Stenau verlieren. Ebenfalls verlieren wird er Familie mit Frau und Kind, seine Wohnung und zum Schluss sein Leben. Obdachlos und betrunken erfriert er einsam in einer kalten Winternacht auf einer Parkbank in Gronau.

Durch die Zigaretten, die ich geraucht habe, bekomme ich wieder ein psychisches Tief, deshalb ziehe ich mir in der

Pommesbude noch zwei Flaschen Bier rein. Diese Aktion ist bestimmt alles andere als klug, denn heute Abend möchte ich zum vierten Mal den Volkslauf in Legden gewinnen. Meine Vorbereitung auf diesen Wettkampf war alles andere als gut, und dann tue ich mir auch noch mit Alkohol und Nikotin wiederum selbst einen in den Tee. »Ich drück dir die Daumen, Schädel, du schaffst das schon, du machst das Rennen«, gibt Jan mir mit auf den Weg, während er Richtung Sauerland fährt, um seine neue Flamme zu besuchen.

Im Legdener Dahliendorfstadion regnet es wie aus Kübeln. Das Zuschauerinteresse ist dementsprechend bescheiden. Sofort merke ich, dass es heute nicht mein Rennen ist. Der Abstand zu den beiden Führenden ist nach wenigen Kilometern schon so groß, dass ich gar nicht erst versuche, da noch einmal heranzulaufen. Plötzlich bei Kilometer Drei merke ich ein sehr starkes Ziehen in meinem linken Oberschenkel. Schlechte Vorbereitung, mangelhaftes Warmlaufen und der kalte Regen bescheren mir eine Verletzung, eine Zerrung oder einen Muskelfaserriss, vermute ich. Trotzdem laufe ich gedrosselt weiter und erreiche als Dritter das Ziel.

Die Siegerehrung schwänze ich, denn ich habe heute noch einen Auftritt als Kellner in der Skala. Letztes Wochenende in der Skala hatte mir Marc, ein Kunde aus Ahaus, Ecstasy empfohlen. Da ich neugierig bin und zurzeit auch nicht viel zu verlieren habe, willige ich heute schließlich ein. Für die kleine weiße Ecstasy-Tablette bezahle ich 30 DM und spüle sie dann mit Wasser herunter.

Da nach einer halben Stunde noch keine Wirkung einsetzt, denke ich an die beiden Drogenerfahrungen, die ich hatte, oder besser gesagt, nicht hatte. Einmal rauchte ich mit Heinrich Haschisch am Legdener Baggersee und bei der anderen Aktion hatte ich von einer Zigarette geraucht, in die mein inzwischen nicht mehr guter Freund Dieter mir Kokain reingemischt hatte. Bei beiden »Drogenexperimenten« habe ich absolut nichts gespürt oder auch nur einen Hauch wahrgenommen.

Da das heute auch so auszugehen scheint, will ich mir jetzt erst einmal Marc vornehmen. Doch plötzlich klappe ich fast zusammen und verliere die Orientierung. Mir fehlen sogar einige Minuten. Aber dann setzt ein exzessiver einzigartiger Rausch ein. Das MDMA der Ecstasy-Tablette macht mich völlig high. Ich fühle mich angekommen am Ziel. Dieser Rausch ist tausendmal so gut wie ein Alkoholbesäufnis. Die Welt ist schön, bunt, paradiesisch, fantastisch! Ich weiß alles! Ich kann alles! Ich halte mich schlicht für unverwundbar! Ich genieße die heißen Rhythmen der Technomusik und die bunten Lichter der Lightshow. Meine Probleme sind Millionen von Lichtjahre entfernt …

Ende

Nachbetrachtung

Nach dem heftigen Anfangsrausch setzen bei Hermann Wenning auch die Probleme mit Ecstasy und vielen anderen Drogen ein. Hermann Wenning wird süchtig nach Ecstasy, Amphetaminen und Heroin. Er verliert sämtliche Arbeitsstellen und auch seine Immobilien. Mehrere Therapieversuche scheitern, und Wenning taucht in die Hamburger Obdachlosen- und Drogenszene ein. Hermann Wenning finanziert mit Diebstählen und Einbrüchen seine Drogensucht. Mehrmals wird er inhaftiert.

In der JVA Neumünster entdeckt er das Laufen neu für sich. Ein sportbegeisterter Justizbeamter verhilft ihm 2001 zu einem Start bei einem Citylauf. Dieser erste Wettkampf nach sechs Jahren Pause seit dem Volkslauf in Legden motiviert ihn neu. Nach der Haftentlassung absolviert er eine Langzeittherapie in einer Drogenklinik. Doch dieses Mal gelingt es ihm, loszukommen von Alkohol, Nikotin und allen illegalen Drogen.

2010 veröffentlicht Hermann Wenning sein Buch »Lauf zurück ins Leben«. In diesem Bericht seiner Lebenskrise reflektiert er die Zeit von 1995 bis 2002. Mit diesem Buch und seiner Geschichte hält Wenning jährlich über 50 Lesungen und Vorträge in Schulen, Suchtkliniken und Gefängnissen. Dabei möchte er auch andere Menschen für ein drogenfreies Leben gewinnen.

Heute lebt Hermann Wenning glücklich und zufrieden im westfälischen Hamm und ist beruflich seit über 8 Jahren im öffentlichen Dienst bei der Stadt Ahlen als Straßenwärter angestellt.

Seit über 10 Jahren hat er keine Zigarette geraucht, keinen Tropfen Alkohol getrunken und auch keine illegale Droge konsumiert.

Inhalt

FSC
www.fsc.org
MIX
Papier aus ver-
antwortungsvollen
Quellen
FSC® C083411

Bibliografische Information der Deutschen Nationalbibliothek
Die Deutsche Nationalbibliothek verzeichnet diese Publikation in der Deutschen
Nationalbibliografie; detaillierte bibliografische Daten sind im Internet über
http://dnb.d-nb.de abrufbar.

© by marixverlag in der Verlagshaus Römerweg GmbH, Wiesbaden 2017
Lektorat: Dietmar Urmes, Bottrop
Covergestaltung: Karina Bertagnolli, Wiesbaden
Satz und Bearbeitung: Medienservice Feiß, Burgwitz
Der Titel wurde in der Adobe Garamond gesetzt.
Gesamtherstellung: CPI books GmbH, Leck – Germany

ISBN: 978-3-7374-1072-4

www.verlagshaus-roemerweg.de